날마다 살아나는 큐티 하

김양재 목사의 큐티강해

여호수아

날마다 살아나는 큐티 하

김양재 지음

QTM

이 책을 펴내며

책의 출간 작업을 마칠 무렵, 아름답고 화사한 혜옥 자매가 하나님의 부르심을 받고 떠났습니다. 2003년 우리들교회의 창립과 함께 직장암 말기 선고를 받은 혜옥 자매였습니다. 그가 치른 암과의 전쟁은 우리 모두의 전투였습니다. 그녀가 육적인 고통과 영적인 기쁨 사이에서 사투를 벌일 때 우리가 같이 울고 웃었던 그 전쟁은 사망을 이긴 부활의 승리, 영원한 생명이라는 하나님의 승리로 마무리되었습니다.

여호수아서는 각종 전쟁 이야기입니다. 암, 부도, 이혼, 입시, 취업…… 수많은 죄와 중독의 전쟁 속에서 우리는 여호수아로, 갈렙으로, 기생 라합으로 등장합니다. 때로는 탐심으로 공동체를 망하게 한 아간, 여호수아를 속여 화친을 맺은 기브온의 모습으로 등장하는 나 자신의 모습도 볼 수 있을 것입니다.

그러나 무엇보다 중요한 것은 내가 하나님의 백성, 이스라엘에 속해 있다는 것입니다. 내가 하나님께 속해 있기 때문에 내 인생의 전쟁이 하나님에 의한, 하나님을 위한, 하나님의 전쟁으로 치러지고 있다는 것은 참으로 놀랍습니다. 나의 전쟁이 아니라 하나님의 전쟁이 될 때 암에 걸려 낫지 못하고 죽어도 우리가 이기는 자가 됩니다. 사업이 망해도, 입시에 실패해도 우리는 승리하는 자가 됩니다.

그래서 이 책은 전쟁 이야기이자 동시에 '살아남'의 이야기입니다. 남편이 급성 간암으로 하루아침에 떠났어도 예수 그리스도를 영접하고 갔기에 생명의 사건이 됩니다. 혜옥 자매가 직장암으로 아프다가 갔어도 날마다 자기 죄를 보고 큐티한 것을 나누며 다른 많은 사람을 살아나게 했기에 승리의 사건이 됩니다. 결국 우리의 전쟁은 내가 살아나고, 남을 살아나게 하는 약(藥)재료이자 축복의 통로인 것입니다.

이 책은 날마다 큐티하면서 만든 설교입니다. 하루도 빠짐없이 큐티를 해 온 지 20여 년이 되어 갑니다. 하나님을 제대로 만난 이후로 저는 하나님을 제 삶 가운데 항상 존중해 드리고 싶었습니다. 그 방법은 제 삶에 어떤 사건이 닥쳐오든지 그날 아침에 큐티한 말씀을 인용하고 실천하는 것이었습니다. 그것은 목회의 길에 들어섰어도 마찬가지였습니다. 누군가 제 책을 읽고 그 구절을 인용을 해 줘도 기쁜데, 하물며 하나님의 말씀인 성경을 날마다 인용하고 실천하며 살면 하나님이 얼마나 기뻐하시겠는가 하는 생각에서였습니다.

그렇게 사건마다 하나님 말씀을 인용하는 삶을 살려고 했을 때 하나님의 위로와 약속의 말씀이 임하고, 요동하지 않는 삶이 무엇인지 수없이 경험하게 하셨습니다. 그것은 목회자로 부르심을 받은 이후에도 계속되었고 설교에도 묻어나게 되었습니다. 그 결과 20여 년 큐티 사역과 우리들교회를 통해 수많은 전쟁을 치르게 하셨지만, 그 전쟁을 통해 많은 사람을 살리시는 하나님의 역사를 경험하게 하셨습니다. 축복을 맛보게 하셨습니다. 오직 할 수 있는 말은 '내가 한 것은 없다'는 것입니다.

큐티 강해는 일반적인 강해 설교와 비슷하지만 강해 설교의 규격과는 다를지도 모릅니다. 하지만 하나님의 말씀을 인용해서 살아난 저의 삶과 우리들교회 가족들의 이야기는 제 큐티 강해의 강점이 되었습니다. 그리고 이 책이 되었습니다.

책이 나오기까지 수고한 모든 이들에게 감사와 사랑을 전합니다. 날마다 숨 쉬는 순간마다 주님께서 모든 일을 계획하시고 진행하시고 이루게 하셨습니다. 참으로 선하신 우리 하나님께 감사와 찬양을 드립니다. 하나님 곁에서 영원한 안식에 들어간 혜옥 자매의 환한 웃음이 유난히도 그리운 날입니다.

2005년을 보내며
김양재

개정판을 펴내며

여호수아서로 큐티 강해를 시작한 때는 우리들교회가 세워진 지 1년 남짓한 시기였습니다. 그리고 개정판을 펴낸 올해 우리들교회가 18주년이 되었습니다.

지난 18년간 우리들교회는 영적·육적으로 큰 부흥을 이루었습니다. 하지만 교회가 우연히 부흥된 것은 아닙니다. 이스라엘 백성이 사백 년 애굽 종살이와 사십 년 광야 생활을 지나 요단을 건너고, 7년간 정복 전쟁을 치르며 마침내 하나님이 약속하신 가나안 땅을 차지했듯 우리들교회도 수많은 영적 전쟁을 치열히 치르며 지금에 이르게 되었습니다. 그리고 그 모든 전쟁에서 오래 말씀을 묵상함으로 살아난 저와 많은 성도가 있었습니다. 이는 신기한 기적 가운데 치른 싸움이 아니라 오로지 말씀의 칼날로 나아간 싸움입니다. 가출, 외도, 이혼, 암, 부도…… 갖은 상처의 철벽에 싸인 여리고 가정이 말씀으로 정복되고, 부단히 회개의 복구전을 치름으로 탐욕, 비교의식, 열등감, 각종 중독으로 무너졌던 아이 성 인생들이 정복되었습니다. 개정판에 새로 실린 33개의 간증이 바로 그 전쟁들을 통해 얻은 빛나는 전리품이요, 재산목록입니다.

우리들교회가 유난히 환난당하고 빚지고 원통한 인생들이라서 날마다 전쟁을 치렀습니까? 인생은 지나 보지 않은 길을 가는 것이기에 본향인 천국에 가는 그날까지 우리네 삶에는 영적 전쟁이 끊임없이 찾아옵니다.

내 힘으로는 어떤 땅도 정복할 수 없습니다. 오로지 말씀을 의지하여 싸울 때 우리의 모든 전쟁은 하나님의 전쟁이 될 것입니다. 하나님이 앞서 싸우시기에 이미 이긴 싸움인 것을 믿고 나아가십시오. 그리고 끊임없는 그 믿음의 전쟁에서 이 책이 조금이나마 길잡이가 되었으면 좋겠습니다. 특별히 이번 개정판에는 이전 책에 담지 못한 본문해설과 말씀대로 살아낸 성도들의 간증이 실렸습니다. 이 책을 통해 '날마나 살아나는 큐티'를 함으로 여러분 모두 백전백승 여호수아가 되기를 소망합니다.

2021년 8월

김양재

Contents

Part 5
말씀으로 날마다 살아난다

Part 4

전리품, 내가 받을 기업은

Chapter 19

완전 정복전:
그 땅에 전쟁이 그쳤더라 여호수아 11:16~23

하나님 아버지, 전쟁이 그친 것이 무엇을 의미하는지 말씀을 통해 깨닫기 원합니다. 그래서 우리 가운데도 전쟁이 그치게 하옵소서. 말씀해 주시옵소서. 듣겠습니다.

몇 해 전 유정옥 사모님의 『울고 있는 사람과 함께 울 수 있어서 행복하다』라는 책을 선물 받았습니다. 책을 통해 저는 바알에게 무릎 꿇지 않는 사람이 이 땅 곳곳에 있어서 한국교회에 하나님의 역사가 이루어지는 것을 보았습니다. 가난하고 병들었던 성도가 갑자기 하나님의 부르심을 받고 떠나자 고아로 남은 아이들을 맡아서 키운 이야기, 남편 목사님이 천거한 신학생들을 맡아서 개척교회의 방 하나에 들이고 돌본 이야기, 생면부지의 암 환자를 2개월 동안 봉양해서 하나님 앞으로 돌아오게 한 일, 9·11 테러 사태가 났을 때 모두가 아프가니스탄에서 철수하는데 남편 목사님 홀로 카자흐스탄에 들어가서 2년 동안 유치원과 교회를 세운 이야기……. 어떻게 이렇게 많은 사람을 돕고 살릴 수 있는지 놀랍고도 감사했습니다.

유정옥 사모님의 남편 이영도 목사님은 사업을 하다가 부도를 겪은 때에 하나님의 부르심을 받고 목회를 하게 되었다고 합니다. 목사님과 사모님은 부도와 가난을 겪은 덕에 이 땅에서의 전쟁이 그치고 많은 사람에게 나누어 줄 것만 있는 인생을 살고 계셨습니다.

하나님의 신실하심으로 전쟁이 그쳤습니다

16 여호수아가 이같이 그 온 땅 곧 산지와 온 네겝과 고센 온 땅과
평지와 아라바와 이스라엘 산지와 평지를 점령하였으니 17 곧 세일
로 올라가는 할락산에서부터 헤르몬산 아래 레바논 골짜기의 바알
갓까지라 그들의 왕들을 모두 잡아 쳐죽였으며 18 여호수아가 그
모든 왕들과 싸운 지가 오랫동안이라_수 11:16~18

평지 전쟁, 산지 전쟁, 경사지 전쟁…… 수많은 전쟁을 치른 후에 각종 땅을 취하고 우리가 매인 세상의 왕들을 다 잡아 죽였습니다. 그런데 그 모든 왕과 싸우기까지 오랫동안, 개역한글판으로는 "여러 날(many days)"이 걸렸다고 합니다. 400년 노예 생활, 40년 광야 생활을 지나고 가나안에 들어와 7년 동안 싸운 끝에 드디어 정복했습니다. 창일한 요단을 마른땅으로 건너고, 여리고를 무너뜨리고, 가나안 남부를 석권하고, 북부 연합군을 물리쳤습니다. 가나안 족속과의 전쟁이 마침내 끝났습니다(11:23). 가나안 땅을 취하리라는 것은 아브라함에게 주신 약속이었습니다(창 15:18). 그런데 창세기에서 약속해 주셨

으면 금세 가나안 땅을 정복하게 하실 일이지 왜 이렇게 오랫동안 싸움하게 하셨을까요?

신명기 7장에 보면 "네 하나님 여호와께서 이 민족들을 네 앞에서 조금씩 쫓아내시리니 너는 그들을 급히 멸하지 말라 들짐승이 번성하여 너를 해할까 하노라"고 합니다(신 7:22). 하나님은 "조금씩" 쫓아내겠다고 하십니다. 한꺼번에 쫓아내면 어떻게 됩니까? 더러운 귀신이 사람에게서 나갔다가 자신이 나간 집이 깨끗이 청소되고 수리된 것을 보고는 더 악한 귀신 일곱을 데리고 그에게 들어간다는 말씀도 있습니다(마 12장;눅 11장). 주님은 회개하고 돌이키고 끊었다가도 쉽게 다시 죄에 물드는 우리의 본성을 잘 아십니다. 그러므로 오랫동안 전쟁하게 하시는 것은 하나님의 사랑입니다. 오랫동안, 아니 죽을 때까지 우리는 전쟁을 해야 합니다. 그런데 "그 땅에 전쟁이 그쳤더라"고 합니다. 전쟁이 그쳤다는 것은 무슨 뜻일까요?

내 속의 완악함이 물러갑니다

19 기브온 주민 히위 족속 외에는 이스라엘 자손과 화친한 성읍이
하나도 없고 이스라엘 자손이 싸워서 다 점령하였으니 20 그들의
마음이 완악하여 이스라엘을 대적하여 싸우러 온 것은 여호와께서
그리하게 하신 것이라 그들을 진멸하여 바치게 하여 은혜를 입지
못하게 하시고 여호와께서 모세에게 명령하신 대로 그들을 멸하려

하심이었더라_수 11:19~20

7년 동안 힘든 전쟁을 치르며 오직 기브온과만 화친했습니다. 기브온 사람들만 곁에 남았습니다. 나머지 사람들은 절대 변하지 않았습니다. 오히려 더욱 완악하게 굴었습니다. 그런데 그들의 마음이 완악하여 이스라엘을 대적하는 것이 하나님이 하신 일이라고 합니다. 기브온에게 속아서 화친한 것처럼 내가 가나안, 즉 세상 세력과 또다시 화친할까 봐 하나님이 그들의 마음을 완악하게 하신 것입니다.

마음이 완악한 자는 안식을 누릴 수 없습니다. 로마서 1장 24절부터 28절까지 보면 완악함은 "자기 마음대로, 상실한 마음대로, 정욕대로 살게 내버려 두는" 상태입니다. 이는 진멸이 예고되어 하나님의 은혜를 입을 수 없는 상태, 하나님의 자비의 날이 지나간 상태를 의미합니다. 의인은 없나니 하나도 없고 우리는 모두 100% 죄인입니다(롬 3:10). 죄는 예수 그리스도의 보혈의 은혜로 다스려져야 합니다. 그런데 완악한 자는 그 은혜에서 벗어나 자기 마음대로 다니고, 자고, 먹습니다. 착한 일도 자기 뜻대로 합니다. 그러나 은혜가 임하지 않으면 누구도 저주의 길에서 벗어날 수 없습니다. 아무리 내 식구라고 해도 예수 그리스도의 은혜 아래 들어오지 못하면 저주 받은 자가 되고 맙니다.

그런데 내 곁에 이런 완악한 자가 없다면 우리는 쉬이 세상과 화친합니다. 가나안의 세력과 화친하고 그들의 우상에 기대고 싶은 것이 우리 본성인데, 그들이 완악하여 싸우자고 덤벼들어 주니 우리가 깨어 있게 되는 것입니다. 그래서 나를 속이는 기브온보다 완악한 배우자가 더 낫습니다. 완악한 자들은 하나님이 넘어지게 하시지만, 기브온은 평생의 짐이 되기 때문입니다.

완악한 제 남편은 빨리 넘어져서 하나님께로 돌아왔지만, 기브온처럼 마음 좋은 친정아버지는 교회는 다니셨어도 팔십이 되시도록 예수님을 만나지 못하셨습니다. "저 사람은 법 없이도 살 사람이야. 예수 믿는 사람보다 백배 나아"라는 말을 들으실 정도로 성품이 좋으셨지만, 믿음을 갖기까지 오랜 시간이 걸렸습니다. 차라리 완악한 자가 무너지기가 쉽습니다.

그러므로 완악한 자가 나를 대적하는 것은 내가 세상과 화친하지 않도록 도와주시는 하나님의 섭리입니다. 제 남편이 집안도 좋고 의사로서 돈도 잘 버는데 저에게 잘해 주기까지 했다면 저도 얼마든지 세상과 화친하며 지냈을 것입니다. 남편이 나이스(nice)하고 쿨(cool)하게 대하면서 주일에 놀러 가자고 하는데 제가 교회에 갔겠습니까? 남편이 하자는 대로 신이 나서 따라다녔겠죠. 그러나 다행히도(?) 남편이 완악했기에 세상과 화친하지 않고 남편과도 화친하지 않을 수 있었습니다. 도리어 그 사람의 구원을 위해 기도하게 되었습니다. 그러니 남편이 제게 완악하게 대해 준 것이 얼마나 감사한지 모릅니다. 하나님이 완악하게 하신 것이니 감사밖에 할 것이 없습니다.

우리들교회 주일학교의 한 학생이 이런 나눔을 했습니다. 시험기간에 한 친구가 시험 범위를 가르쳐 달라고 하는데 불현듯 이런 마음이 들었답니다. '재는 엄마, 아빠가 예수님도 잘 믿고, 집도 부자이고, 착하기까지 한데 공부마저 잘하면 어떻게 하지?' 그래서 학생은 친구에게 엉뚱한 범위를 가르쳐 주었다고 합니다.

비단 이 학생만 그렇겠습니까? 열등감에서 비롯된 이런 완악함이 우리 모두에게 있습니다. 그런데 그 완악함을 여호와께서 진멸했다고 하십니다. 어떻게 완악함이 끊어졌을까요?

유정옥 사모님의 책에서 본 이야기입니다. 한 할머니 집사님이 교회 이야기라면 질색하며 예배도 못 가게 하는 남편 때문에 고통스러워했습니다. 할머니의 고난은 날로 심해져 "정말 죽고 싶다"라고 토로할 지경이 되었습니다. 남편 할아버지는 어찌나 강퍅한지 할머니가 여러 번 유명 목사님들을 모셔와 복음을 권면해도 한번 나와 보지도 않았다고 합니다.

그런데 이 할머니 집사님의 이야기를 들은 사모님이 해결책을 딱 내놓았습니다.

"아휴, 할아버지가 나오지 않으시면 우리가 들어가서 전하면 되잖아요."

그러고는 사모님은 할아버지 댁에 식모로 들어갔습니다. 자수성가하여 풍족하지만 건강이 우상인 할아버지는 마시는 물의 온도까지 따져 보는 까다로운 분이었습니다. 졸지에 식모 생활을 시작한 사모님은 매일 새벽 3시에 일어나서 두 시간씩 할아버지의 구원을 위해 기도했습니다. 할아버지가 일어나기 전 그날 신문 내용을 모두 숙지하고 전문 용어들은 사전을 찾아가며 공부했습니다. 그렇게 아침이면 할아버지에게 신문을 읽어 드리면서 자연스레 대화를 이끌었습니다. 할아버지는 사모님의 해박한 지식에 무릎을 치면서 똑똑하다고 칭찬했습니다. 또 할아버지의 구두를 반짝반짝 닦아 두었다가 할아버지가 외출할 때면 구두를 가슴팍에 품고 나와 한 번 더 닦아서 내놓기도 했습니다.

사모님이 들어온 지 일주일 만에 할아버지의 마음이 녹았습니다. 할아버지는 사모님을 불러 "당신은 여기에 있을 사람이 아니다. 내가 회사에 좋은 자리를 마련해 놓을 테니 거기서 일하라"고 했습니다. 사모님이 한사코 거절하니 할아버지는 "대단한 사람이 우리 집에 왔다"며 동네방네 자랑을 했습니다.

2주 동안 사모님은 코피가 터질 정도로 고되게 일했지만 할아버지의 구원을 생각하면 힘들다는 투정조차 할 수 없었습니다. 그러면서 그동안 자신이 얼마나 고마움도 모르고 사람들을 부렸는지 깨달았다고 합니다. 감사함 없이 모든 것을 당연하게 누리던 자신의 완악함을 비로소 보았다고 합니다.

'내가 여기에 온 것은 할아버지를 위해서가 아니라 나 자신을 위해서구나!' 사모님은 이를 깨닫게 된 것이 하나님의 응답이라고 고백했습니다. 2주째 되는 날, 할아버지가 사모님을 불러 물었습니다.

"당신, 왜 우리 집에 왔소? 정직하게 실토하시오."

때가 왔다고 생각한 사모님은 솔직히 고백했습니다.

"하나님이 할아버지를 너무 사랑하셔서 구원의 복음을 전하려고 왔어요."

할아버지는 몸을 부르르 떨면서 "당장 나가라"고 했습니다. 그러나 사모님은 요동하지 않고 지난 5년 동안 할머니가 할아버지를 위해 얼마나 사랑으로 기도했는지 전했습니다. 또한 기도하는 중에 하나님이 사모님에게 보여 주신 할아버지의 인생 이야기를 해 드렸습니다. 그러자 할아버지는 "평생 누구에게도 하지 않은 이야기인데 당신이 어떻게 아느냐? 하나님이 살아 계시기는 하는 모양이다" 하면서 눈물을 흘렸습니다.

"세상에, 나 같은 것 때문에 식모살이를 하다니……."

사모님의 희생에 탄복한 할아버지는 그 주일부터 할머니와 함께 교회에 나왔습니다. 4개월 후에는 100평의 교회 건물과 70평의 무료 탁아소를 마련하여 목사님에게 헌물을 했다고 합니다. 할아버지가 그 교회의 1호 성도가 되었습니다.

사모님이 먼저 자신의 완악함을 깨닫자 할아버지의 완악함이 물러갔습니다. 내 속의 완악함을 보며 눈물로 회개할 때 상대방의 완악함이 물러갑니다.

완악한 식구가 있습니까? 그가 보는 앞에서 그의 신발을 가슴에 안고 닦아 보십시오. 힘들어서 코피가 터질지언정 상냥한 표정을 유지하고, 모르는 것은 공부해서라도 가르쳐 주고, 대화하려 노력하며 생색내지 않고 섬겨 보십시오. 이것은 억지로 할 수 있는 일이 아닙니다. 내 속의 완악함이 물러가야 합니다.

하나님이 사랑하시는 사람은 다른 사람의 완악함을 보면서 내 속의 완악함을 봅니다. 이것이 은혜입니다. 저주 받은 자들, 진멸 받을 자들은 다른 사람의 완악함 속에서 자신의 완악함을 보지 못합니다. "저 인간이 완악해! 내 남편은 이상한 사람이야! 내 자식은 너무 이상해!" 상대방의 완악함만 보다가 자신도 완악해져 버립니다. 회개하지 못합니다.

전쟁이 그쳤다는 것은 나의 완악함을 보게 되는 것입니다. 내 속의 완악함을 물러가게 하시고자 하나님이 완악한 사람과 환경을 허락하셨음을 깨닫는 것입니다. "그들을 진멸하여 바치게 하여 은혜를 입지 못하게" 한 것도 하나님이 하셨답니다. 내 남편도, 내 어머니도, 내 부인도 하나님이 그리하셨다는데 무슨 걱정이 있겠습니까? 내가 할 일은 그저 오랜 전쟁을 치르며 하나님의 명대로 행하는 것입니다. 상대의 완악함을 해결할 수 있는 길은 오직 내 속의 완악함을 보는 것 밖에 없습니다.

- 예수님 믿는 것을 핍박하는 완악한 배우자, 부모, 자식이 있습니까? 내가 예수님을 믿고 헌신한다고 하면서도 세상과 화친하려고 하기에, 정욕과 인정받으려는 욕심을 버리지 못하기에 하나님이 내게 완악한 세력을 붙여 주셨다는 것을 인정합니까?

두려움이 그쳤습니다

그때에 여호수아가 가서 산지와 헤브론과 드빌과 아납과 유다 온 산지와 이스라엘의 온 산지에서 아낙 사람들을 멸절하고 그가 또 그들의 성읍들을 진멸하여 바쳤으므로_수 11:21

아낙 사람들은 이스라엘 백성을 공포에 떨게 한 장본인입니다. 가나안을 정탐하고 돌아온 열두 정탐꾼 중에 무려 열 명의 사람들이 "그들은 장대하고 우리는 메뚜기 같다"고 하면서 그들을 두려워했습니다(민 13:32~33). 하나님이 약속하신 가나안 땅은 너무 좋지만 그곳의 장대한 아낙 자손은 결코 물리칠 수 없다며 밤새 통곡하고, 차라리 애굽 땅에서 죽었으면 좋았으리라고 하나님을 원망했습니다. 그로 인해 이스라엘은 40년이나 광야에서 방황해야 했습니다. 하나님을 원망하는 마음의 중심에는 공포와 두려움이 자리하고 있습니다. 두려우면 백전백패할 수밖에 없습니다. 그런데 그 두려운 아낙 사람들을 드디어 멸절했습니다. 완악함과 함께 두려움이 멸절되었습니다.

우리에게도 눈만 뜨면 두려운 아낙이 있습니다. 돈이 두렵고, 자식 때문에 가슴이 떨리고, 건강을 염려하느라 잠도 오지 않습니다. 그런데 수많은 전쟁을 치르면서 나의 이런 아낙이 멸절됐습니다. 이제는 아낙 이야기를 들어도 두렵지 않습니다. 자신감이 생겼습니다. 어떻게 두려움을 물리칠 수 있을까요?

유정옥 사모님의 남편이신 이영도 목사님은 목회하기 전 사업을 했다가 부도를 겪었습니다. 한 대리점 사장이 3억의 부도를 내고 잠적하는 바람에 번창하던 사업이 졸지에 망한 것입니다. 자다가도 그 사람을 생각하면 괘씸하지 않겠습니까? 그런데 성품은 착해도 예수를 믿지 않던 남편이 이 일로 복음을 영접했습니다. 불신 집안의 장손이 예수를 믿고 신학 공부까지 했습니다. 사모님은 더 바랄 것이 없었습니다. 3억 원이 문제가 아니었습니다. 이후 잠적했던 대리점 사장을 만났습니다. 사모님은 미안하다고 머리를 조아리는 그 사람 앞에서 3억 원짜리 어음을 찢어 버렸습니다. 그러고는 "당신이 우리 남편을 예수 믿게 해 주었기 때문에 이 돈은 갚지 않으셔도 돼요. 앞으로 돈이 생기거든 다른 어려운 사람들 도와주세요"라고 말했습니다.

그때부터 사모님은 돈에 자유해졌습니다. 돈의 '아낙'이 멸절됐습니다. 유정옥 사모님과 이영도 목사님이 힘들고 소외된 사람들을 도울 수 있었던 것은 많은 전쟁을 통해 두려움이 물러갔기 때문입니다. 누구를 탓할 것도, 원망할 것도 없습니다. 내 속의 완악함과 두려움이 멸절된다면 모든 전쟁이 그칩니다.

- 내가 두려워하는 아낙은 무엇입니까? 돈도, 건강도, 자식도 하나님이 주셨는데 여전히 그것들을 두려워하며 40년 동안 떠돌아다니지는 않습니까? 두려움이 멸절되고 전쟁이 그치는 경험을 한 적이 있습니까?

그러나 완전히 그치는 것은 없습니다

이스라엘 자손의 땅에는 아낙 사람들이 하나도 남지 아니하였고 가사와 가드와 아스돗에만 남았더라_수 11:22

이 땅에서 완전한 안식은 없습니다. "가사와 가드와 아스돗에만 남았더라"고 하는데 개역한글판에서는 "약간" 남았다고 합니다. 당장에는 가사와 가드와 아스돗 때문에 문제가 생기지는 않았습니다. 하지만 대수롭지 않게 생각했던 그들이 훗날 이스라엘을 위협하는 거대한 강적이 되었습니다. 하나님의 사람 삼손의 눈을 빼고 그에게 옥에서 맷돌을 돌리게 했던 자들이 바로 가사 사람들입니다(삿 16:21). 가드에서는 유명한 거인 골리앗이 나왔습니다(삼상 17:4).

또 아스돗은 어떤 곳입니까? 엘리 제사장 시대에 블레셋과 전쟁을 할 때 이스라엘은 전세가 불리해지자 언약궤를 전쟁터로 옮겨 갔습니다. 언약궤를 부적처럼 여기면서 전쟁에서 이겨 보겠다고 가져간 것입니다. 그 결과 전쟁에서도 패하고 언약궤도 빼앗겼습니다. 그때 블레셋이 빼앗은 언약궤를 둔 곳이 아스돗입니다(삼상 5장). 이 여호수아 11장에서 물리치지 않았기에, 대수롭지 않게 남겨 둔 아스돗이 언약궤를 삼키는 땅이 되고 말았습니다. 말씀이 성전을 떠나고 말았습니다.

예배당 건물은 큰데 성도들이 떠나서 텅 빈 교회들이 있습니다. 잘 지은 교회가 텅텅 비었으니 하나님 보시기에 얼마나 아까우시겠습니까. '세습쯤이야' 하고 아무렇지도 않게 생각하지만, 그 아무것도 아닌 일이 성도들을 떠나게 만듭니다. 하찮게 여기는 문제들 때문에 성도들은 넘어집니다. 우리도 순종해야 하는 것을 알면서도 그러지 못하는 부분들이 있습니다. 당장에 손해가 눈에 보이지 않으니 순종하기를 더욱 미룹니다. 하지만 그런 것들이 우리 삶을 천천히 잠식해

오면서 언젠가 내 자녀와 손자들의 숨통을 조일 수 있습니다.

우리는 '주일예배 한 번 빠지는 것쯤이야', '사랑하는 사람과 혼전 관계 한 번 하는 것쯤이야', '결혼할 사람이 교회 안 나가는 것쯤이야 어때?'라고 대수롭지 않게 생각합니다. 하지만 대수롭지 않게 여겼던 가사가 하나님의 사람 삼손을 죽이려 하고, 하찮게 여겼던 가드가 골리앗이 되어 하나님을 대적했습니다. 또 배우자의 학벌과 집안을 자랑하면서 정작 내 신랑, 신부가 구원의 확신이 있고 성경적 가치관을 가진 것을 자랑하는 사람은 없습니다.

한 사모님이 "자녀는 어떻게 두셨느냐?" 물으니, "우리 큰아들은 주님을 신실히 믿는 선교사이고 둘째 아들도 교회에서 봉사를 잘하는데 우리 셋째 아이가 주님을 못 만났어요"라고 소개했다고 합니다. 이분처럼 정확한 소개를 하는 사람을 찾아보기가 어렵습니다. 장로님이나 권사님도 그저 자식의 학벌이나 직장만 자랑한다는 것입니다. 자식이 신앙이 없는 것을 조금도 부끄러워하지 않습니다. 부모가 하나님께 자녀를 온전히 바치지 못하면 자녀의 인생에서 그 결과가 고스란히 나타납니다. 부모가 남긴 가드가 강해져서 자식을 괴롭힙니다. 그런데도 목사 아들이 목사가 되고, 장로 아들이 장로가 되며 저절로 직분이 주어지니까 교파, 교권 다툼이 생기고 교회가 분열됩니다. 잘못된 세상 가치관이 교회에도 흘러들어 와서 가정을 삼키고 교계를 삼킵니다. 이것은 모두 부모 세대의 잘못입니다.

저 역시 그랬습니다. 친구들에게 제 남편을 소개하는데 "예수 믿는 사람이야" 이런 이야기는 하지 않았습니다. 자랑 같아 보이지 않으려 애썼지만 "어느 집 아들이야. 직업은 의사라고나 할까!" 이랬습니다. 제가 그랬기에 회개하고 지금까지 목이 터지게 외치고 있습니다.

우리는 예수님을 믿으면서도, 두려운 아낙 자손을 물리쳤음에도 '이쯤이야' 하는 것이 너무나 많습니다. 저에게도 있습니다. 인간은 누구도 완전할 수 없고, 하나님의 명령을 100% 이행할 수 없습니다. 가나안 세상 세력들을 단계적으로 조금씩 물리쳐 갈 수밖에 없습니다. 이런 우리의 불완전함과 연약함을 아시는 하나님은 삼손을 따끔하게 혼내셨지만 마지막에는 그에게 힘을 주셨습니다. 또 블레셋 지방에 있던 언약궤도 7개월이 지난 후 돌아오게 하셨습니다. 골리앗도 다윗의 물맷돌로 물리치게 하셨습니다. 그러므로 우리는 죽을 때까지 겸손할 수밖에 없습니다. 나는 형편없지만 하나님은 그런 나로 인해 실패하지 않으십니다. 스스로 정죄하지 마십시오.

그러나 내가 대수롭지 않게 남겨 둔 것 하나가 자손들의 숨통을 조인다는 것을 꼭 기억해야 합니다. 오늘 나의 작은 순종 하나가 우리 자손들의 행(幸), 불행(不幸)을 좌우하는 적용이 될 줄 믿습니다.

- '이런 일이라면 예배를 빠져도 괜찮겠지', '저 정도 조건이라면 불신 결혼도 괜찮겠지' 하면서 남겨 두는 나의 가사와 가드와 아스돗은 무엇입니까? '약간'이라고, '가끔'이라고 쉽게 빼먹은 예배와 헌금과 큐티 때문에 나와 내 가정에 하나님을 대적하는 세력이 자라고 있는 것을 압니까?

전쟁이 그친 자는 나누어 줍니다

이와 같이 여호수아가 여호와께서 모세에게 말씀하신 대로 그 온 땅을 점령하여 이스라엘 지파의 구분에 따라 기업으로 주매 그 땅에 전쟁이 그쳤더라_수 11:23

전쟁에서 온 땅을 점령해야 하는 이유는 지파의 구분에 따라 기업을 나누어 주기 위해서입니다. 내게 주어진 삶이 있습니다. 경제적인 분깃이 있습니다. 가난과 고난이 있습니다. 이 모든 것은 하나님이 구분해서 주신 것입니다. 각자의 분깃입니다.

'나에게 주어진 모든 상황이 하나님이 뽑고, 뽑고, 또 뽑아서 주신 것이구나, 뽑고 또 뽑아서 이 남편을 나에게 주셨구나, 이 부인을 주셨구나, 이 며느리를 주셨구나, 이만큼 돈을 주셨구나, 질병을 주셨구나.'

이것을 인정하는 것이 축복입니다. 그저 원망만 한다면 안식은 없습니다. 전쟁이 그치는 것은 안식을 누리는 것입니다. 안식은 하나님이 구분해 주신 모든 것을 나의 기업으로 여기는 마음입니다. 이스라엘의 40년 광야 생활 가운데 굶어서 죽은 사람은 단 한 명도 없었습니다. 모두 불순종해서 죽었습니다. 당장에 돈이 없어서 굶어 죽는 사람은 없습니다. 내 속에서 전쟁이 그쳐야 안식을 누립니다. 끊임없이 전쟁이 있는 것은 여전히 내 마음대로 살고자 하기 때문입니다. 내가 원하는 바가 아닌 하나님이 원하시는 대로 살아야 합니다. 하나님이 원하시는 삶은 '비교하지 않는 삶'입니다.

바람피운 남편을 용납하기가 어렵습니다. 밥 먹듯 가출하는 자식, 잔소리하는 시어머니, 부당하게 대우하는 상사도 용납하기가 힘듭니다. 그런데도 용납하려니까 내 속에서 전쟁이 일어납니다. 날마다 속이 시끄럽습니다. 하지만 십자가를 지기로 선택하면 거기에 쉼이 있고 평화가 있습니다. 전쟁은 보이는 적과 하는 것이 아닙니다. 내 속에서 전쟁이 일어나기에 다른 사람과도 끊임없이 전쟁이 일어나는 것입니다.

죄인 줄 알면서도 죄를 허용하는 그리스도인들은 항상 하나님과 전쟁을 치릅니다. 하지만 순종하면 곧 쉼을 얻습니다. 안식은 순종할 때 옵니다. 돈이 생긴다고 안식할 수 있는 것이 아닙니다.

우리들교회의 한 학생이 엄마에게 야단을 맞다가 속이 너무 부글부글 끓어서 대들었습니다. 문을 쾅 닫고 방에 들어왔는데 "큐티는 꼭 쓰면서 해야 해. 쓰지 않는 큐티는 큐티가 아니야" 하신 교회 선생님의 말씀이 생각났습니다. 그래서 큐티책을 펼쳐 오늘 말씀에서 적용할 것을 썼습니다. 그런데 그 한 가지를 순종했더니 금세 평안하더랍니다. 속상했던 마음이 편안해지고 기쁨이 가득 찼습니다.

공부 잘하는 아이들을 보십시오. TV 소리가 요란하고 부산한 환경에서도 조용히 앉아서 제 할 일을 합니다. 그런데 공부를 못하는 아이는 온갖 소리에 민감합니다. 온 가족이 숨을 죽이고 까치발로 살금살금 걸어 다녀도 "밖에서 누가 물 먹어?", "누가 TV를 보는 거야!" 하면서 야단합니다. 공부 한번 하려면 온 가족을 벌세웁니다.

어떤 폭풍에서도 놀라지 않고 요동하지 않는 것이 내공입니다. 나의 내면이 정리되면 어떤 일에도 놀라지 않습니다. 그것이 전쟁이 그친 자의 모습입니다. 그 모습을 보고 다른 사람들도 안식을 얻습니다. 슬픈 일에도, 기쁜 일에도 요동하지 않으며 다른 사람에게도 평안을 선사합니다.

내 마음의 전쟁이 그치는 것, 곧 안식은 죄 사함의 확신에서부터 시작됩니다. 어떤 죄도 예수 그리스도의 십자가로 사함을 받았다는 확신, 내가 주님께 용서 받았다는 확신이 없으면 전쟁은 절대 그칠 수 없습니다. 그래서 앞서 말한 할아버지처럼 돈이 많아도 죽을까 봐 전전긍긍하면서 물 온도까지 따지며 야단하는 겁니다.

산부인과 의사였던 제 남편은 병원에 혈액이 충분히 준비돼 있어도 자신의 기준에 맞지 않으면 "피가 준비돼 있지 않다"며 온 병원을 뒤엎었습니다. 그러나 남편이 병원을 운영하는 5년 동안 혈액이 모자랐던 적은 한 번도 없었습니다. 남편이 근심 가운데서 안식이 없으니까 별일 아닌데도 새벽에 자던 사람들을 깨워서 야단을 쳤습니다. 간호사부터 식구들까지 일렬횡대로 세워 놓고는 "이러다 사람 죽일 일 있느냐!"면서 소리소리 질렀습니다. 이런 모든 일을 잘 당하다 보니 제 속의 전쟁이 그쳤습니다.

"누가 능히 하나님께서 택하신 자들을 고발하리요"(롬 8:33). 이 말씀을 믿는 자들이 전쟁이 그친 자들입니다. 전쟁이 그친 자들은 자신도 남도 정죄하지 않습니다. 그러므로 과거에서 자유하고, 현재를 기쁘게 살며, 미래를 준비합니다.

- 내게 주신 성품과 기질, 물질과 환경 등 모든 것이 하나님이 내게 특별히 구분해 주신 기업임을 믿습니까? 그 기업을 누림으로 다른 사람에게도 나누어 줄 것만 있는 인생을 살고 있습니까? 과거에 대한 정죄, 현재에 대한 불만, 미래에 대한 염려로 오늘을 빵점으로 살지는 않습니까?

우리들 묵상과 적용

첫째 딸이 태어난 뒤 시부모님은 둘째 손주만은 아들이길 기대하셨습니다. 그러나 딸이 태어나자 섭섭해하시며 둘째를 눈에 띄게 차별하셨습니다. 저는 그런 시부모님을 보며, 마치 제가 차별을 받는 것 같아 괴로웠습니다. 그때부터 제 안의 전쟁이 시작되었습니다. 한편으로는 시부모님의 인정과 물질이 탐났기에 아들을 낳고자 온갖 노력을 하며 임신을 했습니다. 그러나 검사 결과 딸이었고 몇 주를 고민하다 낙태를 결심하고 병원을 찾았습니다. 어떤 의사는 하나님이 두려워 낙태하지 못하겠다고 했습니다. 그런데도 저는 낙태해 줄 병원을 찾아다니며 아들이 아니라는 이유로 하나님이 주신 귀한 생명을 두 번이나 살인했습니다. 세 번째도 딸이라고 했지만, 더는 죄를 지을 수 없어 낳은 것이 아들이었습니다. 그러나 12년 만에 아들을 얻은 기쁨도 잠시, 이후 저는 우울과 죄책감에 시달렸습니다.

또한 하솔 왕 야빈이 여러 왕을 거느리고 이스라엘과 싸우려고 메롬 물가에 함께 진 쳤던 것처럼, 힘든 일들이 연달아 몰려왔습니다(11:5). 아들이 돌일 무렵 자궁에서 이상형증이 발견되어 수술을 해야 했고, 아들이 두 돌일 무렵에는 사춘기에 들어선 큰딸이 반항하며 학교를 그만두겠다고 했습니다.

돈을 의지하는 저의 말 뒷발의 힘줄을 끊고, 인정과 정욕의 병거를 불사르고자 허락하신 하나님의 전쟁이었지만 저는 두려움이 몰려오니 기도원을 찾아 문제만 해결해 달라고 부르짖었습니다(11:6). 큰딸의 문제는 곧 해결되었지만 내 속의 완악함을 물리치지 못하고 가족의 영혼을 사랑하지 못했기에 둘째 딸은 차별 받았다는 피해의식으로 분노했고 남편과 딸들의 다툼도 잦아졌습니다. 온 가족이 서로 대적하며 싸우게 된 것이, 나의 완악함을 멸하고 하나님의 사랑을 알게 하시려고 여호와께서 하신 일임을 깨닫습니다(11:20).

'나는 아무것도 할 수 없다'고 고백하며, 나의 전쟁이 아닌 여호와의 전쟁임을 선포하고 두려움을 내려놓자 주님은 한 집사님의 섬김으로 큰딸이 공동체에 들어오게 하셨습니다. 그러나 아직 우리 가정, 내 속의 전쟁은 그치지 않았습니다(11:23). 이제는 "여호수아는 그대로 행하여 여호와께서 모세에게 명하신 모든 것을 하나도 행하지 아니한 것이 없었더라"는 말씀을 교훈 삼아(11:15) 내게 구분해 주신 가정을 기업으로 바라보며 말씀대로 승리하기를 소망합니다(11:23).

영혼의 기도

아버지 하나님, 오늘도 치러야 할 전쟁이 있습니다. 하지만 이제 그 땅에 전쟁이 그쳤다고 합니다. 전쟁이 그치는 것은 나의 완악함이 물러가고, 내 식구의 완악함이 물러가는 것이라고 합니다. 내 식구를 완악하게 하신 것이 하나님이 하신 일이라고 하시오니 완악한 내 식구들을 거울삼아 나의 완악함을 볼 수 있는 은혜를 허락하여 주시옵소서.

모든 것을 하나님께 맡기기 원합니다. 돈, 자식, 질병과 같은 두려운 '아낙'이 저에게 있습니다. 그러나 오늘 나의 아낙 자손이 멸절되었다고 하시오니 이제는 모든 두려움에서 자유할 수 있도록 도와주시옵소서.

주님을 만났지만 대적을 다 물리치지 못하고 가사와 가드와 아스돗에 약간 남겨 둔 인생임을 고백합니다. 주님을 사랑하기 때문에 주님의 소원대로 살고 싶지만, '이것쯤이야' 하면서 남겨 두는 것이 제 속에 있음을 고백합니다. 주님, 그럼에도 가사에서 죽임당할 뻔했던 삼손의 머리카락을 다시 자라게 하시고, 다윗의 물맷돌로 가드 사람 골리앗을 물리치게 하시고, 아스돗에 빼앗긴 언약궤를 다시 가져오게 하셨습니다. 내가 잘못 선택했다고 할지라도 주님은 실패하지 않으시고 우리를 회복시켜 주실 것을 믿습니다. 내가 연약하고 유한한 것을 주님이 아시기에, 오늘 내가 말씀을 듣고 돌이킬 때 회복시켜 주실 것을 믿습니다.

수많은 전쟁을 통해 내게 주신 환경이 지파의 구분을 따라 기업으로 주신 것임을 알았습니다. 나의 경제적인 분깃과 가난과 고난들을 하나님이 구분해서 주신 것이라고 하시오니 이것을 약재료로 나누어서 다른 사람에게도 기업이 되게 하기를 원합니다. 구별된 삶을 통해 안식을 누리게 하옵소서. 이제는 남에게 나누어 줄 것만 있는 인생이 되도록 저의 모든 환경을 써 주옵소서. 우리 가운데 전쟁이 그치기를 원합니다. 제 마음속의 전쟁이 그치기를 원합니다. 주님, 저를 도와주옵소서. 예수님 이름으로 기도하옵나이다. 아멘.

Chapter 20

소탕전: 잊을 수 없는 재산목록

여호수아 12:1~24

하나님 아버지, 우리가 가장 아끼고 소중히 여겨야 하는 재산목록이 무엇인지 깨닫기 원합니다. 말씀해 주시옵소서. 듣겠습니다.

"아아~ 잊으랴 어찌 우리 이날~을~~"

인생을 살면서 우리에게는 "어찌 잊으랴" 할 일들이 많습니다. 고생, 고생해서 아이들 공부시킨 일, 아파트 하나 마련하고자 허리띠를 조르고 졸라맨 일……. 아무리 이야기해도 지겹지 않은 무용담들이 있습니다.

저는 친정과 시댁이 모두 이북 출신입니다. 친정아버지는 남쪽으로 내려오신 뒤에 토건 사업을 하셔서 비교적 잘사셨습니다. 그런데 시아버지는 90세 가까운 어머니까지 모시고 내려와 배추 장사부터 시작하셨으니 그 무용담이 얼마나 대단했겠습니까. 서른아홉 되는 해에 이남으로 내려오셨다는데, 무일푼으로 시작해서 집안을 일으키신 이야기, 명동에서 장교동까지 신발이 해어지도록 걸어 다녔다는 이야기가 끊이지 않았습니다. 또 늘 "너희 오마니(시어머님)가 구공탄 불도 아끼며 살았다. 그저 너희 오마니 때문에 우리 집안이 일어났다"라고 강조하셨습니다.

제게도 그런 재산목록이 있습니다. 남편이 소천했을 때, 아이들이 대학에 떨어졌을 때 어떻게 말씀을 적용했는지, 그 간증들이 저의 잊을 수 없는 재산목록입니다. 말씀대로 적용하고 승리한 이야기는 아무리 반복해도 지나치지 않다고 생각합니다.

여호수아는 전쟁이 그친 이스라엘 백성을 향해 그동안 정복한 지명들을 일일이 언급합니다. 아무리 언급해도 감동이 사라지지 않기 때문입니다. 그런데 그 재산이 내 것이니까 재미있지 남의 재산이라면 재미있겠습니까? 자신의 재산목록이기 때문에 재미가 있는 것입니다. 성경에 기록된 말씀이 하나님이 주신 내 재산목록이 되어야 하는데, 남의 땅 이야기가 되면 재미가 없습니다. 성경이 '내 땅 이야기'가 되어야 합니다.

첫 번째 재산목록, 하나님의 인자하심

1 이스라엘 자손이 요단 저편 해 돋는 쪽 곧 아르논 골짜기에서 헤르몬 산까지의 동쪽 온 아라바를 차지하고 그 땅에서 쳐죽인 왕들은 이러하니라
2 시혼은 헤스본에 거주하던 아모리 족속의 왕이라 그가 다스리던 땅은 아르논 골짜기 가에 있는 아로엘에서부터 골짜기 가운데 성읍과 길르앗 절반 곧 암몬 자손의 경계 얍복강까지이

며 3 또 동방 아라바 긴네롯 바다까지이며 또 동방 아라바의 바다 곧
염해의 벧여시못으로 통한 길까지와 남쪽으로 비스가 산기슭까지
이며 4 옥은 르바의 남은 족속으로서 아스다롯과 에드레이에 거주
하던 바산의 왕이라 5 그가 다스리던 땅은 헤르몬산과 살르가와 온
바산과 및 그술 사람과 마아가 사람의 경계까지의 길르앗 절반이니
헤스본 왕 시혼의 경계에 접한 곳이라_수 12:1~5

아로엘, 아라바 긴네롯, 벧여시못……. 지명(地名)이 잔뜩 등장합니다. 이런 본문만 나오면 우리는 성경 읽기가 딱 싫어집니다. 우리들 교회 청소년부의 한 학생이 자신은 방언 은사를 못 받았는데 이런 본문을 줄줄 읽다 보면 저절로 방언이 되겠다고 합니다. 발음하기도 힘든 지명으로 누구의 마음을 뜨겁게 하고 감동시키겠습니까. 그러나 이런 본문을 통해서도 우리는 하나님의 인도를 발견하고 헌신을 결단할 수 있습니다.

요단강을 건너 가나안 서편에 들어와서 남부 연합군과 북부 연합군, 여리고와 아이, 두려워하던 아낙 자손까지 모두 물리쳤습니다. 요단강을 건너기 전 이스라엘은 요단 동편에서 무서운 두 왕을 물리쳤는데, 그들이 바로 아모리 왕 시혼과 바산 왕 옥입니다. 40년 광야 생활을 지난 후 가나안 정복 전쟁을 앞둔 때에 모세가 동편 땅의 두 왕에게 그 땅을 지나가게 해 달라고 부탁했습니다. 그러나 그들이 거절하자 하는 수 없이 전쟁을 치렀습니다(민 21장). 이스라엘로서는 도무지 이길 수 없는 강한 왕들이지만 하나님이 모세를 통해 그들을 물리

쳐 주셨습니다.

아모리 왕 시혼과 바산 왕 옥이 얼마나 강했는지, 시편에도 "그가 많은 나라를 치시고 강한 왕들을 죽이셨나니 곧 아모리인의 왕 시혼과 바산 왕 옥과 가나안의 모든 국왕이로다 그들의 땅을 기업으로 주시되 자기 백성 이스라엘에게 기업으로 주셨도다"라고 합니다(시 135:10~12).

또한 이들은 성도를 끊임없이 괴롭히는 세력으로서 성경 곳곳에 기록되고 있습니다. 아모리 왕 시혼은 막강한 세력을 자랑하던, 매우 교만한 자였습니다. 또한 바산 왕 옥은 60여 개에 이르는 성읍을 가진 당대 최고 실력자였습니다. 신명기 3장 11절에 옥의 침대 길이가 4m, 넓이가 1.8m였다고 하니, 대단한 거인이었음을 알 수 있습니다. 그에 비하면 우리는 메뚜기같이 보입니다. 이렇게 막강하고 대단한 왕들을 물리쳤다는 것은 생각할수록 기적이며 내 힘으로 할 수 없는 일입니다. 아무리 반복해 언급해도 지루하지 않은 이야기입니다.

"큰 왕들을 치신 이에게 감사하라 그 인자하심이 영원함이로다 유명한 왕들을 죽이신 이에게 감사하라 그 인자하심이 영원함이로다 아모리인의 왕 시혼을 죽이신 이에게 감사하라 그 인자하심이 영원함이로다 바산 왕 옥을 죽이신 이에게 감사하라 그 인자하심이 영원함이로다 그들의 땅을 기업으로 주신 이에게 감사하라 그 인자하심이 영원함이로다"(시 136:17~21).

우리의 재산목록 첫째가 하나님의 인자하심입니다. 하나님이 인자를 베푸셔서 바산 왕 옥과 아모리 왕 시혼을 물리쳐 주셨습니다. 어떻게 내가 강하고 유명한 왕들을 물리칠 수 있겠습니까? 어떻게 내가 돈과 권력을 내려놓을 수 있겠습니까? 재력 있고 학벌 좋은 신랑감을 만났는데 그가 예수를 안 믿는다고 내려놓을 수 있습니까? 내 힘으로는 못 내려놓습니다. 사람의 힘으로는 도무지 물리칠 수도, 포기할 수도 없지만 하나님이 인자를 베푸셔서 물리치게 하십니다.

아브라함이 갈대아 우르를 떠나서 가나안에 왔을 때 처음 한 일이 무엇입니까? 그가 약속의 땅에 와서 처음 한 일이 '거짓말'이었습니다. 애굽 왕 바로가 아브라함의 아내 사라를 눈여겨보니까 누이라고 거짓말을 했습니다. 그래도 하나님은 아브라함을 실수 가운데서 건지시고 가축과 은과 금을 풍부하게 주셨습니다. 그를 믿음의 조상 되게 하시고자 전초전을 잘 치르게 하신 것입니다. 앞으로 끝없이 찾아올 전쟁을 잘 치르라고 격려하신 것입니다. 그가 세상으로 도망갈까 봐 이기게 해 주십니다. 인자하신 하나님은 이처럼 기묘한 방법으로 역사하십니다. 그리고 그런 사건 하나하나가 나의 잊지 못할 재산목록 1호, 2호, 3호가 됩니다.

- 내 삶에 잊지 못할 재산목록은 어떤 것입니까? 사랑할 수 없는 시부모님을 사랑하고, 용서할 수 없는 남편과 자식을 용서함으로 미움과 상처라는 크고 강한 왕, 시혼과 옥을 물리친 믿음의 재산목록이 있습니까? 재산목록이 쌓여 갈 때마다 하나님의 인자하심을 발견하며 감사합니까?

두 번째 재산목록, 혼자가 아니야!

6 여호와의 종 모세와 이스라엘 자손이 그들을 치고 여호와의 종 모
세가 그 땅을 르우벤 사람과 갓 사람과 므낫세 반 지파에게 기업으
로 주었더라 7 여호수아와 이스라엘 자손이 요단 이편 곧 서쪽 레바
논 골짜기의 바알갓에서부터 세일로 올라가는 곳 할락산까지 쳐서
멸한 그 땅의 왕들은 이러하니라 (그 땅을 여호수아가 이스라엘의
지파들에게 구분에 따라 소유로 주었으니 8 곧 산지와 평지와 아라
바와 경사지와 광야와 네겝 곧 헷 족속과 아모리 족속과 가나안 족
속과 브리스 족속과 히위 족속과 여부스 족속의 땅이라)_수 12:6~8

창세기 13장에 보면 아브라함과 조카 롯 사이에 문제가 생깁니다. 서로 소유가 많아져 한곳에 동거하기가 어려워지면서 양쪽 목자들 간에 다툼이 자주 벌어진 것입니다. 이에 아브라함은 롯과 헤어지기로 결정하고 롯에게 비옥한 땅을 선택할 권리를 먼저 주었습니다. 우선권이 아브라함에게 있지만 하나님의 기업을 소망하므로 양보한 것입니다. 그 결과 하나님은 아브라함에게 보이는 땅을 다 주셨습니다. 좋은 땅을 양보했어도 잃은 것이 없게 하셨습니다. 반면에 롯이 선택한 물 댄 동산 같은 땅, 소돔과 고모라는 타락한 땅이었습니다. 그러니 먼저 분배 받는다고, 비옥한 땅을 차지한다고 좋은 것은 아닙니다.

에베소서 1장 11절에 "모든 일을 그의 뜻의 결정대로 일하시는 이의 계획을 따라 우리가 예정을 입어 그 안에서 기업이 되었으니"라

고 합니다. 여기서 기업은 산업이 아니라 유산을 의미합니다. 우리 자신이 예수님의 영광을 상속 받은 기업이라고 합니다. 그러니 우리는 세상 사람들에게 예수님의 영광이 얼마나 풍성한지 보이는 도구가 되어야 합니다.

그런데 르우벤 지파는 어떻습니까? 힘든 전쟁을 치르고 제일 먼저 땅 분배를 요구했습니다. 열심히 믿음의 전쟁을 치르고는 내 욕심대로 받을 생각만 했습니다. 아모리 왕 시혼의 땅과 바산 왕 옥의 60개 성읍은 보기에도 좋고, 살기에도 좋은 땅이었습니다. 목축하기에도 매우 적합한 땅이었습니다. 하지만 이 땅은 본래 하나님이 이스라엘에게 주신 기업이 아닙니다. 훗날 이 동편은 타락한 땅이 되었습니다. 또 워낙 요충지이다 보니 적들에게 다 빼앗기고 말았습니다. 내 눈에 좋은 땅은 남이 보기에도 좋지 않겠습니까? 힘들게 전쟁해서 얻은 땅인데 빼앗긴 재산이 된 것입니다.

여기에서 우리는 영적 원리를 발견할 수 있습니다. 6절에 "여호와의 종 모세와 이스라엘 자손이 그들을 치고 모세가 그 땅을 르우벤과 갓, 므낫세 반 지파에게 기업으로 주었다"고 합니다. 또 7절에서는 요단 서편 땅을 "여호수아가 이스라엘의 지파들에게 구분에 따라 소유로 주었다"고 하죠. 모세가 아모리 왕 시혼과 바산 왕 옥을 먼저 물리쳐 주지 않았다면 가나안 정복 전쟁은 시작도 못 했을 것입니다. 그러나 한편으로는 모세가 여호수아에게 직분을 넘겨준 것처럼 기성세대도 젊은 세대가 일할 수 있도록 물러날 줄 알아야 합니다.

"내가 할 일은 아모리 왕 시혼과 바산 왕 옥을 물리치는 것까지

이다. 요단 서편은 네가 정복해라" 이렇게 넘겨주는 것도 필요합니다. 서로를 인정하고 이해해야 합니다. 그런데 교계와 교파가 서로를 인정하지 않기에 하나가 되지 못합니다. 대단한 모세도, 뛰어난 여호수아도 모든 일을 혼자서 해내지 않았습니다. 모세가 얻은 땅이 다르고, 여호수아가 얻은 땅이 다릅니다. 혼자서는 아무것도 할 수 없습니다. 힘을 합쳐야 합니다.

동편의 가장 강한 적인 시혼과 옥을 모세가 물리쳐 주었기에 오늘의 서편 지파와 이스라엘이 있다는 것을 여호수아는 기억해야 합니다. 우리도 내가 누구 때문에 지금 이 자리에 있는지 늘 기억해야 합니다. 내 부모가 아무리 술을 마시고, 폭력을 휘두르고, 무능력해도 그 부모님 때문에 내가 있다는 것을 기억하라는 겁니다. 아무리 군사 독재를 했어도 전직 대통령이 있었기에 현직 대통령이 있습니다. 교계가 분열되며 몸살을 앓아도 베드로와 바울이 세운 초대교회가 있었기에 지금의 교회가 있습니다. 주기철 목사님, 손양원 목사님이 앞서 세우신 교회가 있었기에 지금의 한국교회가 있습니다.

해 아래 새것이 없듯이 믿음의 조상이 있었기에 우리가 예수를 믿게 된 것입니다. 아무리 형편없어 보여도 시혼과 옥을 물리쳐 준 형제들이 없었다면 요단 서편 땅을 정복할 수 없었습니다. 그러니 기성세대의 수고도 인정해야 합니다.

앞에서 이야기했듯 훗날 동편 지파는 그 땅을 빼앗기고 말았습니다. 여러분이 인정하든 안 하든 망할 사람은 망합니다. '저 사람은 곧 망할 텐데 내가 왜 인정해 줘야 해? 절대 인정 못 해' 이래서는 안 됩니다. 망할 게 빤히 보이는 사람이라도 인정하십시오. 망해도 내 식구이고, 망해도 내 남편이고, 망해도 내 부모 형제입니다. 남편이 망했다고 이혼합니까? 망했다고 부모 자식 사이를 끊겠습니까? 아내가 암에 걸리면 헤어져야 합니까? 자식이 교도소에 가면 버리겠습니까? 짐승들도 그러지는 않습니다.

우리는 혼자서 재산목록을 쌓아 갈 수 없습니다. 모세를 통해 얻게 하신 땅이 있고, 여호수아를 통해 얻게 하신 땅이 있습니다. 그런데 율법의 예표인 모세가 분배한 땅은 결국 실패하고 빼앗기는 땅이 되었습니다. 하지만 메시아 예수의 예표, 여호수아가 분배한 땅은 이스라엘의 영원한 기업이 되었습니다. 내 힘과 노력을 따라, 율법을 따라 애쓰는 일은 실패할 수밖에 없습니다. 영적 축복은 내 힘으로 얻는 것이 아니라 오직 예수 그리스도 안에서만 얻을 수 있기 때문입니다. 하늘에 속한 모든 신령한 복을 주시는 이는 오직 예수 그리스도뿐입니다.

다른 누군가를 인정하는 것도 내 힘으로는 못 합니다. 오직 예수 그리스도 안에서만 가능합니다. 율법으로도 못 합니다. 예수 그리스도의 사랑이 우러나야지 율법적으로 섬긴다고 해서 되는 것이 아닙니다.

- 육신의 부모님, 믿음의 선배들이 앞서 싸워 왔기에 지금의 내가 있다는 것을 기억하고 있습니까? 내가 부족해도 인정해야 할 가족이나 지체는 누구입니까? 그들이 있었기에 내가 믿음을 지킬 수 있었다는 것을 인정합니까?

재산목록은 자세하게, 구체적으로 쓰십시오

9 하나는 여리고 왕이요 하나는 벧엘 곁의 아이 왕이요 10 하나는
예루살렘 왕이요 하나는 헤브론 왕이요 하나는 야르뭇 왕이요 11 하
나는 라기스 왕이요 12 하나는 에글론 왕이요 하나는 게셀 왕이요
13 하나는 드빌 왕이요 하나는 게델 왕이요 14 하나는 호르마 왕이
요 하나는 아랏 왕이요 15 하나는 립나 왕이요 하나는 아둘람 왕이
요 16 하나는 막게다 왕이요 하나는 벧엘 왕이요 17 하나는 답부아
왕이요 하나는 헤벨 왕이요 18 하나는 아벡 왕이요 하나는 랏사론 왕
이요 19 하나는 마돈 왕이요 하나는 하솔 왕이요 20 하나는 시므론
므론 왕이요 하나는 악삽 왕이요 21 하나는 다아낙 왕이요 하나는
므깃도 왕이요 22 하나는 게데스 왕이요 하나는 갈멜의 욕느암 왕
이요 23 하나는 돌의 높은 곳의 돌 왕이요 하나는 길갈의 고임 왕이
요 24 하나는 디르사 왕이라 모두 서른한 왕이었더라_수 12:9~24

더듬거리지 않고 잘 읽으셨습니까? 정말 방언이 따로 없지요? 도합 서른한 명의 왕이 줄줄이 나옵니다. 여호수아가 이렇게 많은 왕의 이름을 기록한 것은 분명히 우리에게 읽어 보라는 뜻일 텐데 도대체 왜 이들을 기록했을까요?

"예수께서 행하신 일이 이외에도 많으니 만일 낱낱이 기록된다면 이 세상이라도 이 기록된 책을 두기에 부족할 줄 아노라"(요 21:25). 하나님이 우리에게 행하신 일은 이루 말할 수 없이 많습니다. 그런데

우리는 감사도 대충대충 하고, 기도도 형식적으로 합니다. "생사화복을 주관하시는 하나님, 죽을 수밖에 없는 죄인을 구원하시는 하나님, 날마다 모든 일에 축복을 주시는 하나님……" 하며 똑같은 기도만 반복합니다. 이제는 그러지 말라는 겁니다. 여호수아는 서른한 왕의 이름을 모두 언급했습니다. 서른한 가지까지 아니어도 좋습니다. 한두 가지라도 구체적인 감사를 하라는 것입니다.

서른한 명의 왕이 하나님의 진노하심으로 모두 멸망했습니다. 시혼의 멸망은 완악함이, 옥의 멸망은 우월감이, 여리고의 멸망은 학벌의 벽이 무너진 사건입니다. 서른한 왕의 목록에는 하나님의 은혜로 정죄감이 물러가고, 자기 연민과 열등감에서 해방되고, 피해 의식과 자만심을 정복한 이야기가 다 쓰여 있습니다.

믿지 않는 사람에게는 내 믿음의 간증 목록이 지루하게 들릴 수 있습니다. 그렇더라도 "내가 열등감을 물리쳤다", "학벌의 우상을 물리쳤다", "남편이 죽었지만 두려움을 극복했다"라고 이야기하면서 복음을 전해야 하지 않겠습니까? 여호수아가 자랑하려고 서른한 왕의 목록을 기록한 것이 아닙니다. "지금까지 지내 온 것 주의 크신 은혜라" 하며 감사함으로 지난 싸움을 회상한 것입니다.

저 역시 하나님이 도와주지 않으셨다면 지금의 저는 없었을 것입니다. 주님은 자녀를 통해 저의 탐심을 정리하시고, 저로 삼만 번 인내하게 하셨습니다. 자녀들이 입시를 거듭 실패하는 고난을 겪으며 자만심을 버리고 '인내'라는 재산을 얻게 하셨습니다. 모든 사람 앞에서 두목급의 수치를 매달고 드러내면서 인정받는 데서 자유로워지는 재산을 얻은 것입니다. 많은 실패를 통해 승리라는 재산을 얻었습니다.

하나님이 우리들교회에 주신 재산목록은 무엇일까요? 어떤 집사님은 알뜰살뜰 모아 마련한 집을 들어먹고는 몇 년간 고시원에서 혼자 지내다가 마침내 부인에게 용서 받고 집에 들어갔습니다. 요즘엔 감히(?) 부인이 해 주는 밥을 먹고 교회에 옵니다. 또 다른 집사님은 직업도 없고 가진 것도 없었는데 우리들교회에서 열심히 주차 봉사를 했더니 아이들을 데리고 외국으로 떠났던 부인이 돌아왔습니다. 흩어졌던 가정이 합쳐진 것입니다. 이 모든 간증이 우리들교회의 잊을 수 없는 재산목록입니다.

우리는 나의 어떤 것도 정죄하지 않으시는 하나님에게 구체적인 감사를 드려야 합니다. "나는 살인할 수밖에 없는 죄인인데 오늘도 살려 주셔서 감사합니다", "김 집사가 너무 미웠는데 용서하게 해 주셔서 감사합니다", "오늘도 욕심에 빠져 충동 구매를 할 뻔했는데 절제하게 해 주셔서 감사합니다!" 이렇게 기도해야 합니다. "우리 집안을 조상 대대로 축복해 주시니 감사합니다. 지금부터 마지막까지 축복해 주옵소서. 오늘도 길을 나갈 때마다 축복해 주옵소서. 아멘!" 이렇게 기도하지 말라는 겁니다.

하나하나 주님이 처리해 주신 왕에 대해 감사하십시오.

"내 죄를 깨닫게 해 주시니 감사해요. 나의 무감각을, 무기력을 깨닫게 해 주시니 감사해요."

이런 기도야말로 잊지 못할 재산목록입니다. 서른한 왕의 이름을 괜히 기록한 것이 아닙니다. 어렵다고 그저 훑고 지나갈 말씀이 아니라는 겁니다. 이런 말씀이야말로 더욱 깊이 있게 묵상해야 합니다.

"나는 선한 싸움을 싸우고 나의 달려갈 길을 마치고 믿음을 지켰으니"(딤후 4:7).

우리가 이 말씀을 이루는 주인공이 되기 원합니다. 성도는 날이 갈수록 보물 창고의 재산목록이 늘어나야 합니다. 하나님은 축복의 땅, 좋은 땅을 예비하시고 우리를 부르십니다. 그런데 많은 사람이 그곳에 이르는 여정이 힘들다고 중도 탈락하고 맙니다. '여기까지!' 하며 불순종합니다.

기가 막힌 재산목록을 날마다 늘리십시오. 지나고 보니 제가 일생 피아노를 치고 열심히 공부했어도 영혼 구원보다 보람 있는 일은 없었습니다. 르우벤과 갓, 므낫세 반 지파처럼 내 눈에 보기 좋은 땅을 얻겠다고 요단 동편에 머물면 당장은 좋을지 몰라도 결국엔 망합니다.

내 힘으로는 못 합니다. 예수 그리스도 안에 거해야만 모든 '땅 따 먹기' 목록이 완성될 수 있습니다. 성경의 땅 이야기가 '내 땅 이야기'가 되기를 바랍니다. 그래서 자손 대대로 나누어 줄 믿음의 재산목록이 있기를 예수님의 이름으로 축원합니다.

- 하나님의 힘으로 물리친 서른한 왕의 목록이 내게도 있습니까? 하나님의 사랑으로 용서하고 사랑하게 된 식구들, 하나님의 은혜로 전도한 이웃들의 이름을 기록해 봅시다. 하나님의 긍휼로 치유된 서른한 가지 상처와 미움과 열등감의 목록을 구체적으로 적어 봅시다.

성도는 날이 갈수록 보물 창고의
재산목록이 늘어나야 합니다.
기가 막힌 재산목록을 날마다 늘리십시오.
지나고 보니 제가 일생 피아노를 치고
열심히 공부했어도 영혼 구원보다
보람 있는 일은 없었습니다.

우리들 묵상과 적용

재작년 12월, 새해를 보름 정도 남겨 둔 때였습니다. 현관 벨소리에 나가 보니 퇴근 후 돌아온 남편이 서 있었습니다. 그런데 남편의 얼굴은 흙빛으로 질려 있었습니다. 결혼생활 25년 동안 한 번도 보지 못한 얼굴이었습니다. "회사에서 무슨 일이 있었냐"고 물었지만 남편은 "아니"라고 대답한 후 말이 없었습니다.

이튿날 다시 묻자 남편은 "올해 말까지만 근무하라고 통보를 받았다"라고 말했습니다. 저의 마음은 분노로 물들었습니다. 남편은 설립 55년 된 회사에서 30년간 일했습니다. 회사의 성장을 위해 늘 희생하고 혁혁한 공도 많이 세웠기에 전문경영인(기업 소유주와 직원들 사이에서 경영 관리를 수행하는 사람)까지 무리 없이 진급할 것이라고 기대했습니다. 그런데 권고사직을 당한 것입니다. 남편이 30년간 동고동락한 곳을 보름 후 떠나야 한다는 현실이 꿈처럼 느껴졌습니다. 남편의 회사를 향한 저의 분노는 곧 하나님을 향했습니다. '주님도 남편이 사리사욕 없이 충직히 살아온 것을 아시잖아요!'

조실부모하여 부모님의 도움 없이 자란 제게는 자녀들을 잘 키우고 남편을 열심히 내조해 온 것이 큰 자랑거리였습니다. 그렇기에 비옥한 땅에 거주하던 바산의 왕처럼 '나는 앞으로도 성공한 삶을 살 것'이라는 자만심이 가득했습니다(12:4). 그런데 남편이 퇴직 통보를 받다니……. 저의 모든 계획이 하루아침에 바닥으로 곤두박질치는 느낌이었고, '앞으로 어떻게 살아야 하나'라는 생각만 가득했습니다. 그러다 문득 오래전 일이 생각났습니다. 큰아이를 낳은 후 저는 하나님이 제게 아들을 주지 않으셨다는 이유로 살 소망이 끊어져 산후우울증에 빠졌습니다. 아들딸을 낳은 동서를 시기 질투하는 욕심에서 비롯된 우울증이었습니다. 그때를 되새기자 남편의 퇴직 통보 역시 하나님이 인자로 제 욕심을 물리치신 일임이 깨달아졌습니다. 그 후 저는 그동안 재정 문제로 힘들어하는 목장 지체들에게 "물질 고난이 가장 경한 고난이다"라고 경솔히 말한 것이 얼마나 큰 교만이었는지를 회개할 수 있었습니다.

이렇게 형편없는 저이지만 하나님은 남편을 회사의 임원으로 다시 취업되게 하시는 복을 허락하셨습니다. 구원의 소명을 받은 자로서 날마다 영적 전쟁을 잘 치르라고 주신 기업이라고 생각합니다(12:6). 하나님은 지난날 제가 암에 걸렸을 때도 "내가 너를 아노라"라는 말씀으로 저의 마음을 굳게 붙들어 주셨습니다(계 2:3). 세상 성공이 아닌 하나님의 말씀만이 저의 재산이 되게 하신 하나님을 찬양합니다.

영혼의 기도

아버지 하나님, 그동안 물리친 왕들, 곧 잊지 못할 재산목록을 우리에게 보여 주십니다. 아모리 왕 시혼과 바산 왕 옥을 물리친 것은 내 힘이 아니었습니다. 지난 인생을 생각해 보니 하나님이 인자를 베푸심으로 모든 적을 물리쳐 주셨습니다. 그 하나님을 찬양합니다.

그러나 저에게 아직도 물리치지 못한 부분이 많습니다. 나 혼자서는 물리칠 수 없음을 알았습니다. 모세와 여호수아가 힘을 합쳐서 물리치고, 요단 동편 지파와 서편 지파가 힘을 합쳐서 물리쳤다고 합니다. 나의 조상이 있었기에 오늘의 내가 있습니다. 나의 가족이 있기에 지금의 내가 있습니다. 그들을 예수 그리스도 안에서 인정하기 원합니다. 도망갈 수도, 버릴 수도 없는 나의 식구들을 인정하기 원합니다. 다른 누구를 인정하는 것도 내 힘으로는 할 수 없사오니 주님이 인도해 주시옵소서.

지나간 일을 생각해 보니 하나님이 말씀을 통해 주신 재산목록이 얼마나 많은지 모릅니다. 나의 정죄감과 자기 연민, 피해 의식과 교만, 무기력과 무감각한 것을 치료해 주신 하나님, 감사합니다. 서른한 명의 왕의 목록보다도 더 많은 은혜를 주님이 제 인생에 더해 주셨음을 잘 알고 있습니다. 제 인생의 은혜의 재산목록을 날마다 기억하며 오늘도 영적 싸움을 잘 싸우게 도와주옵소서. 주의 말씀을 통해 내 속에서 왕 노릇 하는 모든 것을 물리칠 수 있도록 오늘도 역사해 주옵소서. 그래서 내 자손에게도 잊지 못할 믿음의 재산목록을 대대로 남겨 주는 부모가 되기를 원합니다. 예수님 이름으로 기도하옵나이다. 아멘.

Chapter 21

이리저리 전전: 아무리 주어도 누려야 내 것 여호수아 13:1~33

하나님 아버지, 하나님이 아무리 많이 주셔도 누려야 내 것인데 우리는 누리는 인생을 살지 못합니다. 말씀을 잘 듣고 깨달아 누리는 인생을 살기 원합니다. 말씀해 주시옵소서. 듣겠습니다.

하나님은 우리에게 많은 것을 주셨습니다. 부모와 자녀를 주시고 시간과 돈을 주시고 무엇보다 가장 중요한 믿음을 주셨습니다. 그런데 우리는 그것을 잘 누리지 못합니다. 허송세월하며 인생을 낭비합니다. 하나님이 나에게 가장 알맞게 주셨는데 말입니다.

한 여집사님의 이야기입니다. 이분은 돈이 있는데도 서울의 낡은 집에 전세 들어 살았습니다. 온통 주워 온 가구들뿐이고, 집 안은 어찌나 허름한지 드나드는 사람마다 "좀 제대로 해 놓고 살라"고 다그칠 정도였습니다. 그럴 때면 이분은 배짱을 탕탕 튕겼습니다. "지방에 내 집이 있는데 왜 쓸데없이 전셋집에 돈을 들이냐"는 것이었습니다. 사실 이분은 지방에 50평 아파트를 장만해 놓고 그 집을 꾸미는 낙으로 살았습니다. 그제는 자개장, 어제는 가죽 소파, 오늘은 대형 식탁…… 새 아파트를 꾸미는 재미가 쏠쏠했습니다. 서울에서 장사하느라 아직 그 아파트에서 살아 보지는 못했지만 생각만 해도 마음이 뿌듯하고 부러울 게 없었습니다. 그런데 그분이 하루아침에 사고로 돌아가셨습니다. 그리고 돌아가시자마자 며느리가 새 아파트를 팔아 버렸습니다. 그뿐만 아니라 집사님이 열심히 장만해 놓은 집기류들을 자기 취향이 아니라며 쓰레기통에 쳐 박았습니다. 이처럼 우리는 현재를 누리지 못합니다. 오늘을 빵점으로 살아갑니다. 우리는 왜 누리지 못할까요?

남은 것으로 인해 겸손함을 배울 수 있습니다

1 여호수아가 나이가 많아 늙으매 여호와께서 그에게 이르시되 너
는 나이가 많아 늙었고 얻을 땅이 매우 많이 남아 있도다 2 이 남은
땅은 이러하니 블레셋 사람의 모든 지역과 그술 족속의 모든 지역
3 곧 애굽 앞 시홀 시내에서부터 가나안 사람에게 속한 북쪽 에그론
경계까지와 블레셋 사람의 다섯 통치자들의 땅 곧 가사 족속과 아
스돗 족속과 아스글론 족속과 가드 족속과 에그론 족속과 또 남쪽
아위 족속의 땅과 4 또 가나안 족속의 모든 땅과 시돈 사람에게 속
한 므아라와 아모리 족속의 경계 아벡까지와 5 또 그발 족속의 땅과
해 뜨는 곳의 온 레바논 곧 헤르몬 산 아래 바알갓에서부터 하맛에
들어가는 곳까지와 6 또 레바논에서부터 미스르봇마임까지 산지의
모든 주민 곧 모든 시돈 사람의 땅이라…… _수 13:1~6a

12장까지 정복 전쟁이 끝나고 전쟁이 그쳤습니다. 그런데 아직 남은 땅이 있다고 합니다. 이어지는 말씀을 보면 서남부의 블레셋 땅과 시돈 지역의 땅, 북쪽 레바논 일대의 땅 등이 남아 있습니다. 하나님은 남은 땅이 있는데도 왜 정복 전쟁을 끝내셨을까요?

'여호수아가 나이가 많아 늙었다'라는 말이 1절에 두 번이나 나옵니다. 당시는 여호수아의 나이가 백 세가 넘은 때였습니다. 그러니 주님이 전쟁을 그치신 것은 여호수아를 위한 배려입니다. 하나님은 우리가 못하는 것을 하라고 명하지 않으십니다. 우리의 연약함을 무시하지도 않으십니다. 공부 못하는 사람에게 잘하라고 하지도 않으십니다. 돈 못 버는 사람에게 돈 벌라고도 하지 않으십니다. 여호수아는 '거기까지'라는 것입니다.

또한 7년간 오랜 전쟁으로 지친 백성들에게 잠시 휴식을 주시기 위함입니다. 전쟁이 계속되다 보면 땅이 황폐해져서 백성에게도 손해가 되니 이쯤에서 육적 안식을 잠시 주십니다. 이 보 전진을 위한 일 보 후퇴입니다.

그런데 우리는 잠시 휴식하라 하시는데 영원히 쉬어 버리는 돌이킬 수 없는 잘못을 저지릅니다. 하나님 나라가 임하기는 했지만 아직 완성되지는 않았습니다. 그러므로 끊임없이 긴장하며 살라고 땅을 남겨 두십니다. 1950년 6·25전쟁이 발발한 후 3년간의 전쟁 끝에 결국 남북이 분단되었습니다. 그로 인해 지금까지 우리가 얼마나 긴장하며 살게 됐습니까? 남한은 공산화된 북한을 반면교사 삼으며 경제적인 기적을 이루었습니다. 그런데 북한은 남한 타도를 부르짖으면서 여전히 경제적인 빈곤에 시달립니다. 누군가를 미워하면서 이기려고 열심을 낸다면 영도, 육도 부요해질 수 없습니다.

하나님은 이스라엘 백성에게 가나안의 모든 땅을 누리라고 주셨습니다. 하지만 이스라엘 백성은 역사적으로 단 한 번도 그 모든 땅을 차지하지 못했습니다. 하나님이 예수 그리스도를 통해 주신 기업은 우리에게 이미 주어졌습니다. 훗날 누리는 것이 아닙니다.

그러면 어떻게 우리가 현재 주님의 기업을 누릴 수 있을까요? 성경이라는 지도에 내게 주신 기업이 다 나와 있습니다. 그 지도를 따라가다 보면 기쁨의 평지, 슬픔의 산지, 괴로움의 경사지, 두려움의 골짜기까지 모두 정복할 수 있습니다. '내가 목을 밟아야 할 왕은 누구인가', '정복해야 할 성읍은 어디인가', '누려야 할 땅은 무엇인가' 날마다 주님이 가르쳐 주십니다. 그럼에도 우리는 다 정복하지도, 누리지도 못합니다. 마땅히 싸워야 할 싸움을 피하고 쉬운 길을 찾다가 실패한 다음에야 내가 취해야 할 땅의 실체를 알게 되는 것입니다.

내가 주님의 기업을 누리지 못하는 것은 성경에 무지하기 때문입니다. 우리가 성경에서 아직 탐사하지 못한 부분이 얼마나 많은지 모릅니다. 성경 구절을 암송한다고 되는 것이 아닙니다. 아직 내가 정복하지 못한 부분, 남은 부분이 많다는 것을 겸손히 인정해야 하나님의 말씀 속에서 내 인생이 해석됩니다. 말씀으로 내 삶을 해석하지 못하면 기업을 누릴 수 없습니다. 성경이 이해되지 않는 사람은 어떤 것도 누릴 수 없습니다. 잘 먹고 잘살며 편하게 교회 다닌다고 기업을 누리는 것이 아닙니다. 우리가 왜 못 누립니까? 하나님이 가나안 땅을 다 주셨는데도 내가 여전히 가나안의 우상과 왕들을 섬기고 있기 때문입니다.

그래서 우리는 죽는 날까지 전쟁을 치러야 합니다. 우리는 그리스도인인데 왜 전쟁이 끊이지 않습니까? 내가 그리스도 안에 있음을 믿고도 그 기업을 완전히 나의 것으로 만들지 못하기 때문입니다. 원수 사탄에게 시달림을 받느라 하나님이 주시는 땅을 온전히 소유하지 못하기 때문입니다. 그래서 "말씀대로 믿고 살고 누리기"가 너무 어렵습니다.

혼자 어렵게 생활하는 할머니가 있었습니다. 외국에서 일하는 아들은 매달 할머니에게 편지를 보내며 무엇인지 알 수 없는 그림을 보내 왔습니다. 어느 날, 할머니의 형편을 걱정한 한 동사무소 직원이 찾아와 물었습니다.

"할머니, 아들이 외국에서 돈 많이 번다면서 왜 이렇게 가난하게 사세요?"

"우리 아들은 편지하고 이상한 그림만 잔뜩 보내지 돈은 한 푼도 안 보내 줘."

도대체 어떤 그림인지 보여 달라고 했더니, 글쎄 그림이 아니라 고액의 지폐였습니다. 일생 큰돈을 보지 못한 탓에 그게 돈인 줄도 모르고 쌓아만 둔 것입니다. 마찬가지로 우리가 성경을 깨닫지 못하면 그 가치도 모르고 쌓아만 두게 됩니다. 성경이 보고(寶庫)인데, 가져다 써야 하는데 그대로 묵혀 둡니다.

한국인이 배워서 발음하는 영어는 알아듣기가 쉽습니다. 그러나 원어민의 발음은 알아듣기가 어렵습니다. 천국의 언어도 마찬가지입니다. 내가 같은 나라 사람이어야 알아듣기 쉽습니다. 교회에 와서 아무리 설교를 열심히 들어도 못 알아듣는 사람이 많습니다. 그런데 소위 엘리트인 사람들은 못 알아듣고 도리어 학력이 없는 사람들이 말씀을 잘 깨닫는 것을 봅니다. 하나님의 말씀을 못 알아들으면 아무리 열심히 예배드려도 기업을 누릴 수 없습니다. 은혜를 받아야 누릴 텐데 말씀이 그저 방언 같게 들리니 내 것이 되지 못하는 것입니다.

"주여, 주여" 부르짖으며 열광적으로 찬양해도, 신앙과 사업은 별개라면서 세상 방법대로 경영한다면 믿는 사람으로서 무슨 영향력을 미치겠습니까. 우리는 하나님의 설계도로 만들어진 작품입니다. 하나님의 설계도를 따라, 하나님의 형상을 이루기 위해 온몸과 마음을 다해야 합니다. 어그러진 형상이 되면 주님의 기업을 누릴 수 없습니다. 나는 하나님의 소유라는 것을 한시도 잊어서는 안 됩니다. 주님이 먼저 나를 소유하셔야만 내가 주님을 소유할 수 있습니다. 내가 먼저 소유하는 것이 아닙니다. 주님이 찾아오셔서 "너는 내 것이다" 해 주셔야, 나도 주님을 소유할 수 있습니다.

- 날마다 말씀을 보며 승리했지만 아직 얻지 못한 땅은 무엇입니까? 하나님이 주셨지만 아직 얻지 못한 남은 것은 무엇입니까? 왜 남은 것이 있게 하셨는지 하나님의 뜻을 깨닫습니까?

남은 것으로 인해 믿음의 지경이 넓어집니다

여호수아만큼 훌륭한 지도자가 어디 있겠습니까. 그런데도 왜 백 세가 되도록 정복하지 못한 땅이 많이 남아 있을까요? 예수님을 믿고 매일 큐티하는데도 왜 아직 영적으로 넘어지고, 투쟁하며 갈등할 일이 많을까요? 여호수아에게도 이렇게 많은데 우리에게 남은 전쟁이 얼마나 많겠습니까. 이 말씀이 제게는 큰 위로가 되었습니다.

주님은 내가 넘어질 때마다 덮어 주시고 안아 주시고, 보혈로 씻어 주십니다. 그러니 훗날 천국에서 주님을 뵐 때 얼마나 죄송하고 눈물이 날까요. 나를 천국 백성 삼으시려고 하나님이 얼마나 수고하셨는가, 하나님의 계획대로 나를 이루어 가시기 위해서 얼마나 수많은 사건으로 찾아오셨는가, 지금도 정복해야 할 땅이 많은데, 내 속에 정리되지 않은 부분 때문에 주님은 또 얼마나 수고하시겠는가……. 천국 갈 그날을 생각하면 벌써부터 죄송하고 눈물이 납니다.

여호수아가 나이가 많아 늙었다고 합니다. 이 말씀은 우리 힘으로는 대적을 몰아낼 수 없다는 의미입니다. 우리는 도구일 뿐이며 하나님이 모든 대적을 몰아내 주십니다. 교회도 마찬가지입니다. 교회는 어떤 한 사람에 의해 움직이지 않습니다. 누가 교회에 큰돈을 헌금했다고 그 한 사람 때문에 교회가 돌아갑니까? 이것이 얼마나 교만한 생각입니까. 여호수아가 나이가 많아 늙었습니다. 저도 나이가 들수록 늙을 것입니다. 그러나 교회는 하나님의 교회이기에 하나님이 책임져 주십니다.

일생 고통 가운데서 오십이 되고, 육십이 됐다고 합시다. 시부모 모시고, 자녀 키우고, 남편에게 순종하느라고 수십 년을 쉴 틈 없이 수고했습니다. 그런데 주님이 이제 "너는 나이가 많아 늙었다"고 하십니다. 그러면 어떻게 해야 할까요? 1절을 자세히 보면 땅이 매우 많이 남아 있는데 그것이 "얻을 땅" 중에 남은 것이라고 합니다. 그러니 '남은 땅'의 실체는 무엇입니까? 내 고난을 약재료 삼아 써먹을 땅이 많이 남았다는 것입니다. 내가 더욱 지경을 넓혀 '얻을 땅'이 많다는 것입니다.

요한복음 9장에서 예수님은 날 때부터 맹인 된 사람을 보고 긍휼히 여기십니다. 그러나 제자들은 "이 사람이 맹인으로 난 것이 누구의 죄로 인함이니이까" 하는 것만 궁금합니다. 그러자 주님은 "때가 아직 낮"이라고 말씀하십니다. "누구의 탓인지 한탄만 하지 말고 맹인 된 나의 환경에서 일하라"는 것입니다. 지금이 정점의 시간, 한창 일할 때인 낮 열두 시라는 것입니다. 나의 고난을 약재료로 쓰며 믿음의 지경을 넓혀 가는 것, 이것이 누리는 삶입니다. 무엇이 된 다음이 아니라 지금, 성경을 보는 오늘부터 내 고난을 쓰라 이겁니다. "나는 나이 많아 늙었어요", "나는 배운 게 없어요", "나는 돈이 없잖아요", "나는 병에 걸렸잖아요" 이러지 말고 내가 당한 고난을 가지고 다른 힘든 사람을 도우라는 것입니다. 하나님 나라를 확장하는 데 나의 고난이 쓰임 받도록 시간을 주시겠다는 것입니다.

삶을 나누는 것이 누리는 것입니다

6 ……내가 그들을 이스라엘 자손 앞에서 쫓아내리니 너는 내가 명
령한 대로 그 땅을 이스라엘에게 분배하여 기업이 되게 하되 7 너는
이 땅을 아홉 지파와 므낫세 반 지파에게 나누어 기업이 되게 하라
하셨더라 8 므낫세 반 지파와 함께 르우벤 족속과 갓 족속은 요단 저
편 동쪽에서 그들의 기업을 모세에게 받았는데 여호와의 종 모세가
그들에게 준 것은 이러하니 9 곧 아르논 골짜기 가에 있는 아로엘에
서부터 골짜기 가운데에 있는 성읍과 디본까지 이르는 메드바 온 평
지와 10 헤스본에서 다스리던 아모리 족속의 왕 시혼의 모든 성읍 곧
암몬 자손의 경계까지와 11 길르앗과 및 그술 족속과 마아갓 족속의
지역과 온 헤르몬 산과 살르가까지 온 바산 12 곧 르바의 남은 족속
으로서 아스다롯과 에드레이에서 다스리던 바산 왕 옥의 온 나라라
모세가 이 땅의 사람들을 쳐서 쫓아냈어도 13 그술 족속과 마아갓 족
속은 이스라엘 자손이 쫓아내지 아니하였으므로 그술과 마아갓이
오늘까지 이스라엘 가운데에서 거주하니라_수 13:6b~13

하나님은 명령하실 때 약속도 함께 주십니다. "내가 그들을 쫓아내리니"라고 약속해 주십니다. "네가 구원을 위해 남은 것, 네 고난을 써먹으려고만 하면 내가 욕심을 쫓아 주겠다. 네게 남은 세상 가치관을 쫓아 주겠다"라고 주님이 약속하십니다. 그런데 우리는 여전히 세상 가나안의 가치관으로 꽉 들어차 있기에 부끄러워서 못한다고 합

니다. 자존심 상해서 못하겠다고 합니다. 그러나 내 고난을 써먹지 못하면 이 땅에서 고생만 하다 끝이 납니다. 내 고난을 나누어서 더 힘든 사람을 살리고 지경을 넓히다가 하나님께 가야 하는데 지지리 고생만 하다가 죽으면 억울해서 어떡합니까.

내 힘으로는 못할 것 같아도, 하나님 약속을 힘입으면 사랑하지 못할 사람에게 사랑한다고 고백할 수 있게 됩니다. 이상하게 혈기가 가라앉고 평안을 누립니다. 이것이 우리가 기업을 누리는 것입니다. 내가 기업이 되는 것입니다.

나의 모든 삶은 영적 기업을 이루는 데 쓰여야 합니다. 나에게 나누는 것이 무엇인지 가르쳐 주시기 위해 주님이 수많은 전쟁을 치르게 하십니다. 모두가 이 땅에 올 때는 주먹을 꼭 쥐고 와서, 갈 때는 주먹을 펴고 갑니다. 누구도 예외가 없습니다. 안식은 살아 있을 때 주먹을 펴는 것입니다. 욕심을 내려놓게 되는 것입니다. 그러면 주님이 주시는 것을 누릴 수 있습니다.

하나님이 기업을 주시는 것은 우리에게 누리고 나누게 하기 위함이라고 했습니다. 하나님이 어떤 땅을 분배해 주셨든지, 그것이 평지이든지, 경사지이든지, 골짜기이든지 그 땅은 나에게 최상의 기업입니다. 이혼한 부모라도, 월급을 쥐꼬리만큼 주는 회사여도 최상의 기업으로 분배해 주신 것입니다.

그러므로 나의 거룩을 위해 분배해 주신 기업을 잘 받아들여야 합니다. 잘 닦아야 합니다. 기름을 칠하고 공을 들여야 합니다. 나중에 원수를 갚는 것이 아니라 지금 누리는 인생을 살아야 합니다. 내게 주신 몫을 자꾸 거절하기에 누리지 못하는 것입니다. 날마다 남과 비교하면서 '우리 집은 왜 돈이 없어', '우리 부모는 왜 이혼했어' 이런 생각만 하니까 내 몫을 누리지 못하는 것입니다. 환경이 문제가 아닙니다.

앞에서 이야기한 50평 아파트를 가진 여집사님도 처음부터 그렇게 살지는 않았습니다. 이 집사님은 신혼 때부터 근검절약하며 남편이 5년 동안 해외 근무로 번 돈을 한 푼도 안 쓰고 모았습니다. 가내수공업을 해서 생활비도 직접 마련했습니다. 신앙생활도 누구 못지않게 열심을 냈습니다. 500만 원 건축헌금을 작정했는데, 관악산에서 주운 빈 병을 팔아 그 돈을 마련했습니다. 검소하게 살며 새 옷과 새 구두를 사는 법도 없었습니다.

그렇게 알뜰히 모아 집사님은 한 초등학교 앞에 문방구를 열었습니다. 문방구를 운영하면서 전교생의 이름을 외우고 아이들의 집안 형편까지 파악했다고 합니다. 어려운 아이들에게는 점심을 주고, 동네 노인들에게는 쉼터를 내주어 여름에는 콩국수, 겨울에는 칼국수를 대접했습니다. 주일에 교회에 신고 갈 변변한 양말 한 켤레도 없으면서 자신이 전도한 새신자들은 택시를 태워서 교회에 데려왔습니다. 부엌에 큰 항아리를 두고 문방구에서 받은 잔돈은 무조건 넣었다가 불쌍한 사람들을 위해 썼습니다. 그런 집사님을 하나님이 축복하셔서 5년 만에 3층 집을 마련할 수 있었습니다. 그 집을 처분하여 서울 번화가에 점포를 사고 산꼭대기의 낙후한 아파트를 전세로 얻은 것입니다.

이 집사님은 적은 돈은 아끼고, 큰돈은 선뜻 베풀며 살았습니다.

그런데 이분이 남은 전쟁을 못 치렀습니다. 새로 장만한 50평 아파트에 마음을 빼겨 인생의 마지막이 망가진 것입니다. 새 아파트가 우상이 되어서, 천만 원짜리 장롱과 고급 화장대를 마련하는 것이 인생의 목적이 되었습니다. 이분이 기업을 진짜 누린 때는 초등학교 앞에서 문방구를 운영하던 시절입니다. 많은 사람에게 베풀면서 하나님이 부하게 하신 그때였습니다. 얻을 땅에 남은 것이 아직 많은데 이분은 잠시의 쉼을 영원한 쉼으로 착각했습니다. 육적인 쉼이 잠시 주어지자 영적으로 황폐해졌습니다.

우리는 끝까지 방심하면 안 됩니다. 하나님이 잠시 안식을 주실 때가 있습니다. 돈도 주시고, 자식들이 대학에 붙게도 해 주십니다. 그러나 이 모든 것은 육적으로 누리라고 주신 것이 아닙니다. 주님이 나에게 안식을 주며 누리게 하실 때 우리는 더욱 긴장하고 기업을 나누어야 합니다.

- 얻을 땅에 남은 것이 많음에도, 내가 아직 온전하지 못함에도 하나님이 주신 기업은 무엇입니까? 그 기업이 어떤 모양이든지 감사함으로 누리며 다른 이들을 위해 사용하고 있습니까? 말씀을 읽지도, 듣지도, 묵상하지도 않기에 약속도 모르고 기업도 누리지 못하는 불쌍한 신앙생활을 하고 있지는 않습니까?

나의 영원하신 기업, 하나님을 누립시다

14 오직 레위 지파에게는 여호수아가 기업으로 준 것이 없었으니
이는 그에게 말씀하신 것과 같이 이스라엘의 하나님 여호와께 드리
는 화제물이 그들의 기업이 되었음이더라…… 32 요단 동쪽 여리고
맞은편 모압 평지에서 모세가 분배한 기업이 이러하여도 33 오직
레위 지파에게는 모세가 기업을 주지 아니하였으니 이는 그들에게
말씀하신 것과 같이 이스라엘의 하나님 여호와께서 그들의 기업이
되심이었더라_수 13:14, 32~33

야곱의 아들 레위는 살인자였습니다. 여동생 디나가 하몰의 아들에게 강간당하자 형 시므온과 함께 계략을 꾸며 세겜 부족을 몰살했습니다(창 34장). 이에 야곱은 열두 아들을 축복할 때 레위와 시므온을 향해 "그들을 야곱 중에서 나누며 이스라엘 중에서 흩으리로다"라는 저주의 말을 남겼습니다(창 49:5~7). 이 얼마나 수치스러운 인생입니까. 가문의 명예를 먹칠한 아들들입니다. 그러나 훗날 레위 지파는 회복되었고 시므온은 저주 그대로 지파가 끊어졌습니다.

레위는 어떻게 회복되었습니까? 출애굽기 32장에 보면 시내산에 올라간 모세가 더디 돌아오자 광야에 남은 백성이 아론을 필두로 우상숭배에 빠집니다. 이를 본 모세가 노하여 "누구든지 여호와 편에 있는 자는 내게로 나오라!"고 외치자, 오직 레위 자손만이 나옵니다. 광야 생활 가운데 모든 것이 불투명할 때 레위만이 회개하면서 하나

님 편에 섰습니다. 그때부터 하나님은 레위를 축복의 지파로 구별하셨습니다.

인생 여정이 고독하고 곤고하고 어두울지라도 하나님은 내가 걷는 길을 아십니다. 광야를 지나며 하나님만 기업 삼는 인생을 기뻐하십니다. 내가 결혼에, 자식 교육에 실패하고, 부부 생활에 실패했다고 평생 그 상처만 안고 살아간다면 하나님의 기업이 될 수 없습니다. 시므온처럼 저주 받은 인생이 될 뿐입니다.

주님은 누구에게나 도움의 손을 내밀어 주십니다. 비록 레위 지파에 땅은 주지 않으셨지만, 그들이 거주할 성읍과 목초지는 허락하셨습니다. 주님은 하나님만을 기업 삼는 사람을 절대로 굶기지 않으십니다. 40년 광야 생활에서 굶어서 죽은 사람은 단 한 명도 없었습니다. 우리가 이것을 믿지 못하니까 자꾸 경제적인 이유로 결혼하고 재혼하고 잘못된 선택을 합니다. 그래서 또 실패합니다.

정말 하나님만이 기업인 인생이라면 가난도 보석으로 여깁니다. 하나님이 아무리 좋은 것을 주셔도 누려야 내 것입니다. 가난도 보석처럼 누리는 사람은 이 세상 어떤 부자와도 비교할 수 없는 축복의 삶을 살아갑니다.

갑자기 모든 것을 잃어버릴 수 있습니다. 돈, 건강, 자녀와 배우자, 부모를 잃을 수도 있습니다. 특별히 부도가 나서 집을 잃고 평생 내 집을 가져 보지 못할 형편에 처할 수도 있습니다. 그럴 때 하나님만을 기업으로 누리는 사람은 집이 없어도 감사합니다. 집이 없어도 평강을 누리는 것을 보여 주면서 하나님만이 기업이심을 나타냅니다.

이것이 지경이 넓어지는 것입니다.

하나님께 아무런 기업도 받지 못한 것처럼 보이는 사람이 있습니다. 알코올중독자인 아버지에, 남편은 도박꾼이라 돈도 없고, 자식도 없고, 몸도 아프고……. 이런 사람이야말로 하나님만이 기업이신 삶을 누구보다 잘 보여 주지 않겠습니까? 반면에 그에게 하나님이 기업 되지 못하면 그저 불쌍한 사람일 뿐입니다.

어떤 자매가 결혼해서 외국에서 살게 됐습니다. 그런데 정확한 이유도 밝히지 않은 채 남편이 이혼을 요구해 왔습니다. 시어머니도 나서서 며느리를 내쫓으려고 했습니다. 한국도 아닌 외국에서 갑자기 그런 일을 당하니 얼마나 막막하고 무섭겠습니까. 자매가 큐티 노트에 "시댁 식구들이 어떤 사탄의 역할을 하더라도 끝까지 사랑할 수 있는 힘을 주옵소서"라고 써 놓았더니 어느 날 시어머니가 그것을 보고는 "내가 사탄이냐!" 하면서 노트를 찢어 버렸다고 합니다. 자매는 이런 가운데서 매주 인터넷으로 제 설교를 들으며 말씀을 적용하고 있습니다.

하나님이 사랑하라고 말씀하시니까 자매도 남편에게 "사랑한다"고 고백했습니다. 그랬더니 남편이 "미쳤냐?"고 하면서 자매를 때렸답니다. 그 일을 당하고서 저에게 "이래도 이 남편과 살아야 하느냐?"고 메일을 보냈습니다. 저는 "그래도 살아야 한다"고 답장을 보냈고요. 그 집안에 예수가 들어오시기 위해 자매가 말씀에 순종하고 있으니 설령 이혼당하고 쫓겨난다고 해도 자매에게는 정죄감이 없을 것입니다. 너무 힘들고 외롭지만 최선을 다해 순종하면서 영광스러운 하나님의 기업을 알리는 역할을 하고 있기 때문입니다.

레위는 큰 영광 가운데 예배를 위해 부름 받았습니다. 결혼생활도 예배입니다. 직장 생활도 예배입니다. 힘든 인간관계도 예배입니다. 주님을 소유한 사람은 힘든 인간관계에도 순종할 수 있습니다. 그럴 때마다 복이 그 집안에 흘러넘치게 돼 있습니다. 내가 순종하는 것이 백성이 축복을 받는 길입니다. 어떤 환경에서도 순종하는 내가 '축복의 통로'입니다.

하나님만이 기업인 인생을 누리라고 내게 이 땅의 기업을 안 주실 수도 있습니다. 땅의 기업이 많은 사람은 하나님만 기업으로 삼기가 어렵기 때문입니다.

제가 처음 교회를 개척했을 때엔 사례비를 받지 않았지만, 몇 년 후부터는 목회 활동비를 받고 있습니다. 그럼에도 저는 주님께 100% 의지하는 인생을 아직 살지 못합니다. 평신도로 출발해서 자비량 선교를 해 왔기에 여전히 받는 것에 익숙하지 못하고, 그렇다고 돈에서 온전히 자유하지도 못합니다. 다른 목회자와 저를 비교하면서 저 자신을 정죄하기도 하고 '목사는 왜 해서 이 고생인가' 하는 생각이 들기도 합니다. 이것이 제가 누리지 못하는 부분입니다.

하지만 저도 점점 나아져서 목회하기 전까지는 생각지도 못했던 잣대가 생겼습니다. 평신도 목회가 영적으로 얼마나 고달픈지 알게 됐고, 돈을 벌면서 사역하는 것이 얼마나 힘든지도 알게 됐습니다. 또 사례를 받지 않는다고 '힘들면 언제든지 그만둔다'라는 마음으로 사역하는 것이 하나님 앞에 얼마나 불손한 태도인지도 알게 됐습니다.

세금과 같은 실제적인 문제에 부딪히며 성도들이 사업장에서 얼마나 힘든지도 알게 됐습니다.

아직 정복하지 못하여 누리지 못하는 땅이 있기에 우리는 서로 인정하고 격려해 주어야 합니다. 일주일 동안 나름 열심히 살았는데 주일에 교회에 오면 얼마나 하나님께 죄송한지, 제 눈에 눈물 마를 날이 없습니다. 얻을 땅의 남은 것이 저에게도 너무 많습니다. 다 정복한 것 같은데 또 얻어야 할 땅이 남아 있습니다.

주님의 풍성한 기업을 나타낼 수 있는 환경이야말로 가장 좋은 환경임을 우리는 알고 있습니다. 하나님은 우리에게 믿음을 주셨습니다. 믿음은 주님이 내게 합당한 직장을 주시고, 합당한 질병을 주시고, 합당한 부모 형제를 주셨음을 인정하는 것입니다. 이런 믿음으로 이제 기업을 누리기 바랍니다. 비교하지 않기를 바랍니다. 나중에 얻을 생각하지 마십시오. 하나님의 기업은 오늘 누리는 것입니다. 내가 모든 환경을 영적인 기업으로 여기며 나누어 줄 때 하나님이 육적인 것도 채워 주십니다.

- 눈에 보이는 어떤 것을 받지 못해서 하나님을 원망하고 있습니까? "기업을 주지 아니하였으니"의 인생을 사는 것 같아 힘듭니까? 그것을 받지 않음으로 내가 하나님만을 기업으로 누리게 되었다고, "주지 아니하였으니"의 환경이 최고의 축복이라고 고백합니까?

나의 고난을 약재료로 쓰며
믿음의 지경을 넓혀 가는 것,
이것이 누리는 삶입니다.

우리들 묵상과 적용

나이가 많아 늙은 여호수아에게 여호와께서 "너는 나이가 많아 늙었고 얻을 땅이 매우 많이 남아 있다"고 하십니다(13:1). 그러나 60대 중반의 늙은 저는 얻을 땅은커녕 단 한 평도 가진 땅이 없습니다. 부모로부터 단 한 평의 땅을 물려받은 것이 없지만, 한때는 재테크에 능한 아내 덕분에 수도권과 신도시에 집이 몇 채나 있을 정도로 남부럽지 않게 살았습니다. 하지만 오랜 시간 암 투병하던 아내가 천국에 간 이후 모든 재산을 관리하게 된 저는 고삐 풀린 망아지처럼 흥청망청 돈을 낭비했습니다. 그 결과 지금은 두세 평도 안 되는 단칸방에, 그것도 월세로 사는 처량한 신세로 전락했습니다.

아내와 사별하기 두어 달 전에는 이혼녀인 직장 부하 직원과 마음이 통하여 그녀에게 사랑을 베푼답시고 돈을 썼습니다. 간음에 대한 죄의식은 눈곱만큼도 없이 그저 제 마음이 사랑이라고 여겼습니다. 하나님은 '자기 만족을 위해 하는 것은 사랑이 아니다'라고 가르쳐 주셨지만, 저는 제 만족을 위해 그녀에게 돈을 퍼붓듯 썼습니다. 아내와 사별한 후에는 정욕에 사로잡혀 자식들과 친구, 교회 지체들의 모든 권면을 무시한 채 하나님을 모르는 그녀와 재혼을 했습니다.

그러던 중 20년간 출석하던 교회는 분란에 휩싸였고, 후배를 돕기 위해 명의를 빌려준 회사가 망하여 개인 파산까지 하게 되었습니다. 불신 재혼한 가정도 돈 때문에 깨지고 말았습니다. 저는 연이은 재앙으로 쥐엄 열매를 주워 먹는 신세가 되었습니다(눅 15:16). 그 수치를 견디다 못해 죽을 궁리만 하던 그때에 하나님은 『나를 살리는 회개』라는 책의 '기가 막힌 일을 당했다면, 나 대신 주님이 둘러엎으신 것임을 인정하라'는 글귀로 비로소 무릎 꿇어 회개하게 하셨습니다. 이후 저는 다시 교회에 출석하며 영육이 회복되는 은혜를 입고, 오늘까지 하나님의 공동체에 거주하고 있습니다(13:13). 제가 한 일이라곤 날마다 제 죄를 보며 말씀을 믿고 말씀대로 살며 천국을 누린 것밖에 없습니다. 그런 저의 인생을 긍휼히 여기신 하나님은 늙은 나이에도 주의 나라를 위해 일할 수 있는 은혜까지 허락하셨습니다.

레위 지파에게는 기업으로 준 땅이 없지만 여호와께 드리는 화제물이 그들의 기업이 되었다고 합니다(13:14). 이 말씀을 보니 죄로 얼룩진 저를 외면하지 않으시고 여호와께 드리는 화제물로 제 삶을 연명하게 해 주신 하나님의 은혜가 더욱 특별하게 여겨집니다. 레위 지파처럼 제 소유의 땅은 한 평도 없는 인생이지만, 남은 삶 동안 이 한 몸을 거룩한 산 제물로 드리며 맡기신 사명을 감당하겠습니다(롬 12:1). 불신 재혼과 파산의 사건으로 상처 입은 자녀들에게 이 땅의 기업보다 더 귀한 영적 유산을 물려주는 아버지가 되기를 소원합니다.

아버지 하나님, 하나님이 제게 주신 것이 참 많습니다. 특별히 믿음을 주시고, 저의 눈에 보이는 모든 것을 기업으로 주셨습니다. 하지만 날마다 비교하느라 그것을 누리지 못합니다. 얻을 땅이 여전히 많습니다. 집이 없다고, 자식이 속을 썩인다고 주님께 불평불만을 쏟아 내며 기업을 누리지 못하는 저희를 불쌍히 여겨 주옵소서.

모세도, 여호수아도 쫓아내지 못한 것이 있다고 하시니 내게도 역시 쫓아낼 것이 많다는 것을 인정하며 현재를 누리기 원합니다. 있는 모습 그대로 나를 받아들이고 정죄하지 않으며, 나의 연약함까지도 인정하기 원합니다. 나이가 많아 늙은 여호수아를 배려하셔서 전쟁이 그치게 하셨듯이 우리에게 오고 가는 모든 사건도 주님이 주시는 합당한 환경인 줄 믿습니다. 그래서 이 땅에서 하나님만이 기업인 인생을 누리기 원합니다. 왜 이리도 환경이 풀리지 않는 건지 속상하지만, 주님은 그 어려운 환경 가운데서 주님만이 나의 기업인 것을 보이라고 말씀하십니다. 그것이 가장 누리는 삶이라고 하십니다.

우리 집안을 살리기 위해, 교회를 살리기 위해, 나라를 살리기 위해 결국 내가 죽어지는 것이 누리는 삶인데, 아직도 죽지 못하는 부분이 있어서 도무지 누리지 못하는 우리를 불쌍히 여겨 주옵소서. 주먹을 펴기가 어려움을 주님께 고백합니다. 모든 것이 주께로부터 왔사

오니 모두 주께로 갈 인생입니다. 어떤 환경에 있든지 주 예수 그리스도의 기업의 영광의 풍성함을 나타내 보일 수 있는 자가 되게 하옵소서. 어떤 환경에서도 예수가 그리스도이시라고 고백하는 인생이 되도록 축복하여 주옵소서. 예수님 이름으로 기도하옵나이다. 아멘.

Chapter 22

인생역전: 이 산지를 내게 주소서, 헤브론

여호수아 13:15~14:15

하나님 아버지, 우리가 좋은 땅을 얻기 원합니다.
어떻게 해야 좋은 땅을 얻을지 말씀해 주시옵소서. 듣겠습니다.

여러분은 명절에 가족들과 다툼 없이 잘 지냅니까? 행복하세요? 수년 전 명절에 재산 문제로 형제들에게 불만을 품은 큰형이 일가족에게 총기를 난사한 사건이 있었습니다. 조카와 제수까지 3명을 살해하고 중상을 입힌 것도 모자라 둘째 동생의 집에 불을 지르고는 자신은 스스로 목숨을 끊었습니다. 그런데 이 비극적인 사건의 발단이 부모님에게서 물려받은 땅 때문이었다고 합니다.

가나안에 들어와 전쟁이 그치고, 잊지 못할 재산목록이 생기며 그것을 누리는 것이 진정한 안식이라고 했습니다. 많은 전리품이 생겼다면 인생의 후반은 그것을 나누면서 보내야 합니다.

살인을 저지른 큰아들도 문제이지만 부모에게도 책임이 있었습니다. 이 삼 형제는 서로 배다른 형제였습니다. 아버지가 돌아가시면서 자식들에게 땅을 나누어 주었는데 어려서부터 객지를 떠돌던 큰

아들에게는 2,600평, 함께 살던 배다른 둘째 아들에게는 3,000평을 주었습니다. 또 막내아들에게는 2,400평을 주었습니다. 큰아들은 받은 땅을 팔아 사업을 하다가 IMF 외환위기 사태를 맞고 망하고 말았습니다. 그런데 둘째 아들이 받은 땅은 신도시가 들어서면서 값이 폭등했습니다. 그중 1,000평을 떼어 팔았는데, 큰아들이 대뜸 "부모님이 물려주신 땅을 팔았다"면서 돈을 내놓으라고 요구했습니다.

아버지로서는 최선을 다해 재산을 마련하여 자식들에게 물려주지 않았겠습니까? 가족의 화목을 위해 평생 돈을 모아 골고루 나누어 주었을 것입니다. 하지만 그런다고 가족이 화목해지지는 않습니다. 너나없이 더 좋은 땅을 원하기에 어떻게 땅을 나누는가가 그 집안의 운명을 결정합니다. 그러나 누구나 땅을 잘 나누는 것은 아닙니다. 지금까지 말씀으로 전쟁을 해 온 사람만이 땅을 잘 나누고, 잘 받을 수 있습니다. 어떻게 가장 좋은 땅을 주고받을 수 있을까요? 이스라엘 자손의 땅 나누기를 통해 생각해 봅시다.

가족 구원이 먼저입니다

15 모세가 르우벤 자손의 지파에게 그들의 가족을 따라서 기업을
주었으니 16 그들의 지역은 아르논 골짜기 가에 있는 아로엘에서부
터 골짜기 가운데 있는 성읍과 메드바 곁에 있는 온 평지와 17 헤스
본과 그 평지에 있는 모든 성읍 곧 디본과 바못 바알과 벧 바알 므온

과 18 야하스와 그데못과 메바앗과 19 기랴다임과 십마와 골짜기의
언덕에 있는 세렛 사할과 20 벳브올과 비스가 산기슭과 벧여시못
과…… 24 모세가 갓 지파 곧 갓 자손에게도 그들의 가족을 따라서
기업을 주었으니 25 그들의 지역은 야셀과 길르앗 모든 성읍과 암
몬 자손의 땅 절반 곧 랍바 앞의 아로엘까지와 26 헤스본에서 라맛
미스베와 브도님까지와 마하나임에서 드빌 지역까지와 27 골짜기
에 있는 벧 하람과 벧니므라와 숙곳과 사본 곧 헤스본 왕 시혼의 나
라의 남은 땅 요단과 그 강가에서부터 요단 동쪽 긴네렛 바다의 끝
까지라 28 이는 갓 자손의 기업으로 그들의 가족대로 받은 성읍들
과 주변 마을들이니라_수 13:15~20, 24~28

바산 왕 옥과 아모리 왕 시혼을 물리치고 요단 동편의 좋은 땅을 얻었습니다. 그 땅을 르우벤과 갓, 므낫세 반 지파에게 나누어 주며 '가족을 따라서', '가족대로' 주었다고 합니다. 13장 24절과 29절에도 "모세가 갓 지파 곧 갓 자손에게도 그들의 가족을 따라서 기업을 주었으니…… 모세가 므낫세 반 지파에게 기업을 주었으되 므낫세 자손의 반 지파에게 그들의 가족대로 주었으니"라고 합니다.

자녀들에게 무언가를 나누어 줄 때도, 누군가에게 직분을 줄 때도 자타가 인정하는, 모두를 설득시킬 수 있는 분배를 해야 합니다. 갖은 고생 다 해 재산을 모았다고 해도 영적 기업인 가족 구원을 먼저 생각하지 않는다면 일생이 무너집니다.

• “가족을 따라서” 믿음의 기업을 나누고 있습니까? 복음에는 관심도 없이 어떤 유산, 어떤 유전자를 물려줄까만 생각하고 있습니까?

가족 구원을 위해 음란을 처리하십시오

21 평지 모든 성읍과 헤스본에서 다스리던 아모리 족속의 왕 시혼
의 온 나라라 모세가 시혼을 그 땅에 거주하는 시혼의 군주들 곧 미
디안의 귀족 에위와 레겜과 술과 훌과 레바와 함께 죽였으며 22 이
스라엘 자손이 그들을 살륙하는 중에 브올의 아들 점술가 발람도
칼날로 죽였더라 23 르우벤 자손의 서쪽 경계는 요단과 그 강가라
이상은 르우벤 자손의 기업으로 그 가족대로 받은 성읍들과 주변
마을들이니라_수 13:21~23

가족이 구원 받기를 진정 소망하는 사람이라면 하나님이 음란을 싫어하신다는 것을 기억해야 합니다. 모세가 미디안 귀족을 죽인 것은 그들이 모압과 연합하여 이스라엘 백성을 음란에 넘어지게 했기 때문입니다. 모압 여인들을 이용해 이스라엘 남자들을 유혹하고 바알을 숭배하게 하여 염병으로 죽게 만들었습니다(민 25장). 이스라엘을 영적·육적으로 간음하게 만들었습니다. 이 일에 가장 앞장선 자가 바로 브올의 아들 점술가 발람이었습니다. 때마다 이런 발람을 처단하지 않으면 우리는 땅을 얻을 수 없습니다.

흔히 남이 하면 불륜이고 내가 하면 로맨스라고 생각하기에 우리가 죽을 때까지 헷갈리는 것이 음란입니다. 음란에 빠지지 않을 수 있다고 자신할 사람이 누가 있겠습니까. 하나님이 도와주지 않으시면 누구도 음란에서 자유로울 수 없습니다.

하지만 가족 구원이 우선인 사람은 음란에 빠지지 않습니다. 가족 구원을 생각하면서 어떻게 배다른 자식을 둘 수 있겠습니까? 가족을 구원해야 한다면서 둘째 부인을 얻었다고 맏아들을 객지로 보내고, 배다른 둘째만 편애하며 땅을 더 많이 줄 수 있습니까? 모든 일에 구원이 목적이어야 하고, 그러기 위해서 영적인 원칙을 세워야 합니다.

믿음이 없어도 기본을 잘 지키는 사람이 있습니다. 남편이 살아 있을 때 병원 살림을 도와주던 할머니가 계셨습니다. 진사 댁 딸이었다는 할머니는 아들들이 모두 대기업에 다닌다고 했습니다. 그런데 어떤 사정으로 도우미 일을 하시는가 물으니 맏아들이 직장을 그만두었다는 겁니다. 그 맏아들이 어머니를 모시고 사니까 다른 형제들이 생활비를 보내오는데 맏아들이 그것을 믿고 일할 생각을 안 한답니다. 그렇다고 작은아들네로 가자니 맏아들의 위상이 떨어질 것이고……. 그래서 생각다 못해 스스로 본을 보이려고 도우미 일을 시작했다고 하셨습니다. 가끔 자식들과 통화하시는 것을 들어 보면 어머니의 권위가 느껴졌습니다. 그러면서도 저한테는 얼마나 깍듯하셨는지 모릅니다. 이후 어머니가 일을 나가니까 맏아들이 금세 취직했다는 소식이 들려왔습니다. 안 믿는 사람들도 이렇게 원리 원칙을 잘 지키면 자식들에게 무시당하지 않습니다. 기본을 갖추어야 합니다.

무엇보다 값진 유산은 자녀들을 예수 믿게 하는 것입니다. 이스라엘 백성이 갖은 우상을 섬기고 죄를 지었어도, 하나님이 아브라함을 사랑하시고 약속의 조상 삼으셨기에 그 후손에게 모세와 여호수아 같은 훌륭한 지도자를 허락하셨습니다. 아브라함 집안을 버리지 않고 이끌어 가셨습니다. 가족은 구원 때문에 묶어 주신 공동체입니다. 다른 이유는 없습니다. "가족을 따라서" 분배했다는 말씀이 반복해서 나오는 이유도 여기에 있습니다.

- 가족의 구원을 위해 먼저 처리해야 할 음란의 문제는 없습니까? 내가 구체적으로 세워야 할 영적 원칙은 무엇입니까?

분배의 원칙이 있습니다

29 모세가 므낫세 반 지파에게 기업을 주었으되 므낫세 자손의 반
지파에게 그들의 가족대로 주었으니 30 그 지역은 마하나임에서부
터 온 바산 곧 바산 왕 옥의 온 나라와 바산에 있는 야일의 모든 고
을 육십 성읍과 31 길르앗 절반과 바산 왕 옥의 나라 성읍 아스다롯
과 에드레이라 이는 므낫세의 아들 마길의 자손에게 돌린 것이니 곧
마길 자손의 절반이 그들의 가족대로 받으니라 32 요단 동쪽 여리고
맞은편 모압 평지에서 모세가 분배한 기업이 이러하여도 33 오직 레
위 지파에게는 모세가 기업을 주지 아니하였으니 이는 그들에게 말

씀하신 것과 같이 이스라엘의 하나님 여호와께서 그들의 기업이 되
심이었더라_수 13:29~33

요단 동편 바산 왕 옥의 온 나라와 바산에 있는 야일의 모든 고을 육십 성읍을 므낫세의 아들 마길 자손의 절반이 "가족대로" 받았습니다. 이 마길 자손 중에 유명한 슬로브핫의 딸들이 있습니다. 그들은 약속의 말씀에 의거하여 요단 서편의 좋은 땅을 받았습니다(수 17:3~4). 여자라고 땅을 차지하지 못하는 것이 아닙니다. 연약한 사람도 얼마든지 좋은 땅을 차지할 수 있습니다.

1 이것은 이스라엘 자손이 가나안 땅에서 받은 기업 곧 제사장 엘르
아살과 눈의 아들 여호수아와 이스라엘 자손 지파의 족장들이 분배
한 것이니라 2 여호와께서 모세에게 명령하신 대로 그들의 기업을
제비 뽑아 아홉 지파와 반 지파에게 주었으니 3 이는 두 지파와 반
지파의 기업은 모세가 요단 저쪽에서 주었음이요 레위 자손에게는
그들 가운데에서 기업을 주지 아니하였으니 4 이는 요셉의 자손이
므낫세와 에브라임의 두 지파가 되었음이라 이 땅에서 레위 사람에
게 아무 분깃도 주지 아니하고 다만 거주할 성읍들과 가축과 재산
을 위한 목초지만 주었으니 5 이스라엘 자손이 여호와께서 모세에
게 명령하신 것과 같이 행하여 그 땅을 나누었더라_수 14:1~5

요단 동편 땅 분배가 끝나고 이어지는 14장부터는 서편 땅의 분

배가 시작됩니다. 요단강을 건너 드디어 약속의 땅을 분배하는데, 1절부터 5절까지 레위 지파에 기업을 주지 않았다는 말씀이 두 번이나 나옵니다. 또 요셉 지파는 두 배의 기업을 받았다고 합니다. 이는 하나님만이 기업 되는 인생은 하나님이 책임지신다는 것을 강조하는 말씀입니다. 그것이 분배의 원칙입니다. 땅을 분배할 때 가장 중요한 원칙은 "모세에게 명령하신 것과 같이" 행하는 것입니다. 전쟁도, 분배도 하나님이 명하신 대로 해야 합니다.

가족이 구원되면 분배도 쉬워집니다

이것은 이스라엘 자손이 가나안 땅에서 받은 기업 곧 제사장 엘르아살과 눈의 아들 여호수아와 이스라엘 자손 지파의 족장들이 분배한 것이니라_수 14:1

동편 땅과 서편 땅은 분배하는 방법 자체가 다릅니다. 13장에서 동편 땅을 분배할 때는 의논했다는 말이 없었습니다. 여호수아가 혼자 나누어 주었습니다. 그런데 약속의 땅에 들어오니까 제사장 엘르아살과 여호수아, 지파의 족장들이 함께 의논하면서 분배합니다.

가족이지만 의논할 수 없는 형제가 있습니다. 맏아들 르우벤같이 좋은 것만 보면 달라고 항상 떼 부리는 형제와는 의논이 안 됩니다. 약속의 땅은 요단 서편인데 르우벤은 동편 땅이 좋아 보인다며 그것만 달라고 합니다. 자기 좋을 대로 아버지의 첩 빌하와 동침하더니, 그 일로 야단을 맞고서도 보기 좋은 땅을 달라고 또 떼를 부립니다. 너무 떼 부리니까 하나님도 어쩔 수 없이 주셨습니다. 르우벤, 갓, 므낫세 반 지파에게는 여호수아가 의논도 없이 땅을 분배해 주었습니다. 의논 상대가 안 되기 때문입니다.

서로 의논할 수 있는 가정, 의논할 수 있는 교회가 건강한 공동체입니다. 하도 떼를 부리니까 할 수 없이 직분을 주고, 할 수 없이 돈을 줍니다. 탕자에게 재산을 주듯 "그래, 망할 때 망하더라도 한번 가져 봐라" 해서 받은 땅은 응답이라고 할 수 없습니다.

약속의 땅을 분배할 때는 모두가 참여합니다. 모두 알 수 있도록 투명하게 땅 분배가 이루어집니다. 한 사람, 한 사람이 하나님께 택함을 받은 인격체이기에 의논이 가능한 것입니다. 복음적인 가정은 서로 의견을 말하고 들어줍니다. 이것이 나눔입니다. 그러기 위해서 얼마나 많은 전쟁을 거쳤습니까. 여리고, 아이, 기브온, 남부 연합군, 북부 연합군…… 수많은 전쟁을 지나왔습니다.

우리들교회에 유명한 파출부 집사님이 계십니다. 파출부를 하셔도 목자로 섬기면서 수많은 사람을 살리고 있습니다. 얼마나 얼굴이 환한지 일명 '살인 미소'로 불리는 분입니다. 그분이 열심히 다른 사람들을 섬기니까 누가 시키지 않았는데도 딸이 스스로 아르바이트를 해서 생활비를 벌고 대학에도 붙었습니다. 고등학생 아들도 신문 배달을 해서 용돈을 법니다. 공짜로 먹는 식구가 한 명도 없습니다. 부모가 매사 주님으로 시작해서 주님으로 끝나기에 가능한 일입니다. 주님이 있으면 어떤 어려운 일도 잊지 못할 재산목록이 됩니다. 이것이 자녀에게 가장 좋은 땅을 주는 비결입니다.

교회 일도 마찬가지입니다. 재정뿐만 아니라 모든 과정이 투명하지 않으면 영혼 구원의 일을 할 수 없습니다. 고난의 전쟁에 참여하지 않는 성도들이 모여서 의논하면 배가 산으로 갑니다. 르우벤 같은 사람이 "내가 야곱의 맏아들이다!" 하면서 의견을 내기 시작하면 배가 산으로 갑니다.

우리나라 국회만 보아도 그렇지 않습니까? 소위 배운 사람들이 날마다 모여서 의논하는데 서로 싸우기에만 바쁩니다. 약속의 땅을 분배하는 일은 성도들이 합력하여 선을 이룰 때에만 가능합니다. 먼저 구원이 이루어져야 서로 말이 통하고 분배도 쉬워집니다.

> 여호와께서 모세에게 명령하신 대로 그들의 기업을 제비 뽑아 아홉 지파와 반 지파에게 주었으니_수 14:2

요단 동편 땅은 여호수아가 알아서 분배했는데 요단 서편, 즉 약속의 땅에 들어온 사람들은 제비를 뽑아 나누어 줍니다. 이는 누구에게나 공평하게 분배했다는 것입니다. 공적이 뛰어나다고 해서, 개척 멤버라고 해서, 사회적 신분이 대단하다고 해서 더 좋은 땅을 분배해 주지 않습니다. 차별 없이 주어집니다. 땅 분배를 하긴 해야겠는데 각 지파 간에 이해타산이 걸려서 얼마나 분쟁의 소지가 많겠습니까. 참으로 쉽지 않은 분배입니다.

하지만 모두 하나님 나라의 가족이라는 지체 의식을 가지고 있기에 제비뽑기를 해도 불만이 없습니다. 요단강을 함께 건너고, 여리고, 아이 성 전투를 함께 치르면서 모든 게 하나님의 주권인 것을 깨달았기에 백성은 여호수아와 제사장, 족장들을 신뢰합니다. 행여 부족한 족장일지라도 도리어 그를 이해해 줄 만큼 백성이 성장했습니다.

우리들교회도 1년마다 목장을 개편하는데 이것이 얼마나 힘든 일인지 모릅니다. 각 목장 보고서를 읽어 보고 목원들의 기도 제목을 살피며 누구를 어디에 어떻게 편성해야 하는가 기도하며 고심합니다. 목원 전부를 일꾼으로 세워도 될 만한 목장이 있는가 하면 조금 부족해도 목자, 부목자로 세워야 하는 경우도 있습니다.

당장 만족스럽지 않아도 하나님의 주권과 하나님 나라를 생각하므로 순종하면 분쟁이 없습니다. 요즘 분쟁을 겪는 교회가 많습니다. 그래도 하나님이 사랑하시기에 분쟁이 일어나는 것이죠. 너무 폐쇄적이어서 분쟁조차 생길 수 없는 교회가 얼마나 많은지 모릅니다.

- 사소한 것을 나누더라도 서로 의논이 잘 되는 가정입니까? 많이 줘도, 적게 줘도 집안이 시끄러워지는 그런 가정은 아닌가요? 모두가 만족하고 감사하는 나눔을 위해 먼저 믿음으로 하나가 되어야 함을 깨닫습니까?

갈렙은 가장 좋은 땅을 차지했습니다

6 그때에 유다 자손이 길갈에 있는 여호수아에게 나아오고 그니스
사람 여분네의 아들 갈렙이 여호수아에게 말하되 여호와께서 가데
스 바네아에서 나와 당신에게 대하여 하나님의 사람 모세에게 이
르신 일을 당신이 아시는 바라 7 내 나이 사십 세에 여호와의 종 모
세가 가데스 바네아에서 나를 보내어 이 땅을 정탐하게 하였으므
로 내가 성실한 마음으로 그에게 보고하였고 8 나와 함께 올라갔던
내 형제들은 백성의 간담을 녹게 하였으나 나는 내 하나님 여호와
께 충성하였으므로 9 그날에 모세가 맹세하여 이르되 네가 내 하나
님 여호와께 충성하였은즉 네 발로 밟는 땅은 영원히 너와 네 자손
의 기업이 되리라 하였나이다 10 이제 보소서 여호와께서 이 말씀
을 모세에게 이르신 때로부터 이스라엘이 광야에서 방황한 이 사십
오 년 동안을 여호와께서 말씀하신 대로 나를 생존하게 하셨나이다
오늘 내가 팔십오 세로되_수 14:6~10

갈렙이 누구입니까? 갈렙은 모세가 가나안 땅에 보낸 열두 정탐꾼 중 한 명입니다. 40일 동안 가나안을 정탐하고 돌아온 정탐꾼들은 그 땅에 사는 거대한 아낙 자손을 보고는 겁을 먹고 정복할 수 없는 땅이라고 보고했습니다. "그들은 장대하고 우리는 메뚜기라"고 하면서 백성의 간담을 녹게 했죠. 여호수아와 갈렙만이 "그들은 우리의 먹이"라고 하며 여호와께서 가나안 땅을 주실 것을 확신했습니다. 그러

나 백성들은 열 정탐꾼의 이야기만 듣고 "차라리 애굽으로 돌아가는 것이 낫겠다"며 하나님을 원망하기까지 했습니다.

그 결과 이스라엘은 40년 동안 광야에서 방황하고, 열 명의 정탐꾼을 포함한 광야 1세대는 가나안에 들어가지 못하고 죽었습니다. 오직 "그들은 우리의 먹이"라고 했던 여호수아와 갈렙만이 가나안에 들어왔습니다.

모두가 죽고 자신만 살아서 가나안에 들어왔는데 갈렙이 잘난 척할 만하지 않습니까? 모든 일에 자신의 주장이 최고라고 생각하지 않겠습니까? 그런데 갈렙은 여호와께서 '말씀하신 대로' 생존했다고 말합니다. 하나님이 45년 전에 말씀해 주신 것을 약속으로 믿으며 지금까지 왔다고 합니다.

45년 동안 갈렙이 묵묵히 순종해 온 것을 어떻게 생각합니까? 지난 45년간 갈렙에 대한 기록은 성경에서 찾아볼 수 없습니다. 오직 여호수아의 이야기만 나옵니다. 갈렙이 45년 동안 입을 다물고 있다가 때가 되어 입을 엽니다. 이처럼 갈렙은 때를 아는 사람입니다. 약속의 말씀을 기억하고 말씀대로 살아왔기에 그는 나서야 할 때, 요구해야 할 때를 정확히 알았습니다.

제비를 뽑아 땅을 나누고 있는데 갈렙은 자청하여 땅을 달라고 합니다. 그가 어떤 땅을 달라고 합니까? 모두가 가기 싫어하는 땅, 험한 헤브론 산지를 달라고 합니다. 가장 힘든 일을 맡겠다는 것입니다. 그런데 가장 힘든 일을 자청하면서 태도도 무척 겸손합니다. 여호수아를 존경하면서 "나와 당신에게 대하여 하나님의 사람 모세에게 이르신 일을 당신이 아시는 바라"고 합니다. 하나님이 자신을 남겨 두신 것은 영토와 지경을 넓히기 위해서라고 이야기합니다. 갈렙같이 그림자처럼 조용히 순종하는 사람이 성숙한 신앙인입니다.

- 직분과 위치에 관계없이 물러서야 할 때와 나서야 할 때를 잘 알고 있습니까? '때'를 잘 분별하기 위해 나에게 허락하신 순종과 인내와 기도의 시간을 잘 보내고 있습니까?

여호수아를 지도자로서 깊이 신뢰하는 갈렙은 다시 한 번 자기 간증을 하며 "내가 성실한 마음으로 보고했다"라고 합니다(14:7). 성실이 무엇입니까? 보이는 그대로 보고하는 것이 성실입니까? 그렇다면 열 명의 정탐꾼이 그랬듯 "아낙 자손에 비하면 우리는 메뚜기 같다"라는 보고가 더 성실한 보고가 아닐까요? 안되는 것은 안된다고 말하는 것이 더 성실해 보이지 않습니까? 그러나 눈에 보이는 대로 전한다고 성실한 것은 아닙니다. 성실한 보고자는 구원의 관점에서 보고하는 사람입니다. 거인 같은 아낙 자손들을 보고서도 "하나님이시라면 그들을 물리치실 수 있다"라는 믿음의 확신을 가지고 보고하는 사람입니다.

이혼당할 형편에 처한 사람과 상담을 한다고 합시다. 부인은 남편을 만나서 어떻게든 이혼을 말려 달라고 하는데 "내가 만나 보니까 그 사람은 틀렸어요" 이렇게 보고한다면 그 집을 말아먹는 것 아닙니까. 그것은 성실한 보고가 아닙니다. 그런데 나름대로 합리적이라고 하면서 이렇게 보고하는 상담자들이 많습니다. 성실한 마음으로 보고하는 것은, 모든 사람이 죽는다고 이야기해도 나는 산다고 하는 것입니다. 하나님이 함께하시면 산다고 말해 주어야 합니다. 내가 어떻게 보고하는가에 따라서 부부의 미래가 달라지고, 가정의 미래가 달라지고, 나라의 미래가 달라집니다.

- 기도 부탁을 받거나 지체들을 상담해 줄 때 나는 어떤 관점에서 보고합니까? 구원을 위한 사건으로 보지 못하고 인간적인 해석만 전하면서 과장된 두려움을 주거나, 헛된 희망을 품게 하지는 않습니까?

갈렙이 첫 번째로 땅을 분배 받는 내용을 기록하면서 6절에서는 "그니스 사람 여분네의 아들"이라고 그를 소개합니다. 그니스는 이스라엘에 속하지 않는 이방 동네입니다. 아브라함의 혈통을 자랑하는 이스라엘 백성은 간담이 녹아 하나님을 원망했는데 이방인인 갈렙은 "나는 내 하나님 여호와께 충성했다"라고 고백합니다(14:8). 갈렙이 어떻게 유다 족속에 속하게 됐는지는 모르겠습니다. 어쨌든 이스라엘 사람들이 그토록 무시하던 이방 사람, 여분네의 아들 갈렙이 "나는 내 하나님 여호와께 충성했다", "이스라엘의 하나님 여호와를 온전히 좇았다"라고 거듭 고백합니다(14:14).

그런데 갈렙은 그동안 가만히 있다가 왜 갑자기 자랑같이 들리는 간증을 하는 걸까요? 자랑은 이럴 때 하는 것입니다. 험난한 헤브론 산지를 달라며 고난을 자처할 때 이런 이야기를 해야 합니다. "내가 사장이다", "내가 명문대를 나왔다"…… 이런 이야기는 우리가 구원을 위해 고난 받기로 자처할 때 하는 것입니다. 먹을 것이 없는 사람에게 누군가 다가와 "내가 사장이다"라고 한다면 그가 도와줄 의지가 있다는 것 아니겠습니까. 어떤 사람은 이걸 못 깨달아서 "아니, 사장이면 다야? 왜 자랑이야!" 합니다. 마음이 꼬여서 그렇습니다.

또한 나의 하나님 여호와를 온전히 좇는 사람은 겸손합니다. 갈렙을 생각해 보세요. 여호수아와 함께 가나안을 정탐하고 모세 아래서 지도를 받을 때는 괜찮았습니다. 그런데 모세가 죽고 여호수아가 지도자가 됐습니다. 같은 처지였던 여호수아를 대장으로 모시고 7년 전쟁을 치르면서 묵묵히 순종하기가 어찌 쉽습니까? '여호수아나 나나 똑같은데……' 이런 생각을 하지 않았을까요?

하지만 갈렙은 자신의 친구 여호수아를 정말 잘 섬겼습니다. 이것이 여호와를 온전히 좇는 사람의 특징입니다. 수종자로서 모세를 잘 섬긴 여호수아도 대단하지만, 여호수아의 뒤에서 45년이나 그림자처럼 순종했던 갈렙은 훨씬 힘든 역할을 했다고 생각합니다.

여호와를 온전히 좇는 사람에게는 열매가 있습니다. 하나님은 모세를 통해 갈렙에게 "네 발로 밟는 땅은 영원히 너와 네 자손의 기업이 되리라"고 약속해 주셨습니다(14:9). 영적인 사람은 경건한 사람이 아니라 편한 사람입니다. 저는 갈렙이 참 편한 사람이었을 것 같습니다. 갈렙이 여호수아와 자신을 비교하면서 시기, 질투했다면 어떻게 45년간 여호수아 뒤에서 그림자처럼 섬겼겠습니까. 이것은 노력해서 되는 일이 아닙니다.

갈렙이 자신을 내세우지 않고 지도자로서 여호수아를 진심으로 존경했기에 온전히 좇을 수 있었습니다. 그러니 여호수아도 갈렙이 정말 편했을 것입니다. 여호와를 온전히 좇는 사람은 누구보다 편안하고, 재미있는 사람입니다. 자기 분야에 전문적이면서도 지도자 뒤에 꼭꼭 숨어 있다가 가장 힘든 일을 하겠다고 나서는 사람입니다.

- 나는 겸손하고 편한 사람입니까? 비교의식, 시기, 질투에 싸여서 남도 나도 불편하게 하지는 않습니까?

10 ……오늘 내가 팔십오 세로되 11 모세가 나를 보내던 날과 같이
오늘도 내가 여전히 강건하니 내 힘이 그때나 지금이나 같아서 싸
움에나 출입에 감당할 수 있으니 12 그날에 여호와께서 말씀하신
이 산지를 지금 내게 주소서 당신도 그날에 들으셨거니와 그곳에는
아낙 사람이 있고 그 성읍들은 크고 견고할지라도 여호와께서 나와
함께하시면 내가 여호와께서 말씀하신 대로 그들을 쫓아내리이다
하니_수 14:10b~12

갈렙은 85세에도 강건했습니다. 사람은 나이를 먹을수록 자기 경험이 절대화되기에 고집이 세지고 남의 말도 듣지 않게 마련입니다. 반면에 속은 어린아이와 같이 유약해집니다. 갈렙의 속사람이 날이 갈수록 강건해질 수 있었던 것은 그가 영적 전투를 열심히 치르며 무엇보다 그의 영이 날마다 새로워졌기 때문입니다. "우리의 겉 사람은 낡

아지나 우리의 속사람은 날로 새로워지도다"라는 말씀처럼(고후 4:16) 갈렙이 "내 하나님 여호와께 충성"했기 때문에 가능했습니다.

갈렙은 어떤 사람입니까? 그는 85세가 되었어도 그동안 얻은 크고 작은 승리에 만족하지 않고 인생의 마지막에 가장 힘든 싸움을 자청합니다. 저는 이것이 믿음의 결론이라고 생각합니다.

동요 〈학교 종〉의 작사가이자 작곡가인 김메리 할머님은 101세의 연세로 돌아가셨습니다. 그녀는 1923년 이화학당을 입학하고, 1927년 미시간 대학에 유학해 음악 석사 과정까지 마쳤습니다. 당시 미시간에서 사업을 하던 조오흥 씨와 서울에서 결혼했지만, 그가 친미파라는 이유로 추방되어 어쩔 수 없이 남편과 떨어져 지내야 했습니다. 그러다 해방 후인 1947년 남편이 있는 미국으로 겨우 이민할 수 있게 된 그녀는 42세 나이에 디트로이트 웨인 주립대에서 화학과 미생물학 공부를 시작했습니다. 그리고 1953년부터 1977년까지 병원에서 의학연구원으로 재직하며 제2의 인생을 보냈습니다. 70세에는 아프리카 선교사로 헌신해서 3년을 지내고, 미시간주와 뉴욕주 네 곳에 한인교회를 설립하기도 했습니다. 그녀에게는 나이가 문제가 아니었습니다.

인간적으로 보면 85세 갈렙은 이제 힘쓸 수 없는 노인일 것만 같습니다. 하나님이 여호수아에게 "너는 나이가 많아 늙었고 얻을 땅이 매우 많이 남아 있도다"라고 말씀하지 않으셨습니까(수 13:1)? 그런데 이때 1번 타자로 나선 사람이 친구 갈렙입니다. 그러니까 하나님의 말씀을 가장 먼저 적용하겠다고 나타난 사람이 갈렙이라는 말입니다.

많은 백성이 거인인 아낙 자손을 자신들과 비교하면서 열등감과 두려움에 시달렸습니다. 그러나 갈렙은 그들과 비교하지 않았습니다. 그는 하나님과 비교했습니다. 그래서 자신이 있었습니다. 모든 사람의 주제가가 "애굽으로 돌아가자, 세상으로 돌아가자"인데 갈렙은 45년을 묵묵히 인내했다가 "이제는 때가 됐다. 내게 맡겨 달라"고 합니다. "죽어도 모시기 싫었던 부모님을 이제는 모실 수 있을 것 같다. 이제는 남편을 용서할 수 있을 것 같다. 이제는 형제자매를 용서할 수 있을 것 같다" 하며 마지막 불꽃을 태우겠다는 겁니다. '내가 섬기고 사랑하는 모습을 끝까지 보여 주다가 죽겠다' 이겁니다. 할렐루야!

교회에서도 누구에게 이 일을 맡길까 고민되는 힘든 일들이 있습니다. 그런데 지도자급이라고 할 수 있는 갈렙이 평생을 숨어서 섬기다가 "그 힘든 일을 내가 하겠다"고 나섭니다. "당신도 아시다시피 내가 여호와 하나님께 충성했기 때문에 지금까지 살아 있지 않은가. 힘든 일을 하라고 주님이 나를 살려 주신 것이다" 겸손하게 고백합니다. 정말 멋있지 않습니까!

- '크고 견고할지라도' 내 나이나 지위에 관계없이 능히 감당하게 하실 일은 무엇입니까? 내 인생의 마지막 불꽃을 태울 사명은 무엇입니까? 나이나 건강을 핑계로 교회 직분도 마다하고 할 일 없는 노년(老年)을 보내고 있지는 않습니까?

자신감이 넘치는 갈렙이지만 무조건 '주옵소서!' 하지는 않습니다. 하나님이 이미 약속하셨어도 구체적으로 어떻게 인도하실지는 모르기 때문에 개역한글판에서는 14장 12절 "나와 함께하시면" 앞에 '혹시'라는 표현이 붙었습니다. 이 '혹시'는 의심의 '혹시'가 아닙니다. 하나님보다 앞서가는 교만을 범하지 않겠다는 '혹시'입니다. 하나님 앞에서 건방 떨지 않겠다는 '혹시'입니다.

갈렙은 하나님을 신뢰하면서 신중하고도 겸손하게 힘든 직분을 자청했습니다. "나니까 이런 힘든 일을 맡는 거야. 내가 화장실 청소해 주는 걸 고맙게 생각해" 하며 잘난 척하지 않고 "제가 연약하지만 혹시 하나님이 함께하시면 화장실 청소를 할 수 있지 않을까요? 제게 그 일을 맡겨 주세요" 합니다.

저는 천국에 가면 여호수아보다도 갈렙 오빠를 보고 싶습니다. 정말 멋있습니다. 이 땅에서 아무 직분이 없다고 할지라도, 지도자로서 여호수아가 더 빛났을지라도 저는 갈렙의 상급이 훨씬 클 것 같습니다. 갈렙은 참 대단한 사람입니다. 어떤 위치에 있어도 부러운 것이 없는 사람입니다.

- 교회나 직장에서 힘든 일을 맡았을 때 나의 태도는 어떻습니까? 남이 싫어하는 화장실 청소를 한다고, 누구보다 일찍 나와서 주차위원을 한다고 스스로를 대단하게 여기며 다른 사람을 판단하지는 않습니까? "혹시 하나님이 함께하시면 내가 할 수 있다"라는 겸손함으로 남과 비교하지 않으며 기쁘게 일합니까?

헤브론은 하나님과의 교제와 교통과 사랑이 있는 곳입니다

13 여호수아가 여분네의 아들 갈렙을 위하여 축복하고 헤브론을 그
에게 주어 기업을 삼게 하매 14 헤브론이 그니스 사람 여분네의 아
들 갈렙의 기업이 되어 오늘까지 이르렀으니 이는 그가 이스라엘의
하나님 여호와를 온전히 좇았음이라 15 헤브론의 옛 이름은 기럇
아르바라 아르바는 아낙 사람 가운데에서 가장 큰 사람이었더라 그
리고 그 땅에 전쟁이 그쳤더라_수 14:13~15

헤브론은 아낙의 소유이지만 창세기에서 아브라함이 장막을 쳤던 곳이고, 하나님이 아브라함을 대면하여 언약의 땅에 대해 말씀하셨던 곳입니다(창 13장). 갈렙은 그 언약을 기억했을 것입니다. 헤브론이라는 이름은 '교제, 교통, 사랑'이라는 의미를 함축하고 있습니다. 갈렙은 험한 환경과 힘든 사람이 기다리는 땅이지만, 그곳이 사랑과 교제와 교통의 요충지가 될 것을 알았습니다. 모두가 감당하기 싫어하는 헤브론이 하나님의 사랑, 하나님과의 교제, 하나님과의 교통이 있는 곳임을 알았습니다. 힘든 곳에 가면 하나님과의 교제가 더욱 풍성해질 것을 알았습니다.

갈렙은 사명에 충실하여 주님이 원하시는 제자의 반열에 서는 것을 최고의 영광으로 생각했습니다. 그래서 일인자가 되든지 안 되든지 개의치 않았습니다. 하나님과의 교제와 교통이 최우선이었기에 비교의식과 열등감으로 공격해 오는 사탄의 계략이 통하지 않았습니

다. 어떤 힘든 환경과 힘든 사람을 주셔도 내가 하나님과 교통하기에 문제로 여기지 않는 것입니다. 갈렙이 건방져서가 아니라 정말 겸손했기에 그럴 수 있었습니다.

갈렙이 자신감을 가질 수 있었던 또 다른 이유를 생각해 보면 여호수아와 비교하지 않는 자신이 기특했을 것 같습니다. 45년 동안 여호수아를 지도자로 섬기면서 얼마나 수많은 내적 싸움이 찾아왔겠습니까? 그러나 하나님으로 말미암아 갈렙은 온전히 누리는 삶을 살았기에 도리어 감사했을 것입니다. 그래서 자신감이 생기지 않았을까요?

비교하지 않는 삶이야말로 천국입니다. 우리는 목회를 해도 서로 비교하고, 동서 간에도 비교하고, 형제간에도 비교하고, 친구 사이에도 비교하고, 동료 간에도 비교합니다. 매일 비교하고 또 비교하다가 지옥을 삽니다. 떨어지면 떨어지는 대로, 올라가면 올라가는 대로 끝없이 비교합니다. 그런데 갈렙이 영적으로 최고 위치였음에도 45년이나 자신을 드러내지 않았다는 것을 보면서 큰 도전을 받았습니다.

갈렙이 기업을 얻은 후 헤브론은 다윗의 도성이 됐습니다. 누가 그곳에 있는가에 따라서 그 땅이 달라집니다. 누가 그 집에, 그 구역(목장)에 들어가는가에 따라 그곳이 축복의 근원이 되기도 하고, 멸망의 처소가 되기도 합니다.

제가 평신도 시절, 처음 구역장이 됐을 때 부구역장으로 임명된 한 집사님이 저하고는 같이 구역을 못 하겠다며 교회에 청을 했습니다. 제가 믿음이 뜨겁다는 소문을 듣고는 자신은 그런 사람과 안 맞는다는 이유였습니다. 저는 그분께 "세 번만 모임을 함께해 보자"라고 제안했습니다. 정말 세 번 모임을 했는데 집사님은 그래도 싫다는 겁니다. 하지만 당시 구역을 바꾸기가 어려워 어쩔 수 없이 일 년을 함께 하게 됐습니다.

일 년 동안 그분을 위해 제가 얼마나 공을 들였는지 모릅니다. "집사님이 원하시면 모임을 저기 가서 할까요?", "이렇게 할까요, 저렇게 할까요?" 혹시, 혹시 하면서 집사님의 마음을 살피려고 애썼습니다. 그러나 일 년이 지나고 새 구역이 편성될 때도 집사님은 저와는 구역모임을 하기 싫다고 하셨습니다.

제가 상처 받았을까요? 아니요. 다른 구역원들이 은혜를 받고 열매가 나타나니까 집사님이 그러셔도 상처가 되지 않았습니다. 그랬더니 2년이 지나면서 그분이 달라지셨습니다. 그때부터 지금까지 저의 팬이라고 하시면서 이제는 함께 교제를 나누는 사이가 되었습니다.

당시는 제가 거듭난 지 얼마 안 된 때라서 정말 뜨거웠는데 그 집사님이 계셔서 얼마나 조심했는지 모릅니다. '내 열심만으로 앞서가는 게 아닐까. 내 믿음이 뜨겁다고 다른 사람들을 재촉해서는 안 되지. 일 보 후퇴 이 보 전진……' 이렇게 자신을 돌아보면서 저절로 훈련이 되었습니다. 그러니 그 집사님이야말로 저를 훈련시켜 주신 고마운 분입니다. '내가 왜 또 이 사람을 만났지. 나는 저 목장으로 가고 싶은데……' 이러는 사람은 절대 좋은 땅을 얻지 못합니다. 상급을 받을 수 없습니다.

갈렙은 험한 헤브론 산지를 달라고 했기에 가장 큰 선물을 받았습니다. 어떤 선물을 받았습니까? 갈렙의 후손에서 예수님이 오셨습니다. 그것보다 더 큰 선물이 어디 있겠습니까!

다른 사람들을 위해 힘든 일을 자청하는 이타적인 사랑을 할 때 내 후손들이 복을 받을 뿐 아니라 현실에서도 누리게 됩니다. 좋은 땅을 차지하려면 가족 구원이 우선이라고 했습니다. 하지만 구원을 위해 사는 삶이란 갈렙이 그랬듯 결국 가족을 넘어서는 삶입니다. 가족 구원이 우선이지만 가족우상주의가 되어서는 안 됩니다. 갈렙이 내 가족만 생각했다면 어떻게 아낙 자손의 산지를 달라고 할 수 있겠습니까. 헤브론 산지를 얻고 정말 그 땅에 올라갔을 때 갈렙의 자식들도 죽음을 각오하고 가지 않았겠습니까. 이기적으로, 본능적으로 자식을 양육하는 것은 진정한 사랑이라고 할 수 없습니다. 구원을 위해 헤브론 산지를 달라는 갈렙처럼 자식을 사랑해야 합니다.

이제는 가족이 힘을 모아서 헤브론 산지를 점령해야 합니다. 르우벤은 오직 잘 먹고 잘사는 것이 인생의 목적이었기에 땅을 지켜 내지 못했습니다. 자기 눈에 보기 좋은 대로 아버지의 첩인 빌하와 동침하고, 요단 동편의 기름진 땅만 구하다가 결국 기업을 잃어버렸습니다. 아브라함과 롯이 헤어질 때 롯도 눈에 보기 좋은 땅 소돔과 고모라를 택했습니다(창 13:1~13). 그로 인해 롯의 후손들은 영적 기업에서 멀어졌을 뿐 아니라 예수 믿는 사람들을 핍박하는 자가 되고 말았습니다.

마지막 날까지 아낙 자손을 물리치면서 하나님만 의지하는 인생이 복된 인생입니다. 내 눈에 보기에 좋다고 정말 좋은 것이 아닙니다. 최고의 환경인 에덴동산에서 최초의 죄악이 저질러졌다는 것을 기억하기 바랍니다. 환경은 행복의 조건이 아닙니다. 오늘 내가 주님 때문에 힘든 일을 하는 것이 가장 좋은 땅을 얻는 비결입니다.

자녀에게 돈을 남겨 주고 싶습니까? 어떤 좋은 땅을 남겨 주고 가겠습니까? 가족이 함께 외식하고 여행 다니고, 자녀에게 재산을 골고루 나누어 주면 가정이 화목할 것 같습니까? 가족에게 믿음의 유산을 물려주지 못한다면 그 모든 것이 불시에 없어집니다. 도리어 분쟁의 씨앗이 됩니다. 구원을 우선으로 생각하지 않는 모든 것은 헛것입니다. 내 가족, 내 자녀를 우상 삼고 잘 먹고 잘사는 것이 인생의 목적이 되어서는 안 됩니다. 갈렙과 같은 믿음으로 나아가십시오. 내 가족의 구원을 위해서, 영적인 기업을 위해서 힘든 '이 산지'를 달라고 할 수 있어야 합니다. 그것이 우리가 취해야 할, 물려주어야 할 가장 좋은 땅입니다.

- 헤브론같이 힘들고 거친 산지이지만 하나님과의 교제와 교통과 사랑이 있기에 자원해서 청해야 할 것은 무엇입니까? 그동안 상대도 하기 싫었지만 하나님 때문에 먼저 안부를 묻고 섬겨야 할 헤브론 같은 이웃은 없습니까? 그 헤브론이 있어서 하나님과의 교제가 더욱 깊어지는 것을 체험합니까?

갈렙이 자신을 내세우지 않고
지도자로서 여호수아를
진심으로 존경했기에 온전히 좇을 수 있었습니다.
그러니 여호수아도 갈렙이 정말 편했을 것입니다.
여호와를 온전히 좇는 사람은
누구보다 편안하고, 재미있는 사람입니다.
자기 분야에 전문적이면서도
지도자 뒤에 꼭꼭 숨어 있다가
가장 힘든 일을 하겠다고 나서는 사람입니다.

우리들 묵상과 적용

어려서부터 특별히 잘하는 것도 없이 평범하기만 한 저는 무언가를 뛰어나게 잘하는 사람을 보면 '왜 나에게는 저런 재능이 없을까?' 생각했습니다. 똑똑하거나 예쁜 사람을 보면 주눅 들었습니다. 저를 제외한 모든 사람에게 특별한 것이 있다고 생각하며 그렇지 못한 저와 비교했습니다. 그 생각은 저의 자존감을 낮아지게 만들었고, '나를 사랑해 줄 남자는 없을 것'이라는 그릇된 사고방식으로 이어졌습니다. 버림받을까 두려운 마음에 "목숨 바쳐 너를 사랑한다"라고 말하는 사람이 아니라면 만나지 않겠다고 결심했습니다. 그러던 중 불우한 가정환경에서 자랐지만 예체능에 뛰어날 뿐 아니라 저를 너무 사랑한다는 남자가 나타났습니다. 저는 가진 것도 없고 갈 데도 없는 그 사람은 저를 절대로 떠나지 않을 거라고 확신하며 결혼했습니다.

그러나 결혼 후 한 달 만에 남편은 "헤어지고 싶다"고 말하더니 정말로 떠났습니다. 저는 그 이유를 알 수 없어 하루하루가 괴로웠습니다. 이대로는 죽을 것 같아 참석한 교회 목장예배에서 "집사님은 옆에만 있어도 남편이 열등감을 느낄 만한 존재예요. 남편이 많이 힘들었을 거예요"라는 말을 들었습니다. 한 번도 스스로 잘났다고 생각해 본 적이 없기에 그 말이 잘 이해되지 않았습니다. 그러나 곧 경제적인 여유가 있는 부모님 밑에서 외국 유학을 다녀올 정도로 풍요롭게 살

왔던 것을 인정하게 되었습니다. 그런 저의 삶이 어린 시절 아버지가 사업이 부도나고 심장마비로 돌아가신 후 불우하게 자란 남편에게는 부러운 일일 수 있겠다는 생각도 들었습니다.

모세가 갓 지파와 므낫세 반 지파에게 그들의 가족대로 기업을 주었다고 합니다(13:24, 29). 오랫동안 제 눈에는 각 사람에게 허락하신 환경과 재능들이 공평해 보이지 않았습니다. 그러나 공평하신 하나님이 각자에게 맞는 분량대로 환경과 재능을 허락하셨다고 합니다. 저는 그것을 인정하지 못한 채 열등감의 상처로 배우자를 선택했습니다. 전남편과 헤어진 지 5년 정도 지난 후 다시 만날 기회가 있었는데, 그는 "그때는 7살 어린아이처럼 어리광을 부리고 싶었다"고 말했습니다. 그도 저처럼 어릴 적 상처가 해결되지 않아 하나님이 짝지어 주신 부부 사이를 저버렸던 것입니다(마 19:6).

레위 지파는 오직 하나님이 그들의 기업이 되셨다고 합니다(13:33). 제가 가진 것을 남과 비교하며 열등감에 빠지는 것이 하나님을 신뢰하지 못하는 악함이었음을 회개합니다. 이제는 오직 하나님을 저의 기업으로 삼으며, 자청하여 험준한 헤브론 산지를 달라는 갈렙처럼 다른 사람들을 하나님께로 인도하는 사명을 따라 살기를 소망합니다(14:12).

영혼의 기도

아버지 하나님, 우리는 앉으나 서나 좋은 땅을 갖는 것이 목표입니다. 부르다가 죽을 이름 '좋은 땅'입니다. 좋은 땅을 얻고, 자녀들에게도 주고 싶은데 그러기 위해서 가족의 구원이 우선이라고 하십니다. 사람을 차별하지 말고, 음란을 행하지 않으며 가족의 구원을 위해서 나아가야 한다고 말씀하십니다. 그러지 않으면 모든 것이 헛것이라고 하십니다. 영육에 쌓아 놓은 모든 것이 무너진다고 말씀하십니다.

45년 동안이나 여호수아의 뒤에서 그림자처럼 지낸 갈렙을 보았습니다. 그는 누릴 수 있는 환경에서도 그러지 않고 여호수아와 자신을 비교하지 않으며 내적 전쟁에서 승리했습니다. 이 대단한 갈렙이 가장 힘든 헤브론 산지를 달라고 친구 여호수아에게 겸손하게 청하는 것을 보면서, 너무나 부족한 제 모습을 봅니다.

인생의 마지막까지 힘든 산지를 달라고 자청하며 강건하게 하나님의 전쟁을 치르는 갈렙처럼 저도 그런 모습을 자녀들에게 보이고 싶습니다. 그런 갈렙이 예수님의 조상이 되었듯 저도 예수 그리스도를 모시는 최고의 복을 누리고 싶습니다. 그러나 눈에 보기 좋은 것만 취하느라고 르우벤같이 기업을 잃어버리는 것을, 권위가 서지 않는 부모인 것을 고백합니다. 주님, 불쌍히 여겨 주옵소서.

삶으로 본을 보이지 못하는 저희를 불쌍히 여겨 주시고, 내 속에 있는 혈기와 비교의식, 상처로 자녀들을 대하고 있지는 않은지, 그러면서도 우리 자손들이 복 받기를 바라는 우매함은 없는지 돌아보게 하옵소서.

이제 힘든 헤브론 산지, 감당하기 힘든 부모와 형제자매를 껴안을 수 있는 '이 산지'를 내게 달라고 기도하기를 원합니다. 나는 할 수 없으나 하나님은 하실 수 있사오니 기도하며 나아가는 저와 우리 가정이 되기를 원합니다. 도와주시옵소서. 예수님 이름으로 기도하옵나이다. 아멘.

Chapter 23

지상전:
비전의 땅

여호수아 15:1~63

하나님 아버지, 우리 각자에게 비전을 품고 계신 줄 믿습니다.
주님이 말씀하시는 비전을 우리가 깨닫기 원합니다.
말씀해 주시옵소서. 듣겠습니다.

한 40대 가장이 갑자기 뇌전증이 발병해 직장을 잃고 가정까지 파탄 난 후 절도 행각을 벌이다가 구속되었습니다. 그는 1987년에 군 복무를 마치고 대학을 졸업한 후 전도유망한 중소기업에서 성실히 근무하면서 결혼을 했습니다. 결혼할 때만 해도 남부러울 것이 없었습니다. 귀여운 딸도 낳고 행복한 날을 보냈는데, 1995년 갑자기 후천성 뇌전증이 찾아오면서 그의 삶은 수렁에 빠졌습니다. 예고 없이 발작이 일어나니 직장 생활이 힘들어졌고, 부인과 다툼도 잦아지면서 직장을 그만두고 2001년에는 이혼을 했습니다.

이혼 후 그는 누나 집에 머물면서 새벽 인력시장을 찾아 막일이라도 하려고 했지만 병이 알려지면서 그조차 할 수 없게 되었습니다. 병세는 점점 악화되었고, 설상가상 믿고 의지한 어머니까지 뇌출혈로 세상을 떠나자 자포자기하여 하루하루를 술로 보냈습니다. 자살을 결심하고 아파트 옥상에 올라갔지만 뜻을 이루지 못했습니다.

그러다 차라리 교도소에 가서 가족에게 피해나 끼치지 말아야 하겠다는 생각을 하고는 문이 열린 아파트에 들어가 절도 행각을 벌였습니다. 자신을 보호해 줄 곳은 감옥밖에 없다고 여기며 무작정 범죄를 저지른 것입니다.

본문 말씀은 유다 지파가 하나님의 말씀대로 마침내 약속의 땅을 얻는 장면입니다. 유다가 잘나서 땅을 얻은 것이 아닙니다. 아브라함이 잘나서가 아니라 하나님이 아브라함을 택하셨기 때문에, 약속의 땅을 아브라함에게 주시고 이스라엘 백성에게도 주시고 하나님의 자녀인 나에게도 주십니다. 약속의 땅은 비전의 땅입니다. 이 후천성 뇌전증에 걸린 남편에게서 어떤 비전을 봅니까. 이 사람에게도 비전이 있을까요?

비전의 땅, 사명이 있는 곳

많은 전쟁을 거쳤습니다. 그리고 "그 땅에 전쟁이 그쳤더라"는 말씀이 두 번이나 나왔습니다(11:23, 14:15). 그런데 본문에 주신 땅은 우리의 지경이 넓어지는, 또 다른 종류의 전쟁입니다. 제가 처음 예수님을 만났을 때 치른 전쟁과 목회를 하면서 치르는 전쟁은 종류가 다르지 않겠습니까? 남편 한 사람의 구원을 위해서 애통하며 갈 때는 비전까지 생각할 겨를이 없었습니다. 남편이 돌아와서 예수 잘 믿고, 우리

아이들이 구원 받으면 되지 무슨 큰 비전을 세웠겠습니까. 그런데 내 가정을 위해 기도하다 보니까 오늘날 제가 세계를 품고 기도하게 됐습니다. 영적·육적으로 점령하는 날이 오게 됐습니다.

지금도 정복해야 할 것이 많아 여전히 저는 전쟁 중입니다. 주일 예배가 저의 전쟁입니다. 쉬운 일이 없습니다. 하지만 과거와 지금은 확실히 다른 전쟁입니다. 전도의 지경, 기도의 지경이 훨씬 넓어졌습니다. 결국 우리의 모든 전쟁은 하나님 나라의 비전을 품은 전쟁이 되어야 합니다. 힘들게 살다가 나 혼자 예수 믿고 끝나서는 안 됩니다. 그것은 부끄러운 구원입니다.

그렇다면 어떻게 지경을 넓힐까요? 우리들교회 홈페이지에는 매주 수많은 목장 보고서와 기도 제목이 올라옵니다. 이 모든 기도 제목을 읽으며 중보하면 그것이 나의 점령지가 됩니다. 나의 지경이 넓어집니다.

하나님의 은혜를 경험한 사람이라면 다른 사람의 기도 제목을 보면서 아파해야 합니다. 지체들의 기도 제목을 들었다면 바로 기도하십시오. 아프리카 선교, 북한 선교도 중요하지만 다른 사람의 기도 제목을 듣고 잊지 말고 한마디씩 기도하기 바랍니다. 그것이 나의 비전의 땅, 곧 사명을 발견하는 길입니다. 오로지 나와 내 식구를 위해서만 기도하고 지체들의 기도 제목이 무엇인지도 모른다면 나는 아직 사명을 알지 못하는 것입니다. 하나님이 왜 나로 예수 믿게 하셨겠습니까. 어려운 사람을 위해 기도하면서 지경을 넓히라는 뜻입니다.

• 예수님을 믿고 여러 전쟁을 지나며 믿음의 지경이 넓어지고 있습니까? 당장 내 문제가 해결되는 것에만 기도의 지경이 머물러 있지는 않습니까?

비전의 땅, 강하고 힘든 세력이 포진해 있는 곳

1 또 유다 자손의 지파가 그들의 가족대로 제비 뽑은 땅의 남쪽으로
는 에돔 경계에 이르고 또 남쪽 끝은 신 광야까지라 2 또 그들의 남쪽
경계는 염해의 끝 곧 남향한 해만에서부터 3 아그랍빔 비탈 남쪽으
로 지나 신에 이르고 가데스 바네아 남쪽으로 올라가서 헤스론을 지
나며 아달로 올라가서 돌이켜 갈가에 이르고 4 거기서 아스몬에 이
르러 애굽 시내로 나아가 바다에 이르러 경계의 끝이 되나니 이것이
너희 남쪽 경계가 되리라 5 그 동쪽 경계는 염해이니 요단 끝까지요
그 북쪽 경계는 요단 끝에 있는 해만에서부터 6 벧 호글라로 올라가
서 벧 아라바 북쪽을 지나 르우벤 자손 보한의 돌에 이르고 7 또 아골
골짜기에서부터 드빌을 지나 북쪽으로 올라가서 그 강 남쪽에 있는
아둠밈 비탈 맞은편 길갈을 향하고 나아가 엔 세메스 물들을 지나 엔
로겔에 이르며 8 또 힌놈의 아들의 골짜기로 올라가서 여부스 곧 예
루살렘 남쪽 어깨에 이르며 또 힌놈의 골짜기 앞 서쪽에 있는 산꼭대
기로 올라가나니 이곳은 르바임 골짜기 북쪽 끝이며 9 또 이 산꼭대
기에서부터 넵도아 샘물까지 이르러 에브론 산 성읍들로 나아가고
또 바알라 곧 기럇 여아림으로 접어들며 10 또 바알라에서부터 서쪽

으로 돌이켜 세일 산에 이르러 여아림 산 곧 그살론 곁 북쪽에 이르
고 또 벧 세메스로 내려가서 딤나를 지나고 11 또 에그론 비탈 북쪽
으로 나아가 식그론으로 접어들어 바알라 산을 지나고 얍느엘에 이
르나니 그 끝은 바다며 12 서쪽 경계는 대해와 그 해안이니 유다 자
손이 그들의 가족대로 받은 사방 경계가 이러하니라 _수 15:1~12

유다 지파가 첫 번째로 땅을 분배 받는데 역시 '그들의 가족대로' 받았다고 합니다. 다시 한 번 반복합니다. 우리 가족을 공동체로 묶어 주신 목적은 구원 그 이상도, 이하도 아닙니다. 하나님이 궁리궁리하시다가 이 식구들을 우리 집에, 내 가족으로 보내 주셨습니다. 영혼 구원 사역을 위해 가장 알맞겠다고 생각하고 보내 주셨습니다.

땅을 분배 받은 순서를 보면 개인으로는 갈렙이 첫 번째이고, 지파로는 유다가 첫 번째입니다. 갈렙은 이방인인데, 유다는 야곱의 넷째 아들입니다. 맏아들이 아닙니다. 우리의 고정관념을 뒤엎었습니다. 또한 유다는 며느리와 간음한 죄인입니다. 믿음의 조상 다윗도 여덟 번째 아들이고, 솔로몬은 열 번째 아들입니다. 믿음의 영걸들이 다 맏아들이 아닙니다. 여덟째, 열째 다 이렇습니다.

유다는 넷째 아들에다 며느리와 간음한 형편없는 자이지만 하나님 안에서는 잘난 자입니다. 빌립보서 4장 5절에 "너희 관용을 모든 사람이 알게 하라"고 합니다. 하나님은 우리가 얼마나 관용을 베푸는가를 관심 있게 보십니다. 유다는 관용을 베풀 줄 아는 사람이었습니다. 요셉과 형제들 사이에서 중재 역할을 한 사람도 유다입니다. 아브

라함이 관용을 베푼 덕에 롯은 남쪽의 모든 좋은 땅, 물 댄 동산 같은 소돔과 고모라 땅을 택할 수 있었습니다. 그런 아브라함에게 하나님이 무엇을 약속해 주셨습니까? "너는 눈을 들어 너 있는 곳에서 북쪽과 남쪽 그리고 동쪽과 서쪽을 바라보라 보이는 땅을 내가 너와 네 자손에게 주리니 영원히 이르리라"고 약속하셨습니다(창 13:14~15).

우리에게 주신 약속의 땅은 사명을 따라가면 축복의 땅이지만 사명 없이 가기에는 힘든 땅입니다. 앞서 이야기한 뇌전증에 걸린 남자처럼 너무 힘들어서 숨도 쉴 수 없는 땅입니다. 유다 지파에게 주신 땅의 동서남북 경계를 보니 남쪽으로는 에돔과 맞닿아 있고, 남쪽 맨 끝은 신 광야입니다. 또 다른 남쪽 경계는 염해의 끝입니다(15:2). 염해는 사해(死海), 곧 죽음의 바다입니다. 동쪽 경계는 염해와 요단강 끝 해만이고(15:5~6), 북쪽으로 올라가면 아골 골짜기, 힌놈의 아들의 골짜기가 있습니다(15:7~8). 서편 끝은 지중해입니다(15:10~12).

에돔, 신 광야, 사해, 힌놈의 아들의 골짜기, 넵도아 샘물, 바다……. 이런 곳이 유다가 받은 땅의 동서남북 경계입니다. 생각해 보세요. 서쪽은 지중해, 동쪽은 요단강, 아래쪽은 염해입니다. 마치 요새처럼 강과 바다로 사방이 막혔습니다. '여기를 가도 막혔고 저기를 가도 막혔어' 이런 곳을 기업으로 주신 것입니다. 세상과는 담이 쌓인 채 피할 길이 없는 곳, 여기는 지중해, 저기는 염해…… 어디를 가도 빠져 죽을 것만 같은 땅을 하나님이 유다에게 경계 지어 주셨습니다. 그러나 이것이 얼마나 축복인지 모릅니다.

요단 동편 초목지가 좋아서 달라고 한 르우벤 지파는 강대국에 둘러싸여 있다 보니 세상으로부터 유혹과 침략을 당하다가 끝내 그 땅을 빼앗기고 말았습니다. 교회 지체들에게 둘러싸여 무조건 주일을 지키고, 무조건 교회를 섬기다 보면 사방이 막힌 것 같아도 하나님이 무조건 지켜 주십니다. 광야에서도 사방이 황폐한 땅뿐이라 힘들었지만, 성막을 지을 때는 백성이 한마음으로 자원하여 예물을 드렸습니다. 광야 시절 백성이 자원하여 드린 금은보석에 대한 이야기가 솔로몬 때에는 찾아볼 수 없습니다(출 36:3~7; 왕상 5장).

문제는 가나안에 들어온 후입니다. 모세가 "너희는 하나님만 섬기라"고 그렇게 이야기했건만 백성은 가나안에 들어오자마자 상수리나무 사이, 푸른 나무 아래서 우상에게 절하고, 심지어 우상을 위해 자기 자녀를 불사르기까지 했습니다. 홍해가 갈라지고, 요단을 마른땅으로 건너는 대단한 기적을 경험했어도 아무 소용없었습니다. 하나님이 말할 수 없는 은혜와 축복을 베푸셨는데도 그저 내 남편, 내 부인, 내 자식밖에 모른다면 우리는 세상 가치관에서 벗어날 수 없습니다. 그저 시시한 일로 인생을 도배하다가 끝이 납니다.

저도 참 시시한 사람이었습니다. 시시하게 살다가 시시하게 죽을 뻔했습니다. 그런데 주님이 유다 지파처럼 염해의 끝을 제 삶의 경계로 주셨습니다. 제가 잘살아 보겠다고 피아노를 치고, 대학에 가고, 시집을 갔습니다. 분명히 믿는 집이라고 해서 시집을 갔는데 남쪽으로는 에돔 경계가 맞닿아 있었습니다. 광야가 너무 싫어서 시집을 갔는데 글쎄 신 광야가 펼쳐져 있는 겁니다. 전쟁은 정말 끝이 없습니다. 하지만 사방에 보이는 것이 없고 죽음의 바다가 둘러 있었기에 저의 눈이 주께로 향하게 되었습니다. 이런 땅이 축복의 땅입니다.

내게 허락하신 모든 신 광야, 염해에 순종해야 합니다. 르우벤처럼 눈만 뜨면 세상이 보이는 것이 축복이 아닙니다. 모든 환경을 막으셔서 귀로는 책망의 말씀을 듣게 하시고 눈은 주를 향하게 하시며 오직 의인의 공동체에 속하게 하시는 것이 진정한 축복입니다. 왜 그렇습니까? 그곳에 예루살렘 성전이 있기 때문입니다. 아무것 없어도 말씀과 공동체가 있는 곳, 그곳이 진정한 비전의 땅입니다.

- 지금 어떤 염해, 어떤 죽음의 바다에 싸여 있습니까? 그 환경에 무조건 순종해야 할 이유, 곧 나의 사명을 깨닫고 있습니까? 사명이 있기에 '저 푸른 초원'이 아니라 피할 길 없는 바다로 둘러싸인 것이 축복임을 믿습니까?

비전을 이루는 한 사람

13 여호와께서 여호수아에게 명령하신 대로 여호수아가 기럇 아르
바 곧 헤브론을 유다 자손 중에서 분깃으로 여분네의 아들 갈렙에
게 주었으니 아르바는 아낙의 아버지였더라 14 갈렙이 거기서 아낙
의 소생 그 세 아들 곧 세새와 아히만과 달매를 쫓아내었고 15 거기
서 올라가서 드빌 주민을 쳤는데 드빌의 본 이름은 기럇 세벨이라
_수 15:13~15

유다 지파는 예수 그리스도가 오실 메시아 지파이기에 주님이 그 수준을 높게 보시고 적으로 둘러싸인 땅을 주셨습니다. 지역적으로 보면 동으로는 모압, 북서쪽으로는 블레셋, 남으로는 에돔, 남서쪽으로는 아말렉이 위치하던 땅입니다. 앞으로 힘든 싸움을 치러야 할 땅입니다. 그런데 갈렙은 그중에서도 가장 힘든 땅 헤브론 산지를 달라고 자청했습니다. 이 한 사람이 있는 것이 유다 지파에게는 축복입니다. 많은 교회에 갈렙 같은 성도가 있기를 바랍니다. 그럴 때 가정이 살아나고 성도가 살아나고 교회가 살아납니다.

과연 갈렙은 여호와 하나님을 온전히 좇아 아낙의 세 아들, 세새와 아히만, 달매를 물리쳤습니다. 도무지 내 힘으로 물리칠 수 없는 사람, 힘든 배우자, 힘든 시부모, 힘든 자녀와의 싸움에서 영적으로 승리하여 그들에게 복음을 전한 것입니다. 갈렙은 거기에 그치지 않고 올라가서 드빌 주민을 쳤다고 합니다. 드빌은 '서기관의 성읍'이라는 뜻입니다. 이름부터 교만한 이곳은 위치도 높아서 적이 공격하기 어려운 난공불락의 성이었습니다. 애굽의 통행로가 지나는 곳이며, 산업이 번창하는 곳이었습니다.

하나님이 이스라엘에 가나안 땅을 주겠다고 약속하셨지만 그렇다고 거저 주시는 것은 아니었습니다. 예수님이 죽은 나사로를 살리실 때도 거저 살려 주지 않으셨습니다. 무덤의 돌을 굴려 내는 수고를 요구하셨습니다(요 11:39). 내가 돌을 굴려 내면, 내 속에 더러운 죄를 오픈하면 살려 주겠다고 하십니다. 그런데도 '나는 죽어도 좋아, 죽어도 오픈 못 해' 하는 것이 우리 모습입니다. 난공불락의 성 드빌을 올라가서 쳐야 합니다. 내 죄를 드러내기 싫고, 인정하기 싫은 나의 교만한 드빌을 치고자 하면 그 싸움은 이미 이긴 싸움입니다. 그곳은 이미 나에게 주신 땅입니다.

- 하나님의 비전, 공동체의 비전이 나와 내 가정의 비전이 되어 앞장서 헌신하고 있습니까?

대를 이어 비전을 이룬다: 사위의 조건

> 갈렙이 말하기를 기럇 세벨을 쳐서 그것을 점령하는 자에게는 내가 내 딸 악사를 아내로 주리라 하였더니_수 15:16

갈렙에게 허락된 곳은 헤브론입니다. 드빌까지 취하지 않아도 됩니다. 그런데 갈렙은 왜 드빌까지 치려는 것일까요? 드빌은 유다 지파에 할당된 땅으로 유다에 속한 자신의 후손들을 위해, 영적 후손을 위해 앞장서 취하려는 것입니다. 또 다른 힘든 사역을 감당하고자 식구들을 희생시킵니다. 헤브론 산지를 취할 때도 "죽으면 죽으리라"는 각오로 갈렙의 온 가족이 함께 올라갔습니다. 그러더니 이제는 드빌을 쳐서 취하는 자에게 딸을 주겠다고 합니다. 갈렙이 원하는 것은 오직 하나님 나라였습니다.

갈렙이 내건 사위의 조건은 '쳐서 점령하는 자'입니다. 결혼은 영적 전쟁의 승패를 좌우하는 가장 중요한 선택입니다. 그런데 우리는 쳐서 점령하는 자보다 모든 것을 갖춘 자를 취하고 싶어 합니다.

〈잘생긴 남자에게 속지 말자〉라는 제목의 기사를 보았습니다. 미국의 29대 대통령 워런 하딩(Warren Gamaliel Harding)은 1921년에 취임해서 2년 6개월을 재임하고 1923년 심장마비로 세상을 떠났습니다. 하딩은 미국에서 잘생긴 외모 하나로 승부한 정치인으로 유명합니다. 신문사 편집인, 상원의원을 거쳐 대통령까지 당선됐는데, 정치학자들이 말하는 최악의 대통령 1위로 꼽히는 사람입니다.

그는 상원의원 시절 회의나 표결에 제대로 참석한 적도 없고, 술, 골프, 포커게임에 절어 살며 여자관계도 복잡했습니다. 대통령이 돼서도 놀러 다니느라고 정신이 없었습니다. 그런데 이 하딩이 정치 무대에 올라서면 잘생긴 외모 덕에 능력 있는 정치가로 둔갑했다는 겁니다. 목소리 또한 끝내줘서 그의 지지자는 물론이고 모든 사람마저 깜빡 넘어갔다고 합니다. 대중이 오죽 착각했으면 그가 대통령에까지 당선됐겠습니까. 그러나 이 하딩에 국민들이 얼마나 발등이 찍혔는지 이후로 외모나 편견에 사로잡혀 착각하는 현상을 '워런 하딩의 실수'라고 이름을 붙였답니다.

사위를 얻을 때 이왕이면 다홍치마라고 잘생긴 것이 좋겠죠? 거기에 돈도 잘 벌고, 성격도 좋다면 두말할 나위 없지 않겠습니까? 하지만 갈렙은 과연 믿음의 용장(勇將)답습니다. 결혼하거나 이사할 때 우리 믿음의 현주소가 드러난다고 합니다. 갈렙은 딸을 결혼시킬 때 무엇보다 믿음의 증거가 있는 사위를 원했습니다. 그래서 여호수아의 자녀가 아니라 갈렙의 사위인 옷니엘이 이스라엘의 초대 사사가 되는 영광을 얻었습니다(삿 3:9~10). 이처럼 하나님은 믿음을 지키는 자에게 육적으로도 증거를 보여 주십니다. 꼭 하늘나라에 가 봐야만 아는 것은 아닙니다.

갈렙의 또 한 가지 훌륭한 점은 그가 '아들 타령'을 하지 않았다는 겁니다. 믿음의 조상 아브라함도 '내 아들, 내 아들' 하다가 이삭을 얻었는데 갈렙은 아들 타령 한마디 없습니다. 그에게 아들이 있었는지 없었는지는 분명하지 않지만, 과연 갈렙답습니다.

어느 교회성장연구소에서 한국 기독교인들에게 성경 인물 중 어떤 사람을 가장 좋아하느냐고 물으면 야곱이 첫째였다고 합니다. 갈렙을 꼽는 사람은 거의 없습니다. 많은 사람이 돈 좋아하고 여자 좋아한 야곱을 1순위로 꼽는 것은 아마도 자기 모습 같아서 그런 것 아닐까요? 갈렙이라고 하면 갈렙처럼 살라고 할까 봐 싫은가 봅니다. 일인자도 못 되고, 그림자처럼 숨어서 섬기며 힘든 일을 자청하고, 하나님 나라를 위해 온 가족이 헌신하고…….

여러분은 어떻습니까? 돈 많고 아들도 많은 야곱이나 애굽 총리가 된 요셉은 좋아도 갈렙은 싫습니까? '나는 믿어도 갈렙처럼은 안 믿을래' 이러면 안 됩니다. 14장부터 15장에 걸친 갈렙의 성숙한 믿음을 보며 그의 삶이 나의 비전이 되도록 기도하기 바랍니다.

- 자녀(본인)의 배우자를 위해 어떤 기도를 하고 있습니까? 믿음만 있으면 된다고 하면서도 자꾸 따져 보는 조건은 무엇입니까? 그 조건이 자녀(내)

가 영적으로 성장하기 위해 꼭 필요한 것입니까?

갈렙의 아우 그나스의 아들인 옷니엘이 그것을 점령함으로 갈렙이 자기 딸 악사를 그에게 아내로 주었더라_수 15:17

옷니엘의 아버지 그나스는 출애굽 1세대로 가나안 땅에 들어오지 못하고 광야에서 죽었습니다. 옷니엘은 불순종하여 가나안에 들어오지 못한 아버지의 연약함과 그래서 저주 받을 수밖에 없는 비극을 보았습니다. 하지만 자신의 세대에서 그것을 극복했습니다. 난공불락의 성 드빌을 쳐서 취하여 믿음의 증거를 남겼습니다. 예수님을 믿는 우리도 이렇게 내가 쳐서 취한 드빌이 있어야 합니다.

- 내게 맡기진 않았지만 믿음의 후대를 위해 취해야 할 드빌은 무엇(누구)입니까? 자녀의 믿음을 위해 쳐서 취해야 할 학벌 우상, 외모 우상이 있습니까? 믿음의 가정을 세우기 위해 복음으로 쳐서 취해야 할 시댁(처가) 식구, 친척, 이웃은 누구입니까?

18 악사가 출가할 때에 그에게 청하여 자기 아버지에게 밭을 구하
자 하고 나귀에서 내리매 갈렙이 그에게 묻되 네가 무엇을 원하느
냐 하니 19 이르되 내게 복을 주소서 아버지께서 나를 네겝 땅으로
보내시오니 샘물도 내게 주소서 하매 갈렙이 윗샘과 아랫샘을 그에
게 주었더라_수 15:18~19

갈렙이 워낙 양육을 잘 했기에 딸 악사도 육적인 복이 아닌 영적인 복을 구합니다. 아버지 갈렙의 삶을 보면서 악사는 무엇을 구해야 할지를 정확히 알고 있었습니다. 아무리 밭이 있어도 물이 닿지 않으면 아무짝에도 쓸모없는 땅입니다. 당시 샘물은 밭물에 가장 중요한 공급원이었습니다. 그래서 악사는 보기에는 아무것도 아닌, 한 평도 안 되는 작은 샘을 달라고 합니다. 아버지를 떠나면서 슬퍼하기보다 갈렙의 뒤를 이을 영적 후손으로서 담대히 구할 것을 구한 것입니다. 이런 악사의 지혜와 옷니엘의 용기가 만나 옷니엘이 초대 사사가 될 수 있었다고 생각합니다.

우리의 교회와 가정에 옷니엘같이 난공불락의 성 드빌을 쳐 취하는 믿음의 영걸들이 쏟아져 나오기를 기도합니다. 그것을 비전으로 가집시다. 그러나 이는 우리가 갈렙처럼 어려운 일에 먼저 헌신하지 않고는 불가능합니다. 르우벤같이 눈에 보기 좋은 초목지 장만해 놓고 내 자식, 내 식구만 찾다가는 모두 침략당해서 빼앗기고 맙니다. 내 자식이 귀한 만큼 다른 사람에게도 헌신할 때, 갈렙처럼 자녀의 축복, 영적 후계자의 축복이 임할 줄 믿습니다.

• 내 자녀가 아니더라도 믿음으로 양육한 영적 후계자가 있습니까?

하나님의 비전은 반드시 이루어집니다

20 유다 자손의 지파가 그들의 가족대로 받은 기업은 이러하니라
21 유다 자손의 지파의 남쪽 끝 에돔 경계에 접근한 성읍들은 갑스
엘과 에델과 야굴과 22 기나와 디모나와 아다다와 23 게데스와 하솔
과 잇난과 24 십과 델렘과 브알롯과 25 하솔 하닷다와 그리욧 헤스
론 곧 하솔과 26 아맘과 세마와 몰라다와 27 하살갓다와 헤스몬과 벧
벨렛과 28 하살 수알과 브엘세바와 비스요댜와 29 바알라와 이임과
에셈과 30 엘돌랏과 그실과 홀마와 31 시글락과 맛만나와 산산나와
32 르바옷과 실힘과 아인과 림몬이니 모두 스물아홉 성읍과 그 마
을들이었으며 33 평지에는 에스다올과 소라와 아스나와 34 사노아
와 엔간님과 답부아와 에남과 35 야르뭇과 아둘람과 소고와 아세가
와 36 사아라임과 아디다임과 그데라와 그데로다임이니 열네 성읍
과 그 마을들이었으며 37 스난과 하다사와 믹달갓과 38 딜르안과 미
스베와 욕드엘과 39 라기스와 보스갓과 에글론과 40 갑본과 라맘과
기들리스와 41 그데롯과 벧다곤과 나아마와 막게다이니 열여섯 성
읍과 그 마을들이었으며 42 립나와 에델과 아산과 43 입다와 아스나
와 느십과 44 그일라와 악십과 마레사니 아홉 성읍과 그 마을들이었
으며 45 에그론과 그 촌락들과 그 마을들과 46 에그론에서부터 바다
까지 아스돗 곁에 있는 모든 성읍과 그 마을들이었으며 47 아스돗
과 그 촌락들과 그 마을들과 가사와 그 촌락들과 그 마을들이니 애
굽 시내와 대해의 경계에까지 이르렀으며 48 산지는 사밀과 얏딜과

소고와 49 단나와 기럇 산나 곧 드빌과 50 아납과 에스드모와 아님과
51 고센과 홀론과 길로이니 열한 성읍과 그 마을들이었으며 52 아
랍과 두마와 에산과 53 야님과 벧 답부아와 아베가와 54 훔다와 기
럇 아르바 곧 헤브론과 시올이니 아홉 성읍과 그 마을들 노아와
57 가인과 기브아와 딤나니 열 성읍과 그 마을들이었으며 58 할훌
과 벧술과 그돌과 59 마아랏과 벧 아놋과 엘드곤이니 여섯 성읍과
그 마을들이었으며 60 기럇 바알 곧 기럇 여아림과 랍바이니 두 성
읍과 그 마을들이었으며 61 광야에는 벧 아라바와 밋딘과 스가가와
62 닙산과 소금 성읍과 엔 게디니 여섯 성읍과 그 마을들이었더라
_수 15:20~62

20절에서 62절까지 읽어 보면 유다 지파에게 허락된 성읍이 120개가 넘습니다. 남방, 평지, 산지, 광야 네 부분으로 나누어, 남쪽에는 29개 성읍, 서쪽에 42개 성읍, 중앙 산지에 38개 성읍, 동쪽에 6개 성읍 등등 정말 광활한 곳을 기업으로 받았습니다.

하나님은 유다 지파에게 미리 땅을 경계 지어 주시고 "네가 정복해야 할 성읍이 이렇게 많다"라고 가르쳐 주십니다. 복음은 예방 주사입니다. 그러므로 자녀들을 대학에 보내고 시집·장가를 보내기에 앞서 "네가 결혼하든지 사회생활을 하든지 정복해야 할 땅이 많다"라고 미리 가르쳐 주어야 합니다. "결혼하면 남편이 아내에게 잘해 주는 게 당연하지. 지지리 고생할 거면 그냥 이혼해!", "그런 직장은 뭐 하러 다녀. 당장 그만둬" 이렇게 가르친다면 자녀가 그 땅을 쳐서 취할 수

있겠습니까?

얼마 전 부산에 있는 교회에 집회 인도를 하러 갔다가 그 교회를 섬기시는 여전도사님 한 분을 만났습니다. 그분이 매우 좋은 차를 타고 다니시기에 '전도사님 형편에 어떻게 가능할까?' 궁금하여 물었더니, 자신의 이야기를 해 주셨습니다. 그분도 저처럼 음악을 공부한 분이었습니다. 또래도 비슷하여 저와 같은 시대를 사셨는데 저와 다른 점은 그분은 일찍 주님께 헌신했다는 것입니다.

어릴 적 제가 자란 곳에서는 가난하고 무시 받는 사람들이나 예수를 믿는다고 생각했습니다. 이북에서 내려오신 저희 어머니는 가진 것이 없었기에 교회에 다니셨지만, 당시 이남에 터를 닦고 살던 사람들 대부분은 교회에 나오지 않았습니다. 공부 잘하고 잘사는 아이들은 교회에 나오는 법이 없었습니다. 예배당에 가면 공부 못하는 아이, 코 흘리는 아이밖에 없었습니다. 그래서 저는 교회에 나가긴 했지만 공동체 생활은 하지 않았습니다. 예배 반주만 딱 하고서 집에 돌아왔습니다. 그것이 문제였습니다. 나 혼자 잘났습니다. 나 혼자 공주병에 걸려서 교회에 오는 아이들을 딱 무시했습니다.

그러니 저로서는 젊은 시절에 주의 일에 헌신하고 전도사를 한다는 것이 상상이 안 됐습니다. 결혼하기 전, 제가 교회에서 반주하는 모습을 보고 어떤 분이 "목사님과 결혼해서 사모가 되는 것이 어떻겠냐"고 하셨는데, 그 이야기에 제가 정말 기절할 뻔했습니다. '내가 그렇게 궁상스러워 보이나?' 해서 기분이 나빴습니다. 어려서부터 예배 반주자로 섬겼어도 저에게는 비전도, 사명도 없었습니다. '어찌하면 잘 먹고 잘살며 사람들에게 인정받을까?' 이것밖에 몰랐습니다. 내게 할당된 성읍이 있는데 쳐서 취할 생각은 하지도 않고, 하기도 싫었습니다. 그저 '대학에 붙게 해 주세요. 돈을 주세요. 직장을 주세요' 이런 우상의 생각만 했습니다.

그런데 그 전도사님은 젊은 날 주님께 헌신하여 독신으로 지내셨습니다. 당시 영남 지방이 보수적이라 여자는 설교 강단에 서지도 못 했는데, 그런 곳에서 결혼도 포기하고 주의 일에 헌신하셨습니다. 전도사님은 이렇게 기도하셨다고 합니다.

"주님, 제가 주님께 헌신하는데 저를 너무 초라하게 만들지는 말아 주세요." 이 기도에 하나님이 어떻게 응답하셨을까요?

전도사님이 섬기시는 중고등부에 아프고 문제 많은 한 자매가 있었습니다. 전도사님이 그 자매를 열심히 섬긴 결과 자매가 예수님을 믿고 영육이 회복되었습니다. 그러자 자매의 아버지가 "평생 딸아이의 보호자가 되어 달라"고 하면서 1995년도에 무려 53평의 아파트를 전도사님에게 선물했습니다. 그곳에서 전도사님과 함께 생활하면서 성장한 자매는 지금 그 교회의 일꾼이 되었습니다. 이 자매를 시작으로 전도사님은 한 명, 두 명 어렵고 힘든 자매들과 함께 지내며 그들을 주님의 제자로 길러 내셨습니다. 53평 아파트가 그야말로 교회 기숙사가 돼서, 환난당하고 빚지고 원통한 자매들과 함께하며 교회 최고 일꾼으로 키워 내신 것입니다. 그 일꾼들을 태우고 다니려니 큰 차가 필요했다는 겁니다.

저도 주께 일찍 헌신했으면 얼마나 좋았을까요. 물론 제가 용광로 같은 결혼생활을 거치지 않았다면 지금처럼 헌신하지도 않았을 테니, 주님이 저로 고생하게 하신 것 맞습니다. 사람을 영적으로 세우는 것이 얼마나 어려운 일입니까? 그분에게도 종류가 다른 어려움이 날마다, 끊임없이 찾아왔을 것입니다. 하지만 하나님은 처음 헌신할 때 드린 기도에 응답하셔서 정말 초라하지 않도록 전도사님을 세우셨습니다. 많은 사람을 살리니까 성도들에게 얼마나 큰 사랑을 받겠습니까. 교회의 사모님은 이 전도사님을 가리켜 "교회의 자랑"이라고까지 표현하셨습니다. 화장기 하나 없는 전도사님의 얼굴이 얼마나 예뻐 보였는지 모릅니다.

120개 지명을 보기만 해도 숨이 막히는 사람이 있는가 하면, '저것은 내 밥이다!' 하면서 피가 끓어오르는 사람도 있습니다.

우리가 익히 아는 이야기입니다. 두 상인에게 아프리카에 가서 신발을 팔라고 했습니다. 한 상인은 말했습니다.

"그곳에는 신발을 신는 사람이 아무도 없어요. 신발 한 켤레도 팔 수 없을 겁니다."

그러나 다른 한 사람은 이렇게 이야기했습니다.

"한 번도 신발을 신어 보지 않은 사람들이기에 모두에게 신발을 신길 수 있습니다. 그곳은 황금어장입니다!"

모든 것이 마음먹기에 달렸습니다. 사업도 이럴진대 하나님 나라의 일은 어떻겠습니까. 하나님 나라의 확장은 전적으로 하나님 소관이기에 나를 어디로 보내시든지 그저 따르기만 하면 됩니다. 그러면 하나님이 행하십니다. 환경이 어려울수록 비전을 가져야 합니다.

주님이 하늘과 땅의 모든 권세를 나에게 주셨습니다. "너희는 가서 모든 민족을 제자로 삼으라"고 하셨는데(마 28:19), 우리 성도들에게 할당된 범위가 얼마나 광활한지 오늘 유다 지파의 성읍을 통해 말씀하고 계십니다.

유다는 메시아가 오실 지파이기에 할 일이 끝도 없이 많습니다. 제가 이렇게 살 줄 누가 알았겠습니까. '한 송이 국화꽃을 피우기 위해 봄부터 소쩍새는 그렇게 울었나 보다'라는 시구처럼, 더 많은 사람의 구원을 향해 나아가게 하시려고 하나님은 제게 결혼생활의 고난과 남편의 구원을 허락하셨습니다. 저 한 사람 잘 먹고 잘살라고 하나님이 소쩍새 되셔서 우셨겠습니까. 김양재라는 한 송이 국화꽃이 뭐 그리 대단하다고요.

유다에게 할당된 120개 성읍은 아직 가나안의 성읍, 세상 세력에 속한 성읍입니다. 그 성읍들을 예수님께로 편입시켜야 할 책임이 우리에게 있습니다. 이제는 급합니다. '내가 이렇게 살다 죽어도 되겠는가' 내 삶을 되돌아보며 긴장해야 합니다. 힘든 내 가족부터 빨리 정복하십시오. 힘든 내 가족을 복음으로 정복하지 못하면 어디에 가서도 복음을 능력 있게 전할 수 없습니다. 비전을 가질 수 없습니다.

20절부터 62절까지 부르기도 어려운 이름의 성읍들을 유다가 정복했습니다. 할당된 기업의 대부분을 정복한 지파는 유다밖에 없습니다. 힘든 사람들, 염해 끝에 있는 사람들, 죽음의 바다를 오르락내리락하는 사람들, 아무리 봐도 지중해밖에 보이지 않는 사람들을 주님이 믿음으로 정복하게 하실 것입니다. 이 비전을 내 것 삼을 때 이미 새 하늘과 새 땅을 누리는 인생임을 믿습니다.

후천성 뇌전증으로 직장과 가정까지 잃고 방황하다 감옥에 가게 된 남편의 소식을 듣고, 이혼한 전처가 찾아왔습니다. 부인은 잘나가던 남편이 절도범이 됐다는 사실에 가슴이 미어졌습니다. 그래서 모든 일을 제쳐 두고 시누이와 함께 피해자들을 찾아가서 "훔친 돈을 다 갚겠으니 합의해 달라"고 사정했습니다. 판사 앞에서도 눈물로 호소하며 선처를 부탁했습니다. 부인은 재판이 끝나면 남편하고 재결합하겠노라고 다짐했습니다. 그 결과 부인의 진심을 받아들인 판사는 집행유예를 선고하고 남편을 석방해 주었습니다.

도대체 이 남편에게 무슨 비전이 있겠습니까. 하지만 "하나님이 짝지어 주신 것을 사람이 나누지 못할지니라"는 말씀에 순종하면(마 19:6), 비록 힘든 가족이지만 함께 살았다는 것만으로 하나님이 그 집안에 모든 좋은 것을 허락해 주십니다. 이것이야말로 드빌을 쳐서 취할 옷니엘을 얻는 길입니다. 대를 이어 하나님의 비전을 이루는 길입니다. 여러분의 배우자와 자녀를 그런 마음으로 끌어안기 바랍니다. 그것이 하나님이 가장 기뻐하시는 비전입니다.

생각만 해도 힘든 사람, 세상 사람들이 다 외면하는 그 사람을 끌어안는 것이 가장 멋진 비전입니다. 같이 자식 낳고 살다가 병에 걸렸다고, 돈을 못 번다고 배우자를 버릴 수 있습니까? 결혼할 때 검은 머리가 파뿌리가 될 때까지 함께하겠다고 서약하지 않았습니까? 그러므로 배우자가 병들고 아파도, 가난해도, 술을 마셔도 오직 "하나님이 짝지어 주신 것을 사람이 나누지 못할지니라"는 말씀에 순종해 살아내는 것, 이것이 거룩한 땅, 비전의 땅을 차지하는 길입니다.

하지만 이미 이혼했다면 이런 말씀에 상처 받지 마십시오. 또 다른 산지가 있을 것입니다. 그곳에서 내 사명을 깨닫고 지금부터 순종하면 됩니다. 그러면 하나님이 책임지십니다.

- 사명도 모르고, 아무 비전도 없이 성적에 맞는 전공, 보수가 많은 직장, 조건에 맞는 결혼을 하고 있습니까? 내가 쳐서 정복해야 할 120개 성읍은 무엇입니까? 120가지 문제가 있는 결혼생활, 직장 생활이라고 해도 하나님이 반드시 비전을 이루실 것을 믿습니까?

비전의 사람은 부족해도 사용하십니다

예루살렘 주민 여부스 족속을 유다 자손이 쫓아내지 못하였으므로 여부스 족속이 오늘까지 유다 자손과 함께 예루살렘에 거주하니라_수 15:63

주님은 "오직 네 하나님 여호와께서 네게 기업으로 주시는 이 민족들의 성읍에서는 호흡 있는 자를 하나도 살리지 말지니 곧 헷 족속과 아모리 족속과 가나안 족속과 브리스 족속과 히위 족속과 여부스 족속을 네가 진멸하되 네 하나님 여호와께서 네게 명령하신 대로 하라"고 말씀하셨습니다(신 20:16~17). 그런데 유다 지파가 '이것 하나쯤

이야' 하고 여부스를 남겨 두었습니다. 이 여부스가 남아서 훗날 다윗을 얼마나 힘들게 했는지 모릅니다(삼하 5장).

인생은 누구도 장담할 수 없습니다. 가장 믿음 좋다는 유다 지파 역시 온전히 정복하지는 못했습니다. "의인은 없나니 하나도 없기" 때문입니다(롬 3:10). 이미 정복했지만 아직 남은 부분이 우리에게 있습니다. 우리는 죄짓는 의인입니다. 주의 은혜로 의인이라 칭함 받은 죄인입니다. 그러나 비록 죄인일지라도 하나님의 말씀을 듣는 자이기에 오늘 회개하고 돌이키면 됩니다.

주님은 부족하더라도 비전을 품은 사람에게 하나님의 행전을 써 가게 하십니다. 그러면 어떻게 기도해야 믿음의 행전을 써 나갈 수 있을까요? 우리는 누가복음 15장의 돌아온 탕자와 같은 마음으로 구해야 합니다.

"내가 일어나 아버지께 가서 이르기를 아버지 내가 하늘과 아버지께 죄를 지었사오니 지금부터는 아버지의 아들이라 일컬음을 감당하지 못하겠나이다 나를 품꾼의 하나로 보소서"(눅 15:18~19).

우리가 이렇게 구할 때, 주님은 내가 원하지 않았던 가락지도 끼워 주시고, 살진 송아지도 잡아 주십니다(눅 15:22~23). 그저 나는 죄인이라고, 품꾼의 하나로 여겨 달라고 하면 하나님이 100% 응답해 주십니다. 그렇게 우리의 행전을 써 나가는 것입니다.

비전이라고 해서 대단하게 생각할 필요는 없습니다. 말이 안 통하는 힘든 식구부터 내 비전의 땅으로 놓고 가십시오. 평생 그 한 사람만 섬긴다고 해도 하나님이 주신 땅이 그곳이라면 어떤 선교보다 위대한 사명입니다. 그 사명을 감당할 때 날마다, 숨 쉬는 순간마다 어려운 일을 만나지만 하나님은 항상 좋은 것으로 우리에게 응답하실 것입니다.

- 나는 부족하지만 아버지 하나님을 의지하여 사명을 감당하고자 노력합니까?

우리들 묵상과 적용

2012년 겨울, 결혼 5년 차인 저희 부부는 난임 판정을 받았습니다. 정상 임신이 불가능한 것은 아니지만 순조롭지 않았기에 의사 선생님은 시험관 아기 시술을 제안했습니다. 하지만 저희 부부는 생명의 잉태와 죽음은 주님의 것이라고 믿었기에 제안을 거절했습니다. 이후 아이 입양 절차를 밟았습니다. 주님이 허락하신 생명이 다른 방법으로 예비되어 있으리라 믿었고, 그 아이가 저희 가정으로 인도될 거라고 생각했습니다. 그러나 그 과정은 아름답지 않았습니다. 입양법의 개정으로 파양 측과 입양 측의 많은 부분을 검증 받아야 했습니다. 시간과 노력을 들여야 하는 일일 뿐 아니라 저의 모든 것을 낱낱이 드러내야 했습니다. 저희 부부의 건강 상태와 직업, 재산, 육아 가치관과 부부 관계 그리고 주변인들의 생각까지 조사관과 상담하고 관련 서류를 제출했습니다. 동시에 입양 결정을 부모님들께 알렸을 때 거센 반대가 있었습니다. "왜 건강한 너희가 남의 아이를 데려다 키워야 하냐"고 물으셨고, 주변의 부정적인 시선에 대한 우려도 표하셨습니다.

입양을 주님이 제게 허락하신 아름다운 헤브론 산지라고 생각했지만, 쉽게 취할 수 있는 것이 아니었습니다(15:13). 서류 제출과 조사관 면담이 있을 때마다 실패할까 봐 두려웠고, 부모님을 설득하는 영적 전쟁을 치러야 했습니다. 게다가 그해는 어렵게 대기업 입사를 이룬 해였기에 직장 생활에도 충실해야만 했습니다. 하나님의 인도하심이 있을 거라고 확신하며 시작한 양육 절차였지만 '왜 일반적이지 않은 일이 내게 일어날까' 하는 의문도 계속되었습니다.

이 힘겹고 지난한 과정이 4개월 정도 된 봄의 길목에서 저희 가정에 오게 될 아기를 미리 만났습니다. 태어난 지 두 달 남짓한 아기였습니다. 너무나 작고 예뻤으며, 천사가 인간의 모습을 한다면 이 아기와 같지 않을까 싶었습니다. 품에 안았을 때 느낀 아기의 작은 움직임은 제 마음에 큰 파도와 같은 감동을 주었고, 벅찬 눈물이 흘렀습니다. 다시 한 번 '이 아이는 주님이 허락하신 헤브론이며, 우리 부부의 축복의 통로가 될 것'이라고 확신했습니다(15:13). 입양 절차의 마무리를 위해 회사의 눈총을 받으면서도 가정법원을 오갔고, 부모님을 수없이 찾아뵙고 설명드렸습니다.

수많은 노력 끝에 저희 부부에게 오게 된 딸은 올해 8살이 되었습니다. 아이의 이름은 '주님의 은혜를 기억하라'는 뜻을 담아 지었습니다. 갈렙이 자기 딸 악사에게 샘물을 주며 축복한 것처럼 하나님이 저에게 허락하신 샘물은 딸을 통해 주님의 은혜를 기억하는 것이라고 생각합니다(15:18~19). 영적 후손을 주신 주께 감사하며 하나님의 말씀으로 딸을 양육하는 아버지가 되겠습니다.

하나님 아버지, 예수님을 믿음으로 약속의 땅에 들어가게 하시더니 이제 수많은 전쟁을 통해 비전을 주겠다고 하십니다. 끝인가 보다 하면 산 넘어 산이라, 읽기도 어려운 수많은 지명을 읽었습니다. 그곳에 나의 사명이 있다고 하시니 끝없는 염해, 죽음의 바다로 둘러싸여 있는 환경이 얼마나 축복인지를 알기 원합니다. 사방이 꽉 막혀 있어도 예루살렘이 있는 그곳, 주의 말씀이 있고 믿음의 공동체가 있는 곳이 진정 축복의 땅인 것을 알게 하옵소서.

제게 허락하신 자리에서 비전을 이루는 한 사람이 되게 하옵소서. 갈렙처럼, 옷니엘처럼 땅을 쳐서 점령하며 비전을 이루는 자가 되게 하옵소서. 특별히 세상에서 갖춘 자가 아니라 함께 사명의 땅을 쳐서 점령할 배우자를 달라고 기도하기 원합니다. 우리의 자녀들을 난공불락의 성 드빌을 쳐서 점령하는 믿음의 증거를 가진 자로 양육하게 하옵소서. 그러기 위해서 먼저 저의 헌신이 있게 하옵소서.

120개 성읍을 유다 지파가 정복했습니다. 저에게 할당된 성읍이 무엇인지 생각해 봅니다. 생각만 해도 숨이 안 쉬어지는 기도 제목이 있습니다. 120가지 문제 속에 있습니다. 도무지 비전이 보이지 않는 가족을 생각하면 막막합니다. 그러나 주님, 그것이 축복이라고 하십니다. 비전이 없다고 생각되는 그 사람들을 끌어안는 것이 비전의 땅을 얻는 길이라고 하십니다.

푸른 목초지가 좋아서 요단 동편에 머물렀던 르우벤은 끊임없이 침략을 받다가 끝내 망했습니다. 돈이 많아서 그것이 길이 되면 주님이 보이지 않을 것입니다. 뇌전증 남편을 다시 받아들이고 눈물로 선처를 호소했다는 부인처럼, 숨이 안 쉬어지는 이 환경에서 비전을 갖기 원합니다. 눈에 보이는 것을 내려놓고 사명을 위해 헌신할 때 반드시 영적 후계자를 주실 것을 믿습니다. 내 자녀, 그 자녀의 자녀가 믿음의 대를 이어 갈 것을 믿습니다. 오늘 내 가정을 비전의 땅으로 품고 기도하며 하나님의 말씀을 적용하게 하옵소서. 순종하게 하옵소서. 예수님 이름으로 기도하옵나이다. 아멘.

Chapter 24

갑론을박 방어전: 어찌함이니이까 여호수아 16~17장

하나님 아버지, 우리에게도 "어찌함이니이까"라는 불평이 많습니다.
요셉 지파에게 주신 말씀을 성령의 감동으로 깨달아
나에게 주신 말씀으로 듣고, 삶에 적용할 수 있도록 도와주시옵소서.
말씀해 주시옵소서. 듣겠습니다.

수년 전 너무나 청초하고 예쁜 한 여배우가 자살했습니다. 그녀는 외모도 아름다울 뿐 아니라 연기도 잘하고 인기도 많아서 모든 것을 가진 듯 보였습니다. 수백만의 사람이 그녀를 추모하며 안타까워했습니다. 그녀가 왜 자살로 생을 마쳐야 했는지 우리는 이해하기가 어렵습니다. 모든 것을 갖춘 그 예쁜 사람이 왜 생명을 버렸을까요.

하나님의 생각은 우리의 생각과 다릅니다

가나안 땅에 들어와 여러 성을 정복하고, 잊을 수 없는 재산목록을 만들고, 13장부터는 땅 분배가 시작되었습니다. 안식을 누리려면 땅 분배가 참 중요하기에 많은 지면을 할애해서 기업 분배 이야기를 다루고 있습니다.

이스라엘의 육적 장자인 르우벤 지파는 요단을 건너기 전 요단 동편의 아름다운 땅을 보고 그 땅을 요구합니다. 갈렙과 유다 지파는 힘든 헤브론 산지와 120개의 성읍을 분배 받았습니다. 이제 이스라엘의 실질적인 장자라고 할 수 있는 요셉 지파에게 땅이 분배됩니다. 그런데 그들은 "왜 한 분깃만 주느냐" 하며 "어찌함이니이까?"라고 불평합니다(17:14). 우리가 존경하는 요셉 지파인데, 왜 이런 불평이 나왔을까요?

요셉은 본래 잘난 사람이 아닙니다. 조강지처에게서 난 아들도 아니고 둘째 부인에게서 난 열한 번째 아들입니다. 그런데도 에브라임과 므낫세, 이렇게 두 지파의 분깃을 받았습니다. 그것도 가장 비옥한 땅입니다. 므낫세 반 지파는 이미 요단 동편의 광활한 땅을 받았습니다. 비교할 수 없이 많은 땅을 받았다고 할 수 있는데, 이들이 무엇 때문에 이만큼 받았습니까? 바로 요셉의 공로 때문입니다.

요셉은 애굽 총리로 있을 때 가족을 기근에서 구제하여 형제들을 살렸습니다. 그런 요셉의 공로를 하나님이 잊지 않으시고 후손들에게 복을 주십니다. 하나님은 아무런 공로 없는 우리에게 구원을 선물로 주실 뿐만 아니라 우리의 수고를 기억하셔서 후손들을 축복하십니다. 요셉을 실질적 장자로 세우고 축복하신 것처럼 자격 없는 우리를 하나님의 장자로 삼아 주셔서 하나님 나라의 기업을 얻게 하십니다.

믿음의 조상이 있는 것은 축복 중의 축복입니다. 그래서 그 축복을 받지 못한 당대신앙인들에게는 주님이 공평하게 더 멋진 은사를 주시는 것 같습니다. 공영방송에 출연할 정도로 인기인이신 장경동 목사님, 설교의 달인이신 이동원 목사님도 당대신앙인입니다. 반면에 모태신앙인 중에는 뜨뜻미지근한 사람이 참 많습니다. 그렇다 해도 요셉의 공로로 그 후손들이 축복 받은 것을 보면 믿음의 조상이 얼마나 중요한지 알 수 있습니다. 믿음의 조상은 축복의 통로입니다. 이 사실을 함부로 간과해서는 안 됩니다.

• 모태신앙인으로서 어려서부터 말씀을 듣고 교회에서 생활한 것이 축복임을 알고 있습니까? 그 축복을 소홀히 여기며 미지근한 신앙생활을 하고 있지는 않습니까? 당대신앙인이라면 내가 어떤 믿음의 조상이 될지 자신을 돌아보며 기도하십시오.

1 요셉 자손이 제비 뽑은 것은 여리고 샘 동쪽 곧 여리고 곁 요단으
로부터 광야로 들어가 여리고로부터 벧엘 산지로 올라가고 2 벧엘
에서부터 루스로 나아가 아렉 족속의 경계를 지나 아다롯에 이르고
3 서쪽으로 내려가서 야블렛 족속의 경계와 아래 벧호론과 게셀에
까지 이르고 그 끝은 바다라 4 요셉의 자손 므낫세와 에브라임이 그
들의 기업을 받았더라 5 에브라임 자손이 그들의 가족대로 받은 지
역은 이러하니라 그들의 기업의 경계는 동쪽으로 아다롯 앗달에서
윗 벧호론에 이르고 6 또 서쪽으로 나아가 북쪽 믹므다에 이르고 동
쪽으로 돌아 다아낫 실로에 이르러 야노아 동쪽을 지나고 7 야노아

에서부터 아다롯과 나아라로 내려가 여리고를 만나서 요단으로 나
아가고 8 또 답부아에서부터 서쪽으로 지나서 가나 시내에 이르나
니 그 끝은 바다라 에브라임 자손의 지파가 그들의 가족대로 받은
기업이 이러하였고 9 그 외에 므낫세 자손의 기업 중에서 에브라임
자손을 위하여 구분한 모든 성읍과 그 마을들도 있었더라 10 그들
이 게셀에 거주하는 가나안 족속을 쫓아내지 아니하였으므로 가나
안 족속이 오늘까지 에브라임 가운데에 거주하며 노역하는 종이 되
니라_수 16:1~10

요셉의 맏아들인 므낫세 지파가 아니라 차자인 에브라임 자손부터 요단 서편 땅의 기업을 분배 받습니다. 여호수아 17장 1절에 가서야 "므낫세 지파를 위하여 제비 뽑은 것은 이러하니라"라는 말씀이 나옵니다. 우리 생각으로는 장자인 므낫세가 먼저 땅을 분배 받는 것이 당연지사인데, 하나님의 생각은 우리와 다릅니다. 야곱도 열한 번째 아들인 요셉에게 두 분깃을 축복했고, 요셉 자손 중에서도 맏아들 므낫세가 아닌 차자 에브라임을 먼저 축복했습니다.

요셉은 애굽 총리가 되어서 온 가족을 먹여 살리고, 자신을 시기하여 팔아넘긴 형들까지도 용서했습니다. 평생 착하고 의롭게 살아온 인물입니다. 창세기 48장에 보면, 야곱은 그런 요셉에게 므낫세와 에브라임을 자신의 양자 삼아 두 분깃의 기업을 주리라고 약속하면서 "네 아들들을 데리고 나아오라"고 합니다. 그러자 요셉이 장자 므낫세를 야곱의 오른편에, 둘째 에브라임을 왼편에 앉힙니다. 당시 누

군가를 축복할 때 오른손을 얹어 안수하는 전통이 있었기 때문입니다.

그런데 눈이 안 보이는 야곱이 손을 엇갈려 에브라임에게 오른손을, 므낫세에게 왼손을 얹자 요셉은 야곱을 다급히 막으며 "그리 마옵소서!" 합니다. 자리를 잘못 잡았다는 것입니다. 그러자 야곱은 "나도 안다, 아들아" 하면서 "아우가 형보다 더 큰 자가 되리라"며 에브라임을 앞세웁니다. 성경에서는 이때 요셉이 "기뻐하지 아니하였다"고 기록합니다(창 48:17). 선한 요셉이 아버지 야곱이 하는 일을 인정하지 못했습니다. 하나님의 생각이 100% 옳으신 것을 의로운 요셉이 인정하지 못했습니다.

모 방송국 PD가 쓴 글을 보았습니다. 그가 500명의 로또 당첨자를 취재하고자 했는데 단 한 명도 소재지를 파악할 수 없었다고 합니다. 복권에 당첨되어 갑자기 큰돈이 생기자 생업을 내팽개치고 자취를 감춘 사람이 한둘이 아니었답니다. 생선 가게를 하던 한 당첨자는 가게도 버려둔 채로 사라져 버리고, 다른 당첨자는 동생이 사업자금을 달라고 자꾸 찾아오자 언론에 자신을 노출하기를 꺼렸습니다.

그런데 그중 2등 당첨자인 한 사람만 취재에 응했습니다. 40대 회사원인 그는 지방 언덕배기 동네의 작은 빌라에 살고 있었습니다. 당첨금으로 총 3,100만 원을 받았는데 지금은 다 쓰고 남은 돈이 없다고 했습니다. 어떻게 썼는가 보니, 평소 "내가 복권에 당첨되면 너에게 천만 원 줄게"라며 우스갯소리를 건넸던 친구에게 약속을 지키려고 정말 천만 원을 주었다고 합니다. 그리고 남은 2,100만 원은 방송을 통해 난치병에 걸린 한 아이의 사연을 보고서 치료비로 쾌척했습니다. PD가 행여 모르는 재산이 있나, 그럴 만한 애틋한 사연이 있는가 해서 자세히 그를 조사해 보아도 별 재산도, 사연도 없었습니다. "당첨금을 그렇게 쓸 때 가족이 반대하지 않았는가?" 물었더니 "아니오, 부인도 그러자고 하던데요. 아들은 박수를 치며 좋아했습니다" 대답하더랍니다. 도대체 그 이유를 물으니, 그가 이렇게 말했습니다.

"그 돈이 내 것 같지 않더라고요. 제가 복권을 사기는 했지만 막상 거금이 주어지니까 제 돈 같게 느껴지지 않았습니다. 그래서 다 줘버리니 오히려 마음이 편했어요."

그러고는 한 통의 편지를 PD에게 내밀었습니다. 이 당첨자 부부가 난치병 아이를 위해 익명으로 성금을 냈는데, 방송국을 통해 아이의 어머니가 감사의 편지를 보내온 것입니다. 편지를 내미는 부부의 표정이 쑥스러움에서 자랑스러움으로 바뀌면서 얼굴에서 빛이 났습니다. 부부는 그 아이와의 연을 계속 이어 가며 겨울에는 아이 집에 난방시설을 설치해 주고 명절에는 과일을 선물하기도 했습니다. PD의 표현을 빌려 '남 좋은 일에 당첨금을 쓴 대책 없는 이 신기한 사람들'은 마냥 신이 나 보였다고 합니다. 그들은 마지막으로 이렇게 말했습니다.

"조금만 버리면 마음이 편해요."

PD가 부부에게 그동안 방송 출연을 피하다가 왜 이제야 모습을 드러냈는지 물으니 난치병 아이에게 더 도움을 주고 싶어서 그랬다는 겁니다. PD는 '그렇게 부부가 한 차례 더 자신을 버리는 모습을 보았다'면서 글을 맺었습니다.

힘의 논리로 생각한다면 어떻게 그 큰돈을 내 돈이 아니라며 포기할 수 있겠습니까? 당첨금이 몇억, 몇천이 아니라 몇백만 원이라 해도 빼앗기지 않으려고 당장 움켜쥐지 않겠습니까?

요셉도 매사 힘의 논리로 생각했기에 동생이 먼저라는 것을 인정하기가 쉽지 않았습니다. 그런데 하나님은 동생을 인정하는 것이 믿음이라고 하십니다. 그것이 하나님을 인정하는 것이라고 하십니다.

동생이 공부를 더 잘해도, 직장이 더 좋아도, 돈을 더 잘 벌어도 인정해야 합니다. 반대로 형이 그렇다면 동생으로서 형을 인정해야 합니다. 자꾸 강함을 강함으로 이기려니까 유혹이 오고 시험에 듭니다. '형이 공부를 잘하니까 나도 공부를 잘해서 이길 테야!' 이렇게 세상의 강함으로 이기고 또 이기려고 하니 하루하루가 비참합니다.

형인 나보다 동생이 잘난 것을 어떻게 인정하겠습니까? 야곱의 넷째 아들 유다처럼 육이 무너지지 않으면 도무지 인정할 수 없습니다. 창세기 38장, 유다의 이야기를 찾아보십시오. 며느리 다말이 가문의 대를 잇기 위해서, 예수님의 계보를 잇기 위해서 수치를 무릅쓰고 시아버지 유다와 동침합니다. 유다가 이것을 알고 어찌합니까? 유다는 "그는 나보다 옳도다"라고 인정합니다(창 38:26). 하나님은 100% 옳으시다고 인정합니다. 그런데 요셉은 아버지 야곱을 인정하지 않습니다. 평생 착하게 살다가 결정적일 때 아버지가 틀렸다며 자기 생각을 내세웁니다. 하나님의 옳으심을 인정한 유다와 그러지 못한 요셉은 비교가 안 됩니다.

의로운 요셉이 이렇게 마지막에 하나님의 주권을 저버리고 자기 생각을 주장했기에, 여호와의 규가 유다에게 넘어갔습니다. 이후 요셉의 후손은 두고두고 유다를 넘어서지 못했을 뿐만 아니라 괴롭히기까지 했습니다. 성경의 이야기가 그렇습니다. 훗날 북이스라엘로 갈라져서 예수님의 계보를 잇는 남유다를 끊임없이 괴롭힌 족속이 바로 요셉 지파였습니다. 영적 교만이 가장 무섭습니다. 요셉이 어쩌다 실수한 것이 아닙니다.

교양이 있다고 구원되는 것이 아닙니다. 선하다고 구원되지 않습니다. 믿음으로 이기는 것이 진짜입니다. 믿음으로 이기는 것은 무엇이든 인정하는 것입니다. 하나님의 옳으심을 믿기에 빨리빨리 포기하고 버리는 것입니다.

지질한 유다는 빨리 인정하는데, 잘나고 의로운 요셉은 인정이 안 됩니다. 야곱이 그것을 깨닫고 마지막에 요셉이 아닌 유다를 예수님의 조상으로 축복하고 갔습니다(창 49:9~12). 하나님의 생각과 우리의 생각은 다릅니다. 요셉이 잘나서 실질적 장자가 됐습니까? 에브라임이 잘나서 형보다 앞서 축복을 받았습니까? 하나님의 전적인 선택입니다. 하나님의 주권을 인정해야 합니다.

- 남은 인정해도 내 형제가 잘난 것은 인정이 안 됩니까? 그것이 하나님을 인정하지 못하기 때문임을 알고 있습니까?

하나님은 차별하지 않으십니다

1 므낫세 지파를 위하여 제비 뽑은 것은 이러하니라 므낫세는 요셉
의 장자였고 므낫세의 장자 마길은 길르앗의 아버지라 그는 용사였
기 때문에 길르앗과 바산을 받았으므로 2 므낫세의 남은 자손을 위
하여 그들의 가족대로 제비를 뽑았는데 그들은 곧 아비에셀의 자손
과 헬렉의 자손과 아스리엘의 자손과 세겜의 자손과 헤벨의 자손과
스미다의 자손이니 그들의 가족대로 요셉의 아들 므낫세의 남자 자
손들이며 3 헤벨의 아들 길르앗의 손자 마길의 증손 므낫세의 현손
슬로브핫은 아들이 없고 딸뿐이요 그 딸들의 이름은 말라와 노아와
호글라와 밀가와 디르사라 4 그들이 제사장 엘르아살과 눈의 아들
여호수아와 지도자들 앞에 나아와서 말하기를 여호와께서 모세에
게 명령하사 우리 형제 중에서 우리에게 기업을 주라 하셨다 하매
여호와의 명령을 따라 그들에게 그들의 아버지 형제들 중에서 기
업을 주므로 5 요단 동쪽 길르앗과 바산 외에 므낫세에게 열 분깃이
돌아갔으니 6 므낫세의 여자 자손들이 그의 남자 자손들 중에서 기
업을 받은 까닭이었으며 길르앗 땅은 므낫세의 남은 자손들에게 속
하였더라_수 17:1~6

므낫세 지파의 반은 요단 동편에서 먼저 기업을 받았고, 이제 나머지 반이 요단 서편, 진짜 약속의 땅을 기업으로 받습니다. 그런데 어떤 사람이 기업을 차지했는가 보니, 성경에 자주 등장하는 '슬로브핫

의 딸들'입니다. 이들은 여호수아서뿐만 아니라 민수기, 역대상에서도 나옵니다. 슬로브핫의 딸들로만 칭하지 않고 한 사람, 한 사람의 이름이 전부 기록돼 있습니다. 연약한 여자라고 해도 믿음으로 나아갈 때, 살인자이든지 간음한 사람이든지 하나님은 차별하지 않고 받아들여 주십니다.

슬로브핫의 딸들은 '약속의 말씀'에 의거해서 기업을 요구하고 받습니다. 그렇다고 해서 당장 그들의 기업이 된 것은 아닙니다. 모두 '명령을 따라 얻어야 할' 땅입니다. 갈렙이 그랬듯 슬로브핫의 딸들도 무작정 좋은 땅을 달라고 하지 않습니다. 하나님의 약속에 의거해서, 우리가 여자이지만 명령을 따라 그 땅을 얻을 수 있다고 합니다. 그런데 요셉의 자손들은 어떻습니까?

> 14 요셉 자손이 여호수아에게 말하여 이르되 여호와께서 지금까
> 지 내게 복을 주시므로 내가 큰 민족이 되었거늘 당신이 나의 기업
> 을 위하여 한 제비, 한 분깃으로만 내게 주심은 어찌함이니이까 하
> 니 15 여호수아가 그들에게 이르되 네가 큰 민족이 되므로 에브라임
> 산지가 네게 너무 좁을진대 브리스 족속과 르바임 족속의 땅 삼림에
> 올라가서 스스로 개척하라 하니라 16 요셉 자손이 이르되 그 산지는
> 우리에게 넉넉하지도 못하고 골짜기 땅에 거주하는 모든 가나안 족
> 속에게는 벧 스안과 그 마을들에 거주하는 자이든지 이스르엘 골짜
> 기에 거주하는 자이든지 다 철 병거가 있나이다 하니_수 17:14~16

불평이 딱 나왔습니다. 갈렙이나 슬로브핫의 딸들과는 매우 대조적입니다. 많은 축복을 받고도 "왜 나한테는 한 분깃만 주느냐?"고 따져 듭니다. 그러자 여호수아가 "네가 받은 땅이 좁다면 스스로 개척하라!"고 처방을 내립니다.

그러자 또 어찌 반응합니까? "산지는 넉넉하지 못하고, 골짜기 땅에 거주하는 모든 가나안 족속에게는 철 병거가 있다"고 말합니다. 불평하는 사람의 특징이 무엇입니까? 그들은 항상 핑곗거리가 많습니다. 요셉의 후손들은 자신을 차별화합니다. "우리는 다른 지파들과 다르다!" 이겁니다. 자신들을 늘 윗자리에 놓고 한편으로는 비겁한 모습을 보이면서 철 병거를 핑계 댑니다.

지금 요셉 지파는 영의 직분을 빙자하여 육의 직분을 요구하고 있습니다. 화장실 청소 같은 힘든 일은 하기 싫고, 마땅한 봉사도 하지 않으면서 직분만 달라고 하는 것이죠. 사실 누구에게나 이런 마음이 있습니다. 그렇다 해도 훌륭한 요셉 지파가 이러는 것은 아니죠. 많은 축복을 받았는데도 불평만 늘어놓고, 네가 개척해서 얻으라고 하니까 철 병거를 핑계로 "나는 못 해" 합니다. 직분을 원해서 막상 일을 맡겼더니 "아유, 나는 아이들 입시 때문에 안 돼. 남편 밥해 줘야 해" 하면서 자녀 철 병거, 남편 철 병거 핑계를 대는 겁니다. 갈렙이 힘든 헤브론을 달라고 자청하는 것을 보면서도 전혀 은혜 받지 못합니다.

주로 요셉처럼 잘난 사람들이 그렇습니다. "내가 어떤 사람인데! 내가 왜 갈렙의 간증을 들어야 해? 내가 왜 교회에 와서 화장실 청소를 해?" 불평하면서 "말이면 바로 해 봐. 우리가 누구 때문에 가나안에 들어올 수 있었어? 다 여호수아 덕분인데 그 여호수아가 바로 요셉 지파라 이거야" 이러는 겁니다. "우리 큰아버지가 사장인데, 우리 아버지가 국회의원인데 내가 왜 한 분깃만 받느냐고요! 어찌함이니이까!"

요셉 지파가 후대에 와서 이상해진 것이 아닙니다. 앞서 이야기했듯 요셉은 하나님의 구속사를 이해하지 못했습니다. 맏아들을 축복하든지 둘째 아들을 축복하든지 그것은 하나님의 주권이요 하나님의 주권은 절대적인데, 하나님을 상징하는 야곱을 요셉은 틀렸다고 했습니다. 인생을 자기 뜻대로 살 수 있다고 생각하기에 그렇습니다.

육이 무너지는 만큼 영이 세워집니다. 육이 무너질 대로 무너진 유다는 하나님의 주권을 인정할 수밖에 없었습니다. 그러나 요셉은 육이 무너져 본 경험이 없었습니다. 보디발 아내의 유혹도 물리치고, 애굽 총리 자리에 올라 가족을 책임지며, 자신을 팔아넘긴 형제들도 용서했습니다. 그러다 보니 자기 생각만 옳다고 생각했습니다.

가진 것 없는 사람들은 아무리 핍박 받아도 교회에 잘 나옵니다. 핑계가 없습니다. 그런데 남편의 지위가 대단하고 환경이 좋은 사람은 남편이 조금만 싫어해도 교회에 나오지 않습니다. 그래서 유다 자손인 것이 축복입니다.

제가 그랬습니다. 누가 성경공부 모임에 나오라고 하면 "나처럼 시집살이해 보세요. 성경공부 갈 시간이 있겠습니까" 이랬습니다. 지금 생각하면 다른 곳도 아니고 교회에 간다는데 무슨 큰일이 났겠습니까. 그때 저는 예수님 때문에 시댁에 순종한 것이 아니었습니다. 기득권을 포기하지 못해서 그저 맹종한 것이죠. '내가 이 집에서 쫓겨나면 어떻게 먹고살 것인가. 남편한테 흠이 잡히면 안 되는데……' 이러면서 믿음을 빙자해서 숨고 싶었습니다. 제가 바로 그런 사람이었습니다. 제가 요셉처럼 살아 봤기에 정말 잘 압니다.

귀스타브 도레(Gustave Doré)의 〈야곱과 에서의 만남〉이라는 그림을 보고 은혜를 많이 받았습니다. 야곱이 팥죽 한 그릇으로 형 에서에게서 장자의 명분을 산 후 도망치듯 고향을 떠났다가 20년 만에 두 명의 부인과 두 여종, 열한 명의 아들을 데리고 돌아옵니다. 에서가 너무 무서웠던 야곱은 부인과 자녀들을 먼저 보내고 얍복 나루에 홀로 남았다가 하나님의 천사와 씨름합니다. 그리하여 야곱이 이스라엘이 되는 역사가 일어나죠.

야곱은 사백 명의 장정을 거느리고 온 에서를 보고는 맨 앞에 여종들과 그 자식들을 세우고, 그다음에는 레아와 그 자식들, 마지막으로 라헬과 요셉을 세웁니다. 자기 마음 가는 대로 순서를 정하여 가장 사랑하는 라헬과 요셉을 맨 마지막에 세운 것입니다. 그 후 드디어 야곱과 에서가 만나는 장면이 그림의 내용입니다.

그림을 자세히 보면 야곱과 모든 일행이 에서에게 잘못을 빌고 있습니다. 그런데 그 가운데서 당당히 서서 에서를 쳐다보는 사람이 있으니, 바로 '레아'입니다. 레아는 권위 있게 정면으로 에서를 쳐다봅니다. 반면에 야곱이 그토록 사랑한 라헬은 남편이 용서를 빌든지 말든지 요셉만 쳐다보고 있습니다. 저는 이 그림의 표현이 정확하다고 생각합니다.

레아는 야곱의 첫째 부인입니다. 그녀에게서 난 맏아들 르우벤은 아버지의 첩 빌하와 동침하는 수치스러운 죄를 저질렀습니다. 그녀의 둘째 아들 레위와 셋째 시므온은 보복을 명분으로 살인을 저질렀습니다. 넷째 아들 유다는 며느리 다말과 간음했습니다. 야곱은 오로지 라헬에게 마음이 빼앗겨 있었기에 그녀는 남편의 사랑도 받지 못했습니다. 아들 유다의 혈통에서 예수가 오신다고 하나님이 약속해 주셨지만, 그녀는 살아생전 남이 부러워할 만한 그 무엇도 누리지 못했습니다. 한마디로 좋은 꼴을 못 봤습니다.

반면에 라헬은 죽을 때까지 야곱의 사랑을 받았습니다. 그러나 그렇게 사랑 받았어도 자녀를 낳지 못했습니다. 사랑 받지 못하는 레아는 야곱과 동침만 하면 아들을 낳는데, 자신은 자녀를 낳지 못하니 레아를 시기합니다. 야곱이 "그대를 임신하지 못하게 하시는 이는 하나님이시니 내가 하나님을 대신하겠느냐?"고 짜증을 낼 정도로 라헬은 불평불만이 많았습니다(창 30:1~2).

저는 요셉의 후손이 "어찌함이니이까" 하고 불평하는 것이 꼭 라헬을 닮았다고 생각합니다. 그래서 모든 일은 내가 살아온 날의 결론입니다. 요셉의 후손이 잘난 것이 무엇입니까? 그저 조상 잘 둔 것밖에 없는데 그 덕에 고생을 안 하니까 "어찌함이니이까?" 하며 불평이 터져 나옵니다. 집안 자랑하기 바쁘고 기득권을 내세우면서 혈통만 따지니까 '어찌함이니이까'가 나옵니다. 사건이 왔을 때 "왜요? 어찌함이니이까?" 한다면, 이것은 하나님의 주권을 인정하지 않는 교만입니다. 하나님을 진정 신뢰하는 사람은 "이 일은 있어야 할 일이다" 하며 인정합니다.

하나님의 일은 정말 알 수 없습니다. 왜 하나님은 라헬을 사랑 받게 하시고, 그 소생인 요셉에게도 큰 축복을 허락하셨을까요? 너무 부러운 모자(母子)라고요? 그런데 후대로 내려오면서 레아의 소생이요, 문제 많던 유다를 점점 드러나게 하시더니 그 유다에게서 다윗이 나게 하시고 마침내 예수님이 오십니다. 요셉은 너무 훌륭했지만, 그 훌륭한 조상 덕분에 배부르고 등 따뜻하게 산 후손들은 라헬을 넘어서지 못합니다.

큐티를 할 때 "왜?"라고 질문하며 묵상해 보십시오. "나는 요셉 자손들처럼 불평하지 말자. 우리는 무엇이든지 감사해야 해!" 이런 적용만으로는 안 됩니다. 그런다고 감사가 됩니까? 요셉 자손을 묵상하면서 "내가 라헬보다 더한 사람이구나" 깨달아져야 합니다. 그래야 말씀을 내 삶에 적용할 수 있습니다.

"하나님이 믿음의 부모님을 주시고, 이만큼 나를 지켜 주셨는데 내가 얼마나 돈의 철 병거, 자녀의 철 병거를 핑계 삼고 있는가?" 이것을 깨닫고 돌이키는 것이 적용입니다. 직분이 주어져도 "아이들 때문에, 시부모님 때문에, 남편 때문에 안 돼요. 내 형편이 돼 보세요!!" 한다면, 내가 바로 요셉 지파 같은 사람입니다. 아무리 주고, 또 줘도 철 병거 때문에 안 된다고 불평하고 핑계 대는 것이 우리 모습입니다. 라헬과 요셉이 따로 없습니다.

아무리 힘들어도, 남편의 사랑을 못 받아도 레아처럼 자기 자리를 지키는 것이 후손을 지키는 길입니다. 아무리 좋아 보여도 라헬처럼 조강지처 자리를 탐내서도 안 됩니다. 부부는 하나님의 언약으로 맺어진 관계이기 때문입니다.

• 도덕적으로 흠이 없어서, 이 교회를 오래 다녀서, 출신이 달라서 언제나 나는 특별한 대우를 받아야 한다고 생각하지는 않습니까? 스스로 개척하라, 헌신하라고 하시는 말씀에 어떤 철 병거를 핑계 대고 있습니까?

연약해도 끝까지 내 사람입니다

죄는 사람이 하나님이 되고자 하는 것입니다. 사탄은 끊임없이 우리가 하나님이 될 수 있다고 세뇌합니다. 그래서 착한 사람보다도 부지런하고 영악한 사람이 이 세상에서 승리합니다. 내가 하나님이 되려니 얼마나 열심히 살아야 하겠습니까. 부지런한 사람의 대표가 바로 요셉이라고 할 수 있습니다.

진정 연약한 사람은 이방인인 갈렙이나 여인인 슬로브핫의 딸들이 아니라 요셉의 후손 같은 자들입니다. 말도 많고, 불평도 많고, 지도자를 우습게 아는 사람들…… 그들이야말로 상처가 많은 자들입니다. 저는 이것이 라헬에서부터 비롯된 상처라고 생각합니다. 본처 레아에게서 야곱을 빼앗은 라헬 할머니의 열등감이 그 후손에게까지 이어진 것입니다.

착하고 부지런하게, 완벽주의를 부르짖으면서 열심히 살다가 자살한 사람이 얼마나 많습니까. 대법관, 대기업 총수, 어여쁜 배우에 이르기까지, 누구보다 열심히 살던 사람들이 스스로 목숨을 끊었습니다. 문제 앞에서 "어찌함이니이까"를 부르짖다가 내 힘으로 해결이 안 되니까 스스로 생을 마감했습니다.

이런 사람들이 우리 옆에 얼마나 많습니까? 요셉처럼 아무리 착하고 완벽한 사람일지라도 주님을 내 마음속에 모시지 않는다면, 그 착함은 그저 악(惡)일 뿐입니다. 말씀이 없는 선(善)과 완벽주의는 악입니다. 늘 칭찬 받으며 완벽한 모습만 보여 주려니 얼마나 삶이 고되겠습니까.

"당신의 선함은 악이다"라는 이야기를 들었다면 그 아름다운 여배우도 자살을 택하지 않았을 것입니다. 모두에게 칭찬 받는 것이 좋은 게 아닙니다. 그것은 악입니다. 착한 사람은 연약해서 스스로를 괴롭게 합니다. 남에게 폐를 끼치는 것을 견디지 못하고 '내 외로움을 누가 알겠어' 홀로 끙끙대다 죽어 갑니다. 아깝게 세상을 떠난 여배우만 해도 얼마나 많이 갖추었습니까. 그녀의 외모나 분위기만 가져도 세상 부러울 게 없을 것 같은데 너무 반듯한 사람이라 자신의 연약함을 터놓지 못했습니다. 내 옆에도 죽어 가는 사람이 있습니다. 자신의 아픔을 누구에게도 이야기하지 못해서 죽어 갑니다.

힘들지 않은 사람은 아무도 없습니다. 언제든 비는 내립니다. 비가 내릴 때를 대비해서 우산을 준비하면 됩니다. 혹시 내게 우산이 없을지라도 옆에 우산을 든 사람에게 가서 같이 비를 피하면 됩니다. 그런데 '내 인생에는 쨍쨍한 햇빛밖에 없어' 하면서 절대로 우산을 준비하지 않는 사람이 있습니다. 비가 와도 우산을 든 사람에게 절대로 가지 않습니다. 공동체에 들어가지 않습니다. 그래서 내리는 비를 한없이 맞다가 감기에 걸리고 그것이 중병이 됩니다. 현대 사회에서 우울증은 누구에게나 찾아오는 감기와 같은 질병입니다. 꽁꽁 싸매 두지 말고 도움을 청하십시오.

내 옆에 모든 것을 갖추고도 병들어 가는 사람은 없는지 잘 살펴보기 바랍니다. 어떻게 하면 저 사람을 도울까 생각만 하지 말고 직접 찾아가십시오. 하나님의 사랑을 구체적인 행함으로 전하십시오. 복음밖에는 길이 없습니다.

- 요셉처럼 되고 싶어서, 늘 인정과 칭찬을 받고 싶어서 스스로를 괴롭히고 있습니까?
- 요셉처럼 완벽해 보이는 배우자, 친구에게 어떤 상처와 괴로움이 있는지 파악하고 있습니까? 그들이 하나님 앞에서 자신의 솔직한 모습을 볼 수 있도록 기도하며 돕고 있습니까?

7 므낫세의 경계는 아셀에서부터 세겜 앞 믹므닷까지이며 그 오른
쪽으로 가서 엔답부아 주민의 경계에 이르나니 8 답부아 땅은 므낫
세에게 속하였으되 므낫세 경계에 있는 답부아는 에브라임 자손에
게 속하였으며 9 또 그 경계가 가나 시내로 내려가서 그 시내 남쪽에
이르나니 므낫세의 성읍 중에 이 성읍들은 에브라임에게 속하였으
며 므낫세의 경계는 그 시내 북쪽이요 그 끝은 바다이며 10 남쪽으

로는 에브라임에 속하였고 북쪽으로는 므낫세에 속하였고 바다가
그 경계가 되었으며 그들의 땅의 북쪽은 아셀에 이르고 동쪽은 잇
사갈에 이르렀으며 11 잇사갈과 아셀에도 므낫세의 소유가 있으니
곧 벧 스안과 그 마을들과 이블르암과 그 마을들과 돌의 주민과 그
마을들이요 또 엔돌 주민과 그 마을들과 다아낙 주민과 그 마을들
과 므깃도 주민과 그 마을들 세 언덕 지역이라 12 그러나 므낫세 자
손이 그 성읍들의 주민을 쫓아내지 못하매 가나안 족속이 결심하고
그 땅에 거주하였더니_수 17:7~12

요셉만 연약한 게 아닙니다. 15장 63절에 보면 유다 자손도 여부스 족속들을 쫓아내지 못했고, 16장 10절에서는 에브라임 지파가 게셀의 가나안 족속을 쫓아내지 못했다고 합니다. 므낫세 자손도 여러 성읍의 가나안 족속을 쫓아내지 못했다고 합니다. 그런데 내가 쫓아내지 못하니까 가나안 사람들이 '결심하고' 그 땅에 거합니다. 세상 세력, 부귀영화를 좋아하는 내 속의 세력을 쫓아내지 못하니까 그것이 결심하고 내 안에 거한다는 것입니다.

상대는 항상 나의 태도를 보고 결심합니다. 부모님이, 배우자가 왜 아직 예수님을 안 믿는 줄 아십니까? 내가 가나안 세력을 쫓아내지 못하기 때문입니다. 말로는 남편이 예수 믿으면 좋겠고, 부인이 예수 믿으면 좋겠다고 하지만 아직도 내가 세상을 너무 좋아하기 때문입니다. 돈이 좋고, 보석이 좋고, 명문대가 좋고……. 배우자가, 가족들이 그런 나 때문에 예수님을 못 믿습니다. 내가 입으로만 전도하고 있

다는 걸 그들이 더 잘 압니다.

- 신앙생활을 오래하고 날마다 큐티하면서도 내가 쫓아내지 못하는 가나안 세력은 어떤 것이 있을까요. 돈의 가나안, 쾌락의 가나안, 체면의 가나안이 결심하고 내 속에서, 내 가정에서 떠나지 않는 것이 나의 우유부단함과 욕심 때문인 것을 인정합니까?

> 이스라엘 자손이 강성한 후에야 가나안 족속에게 노역을 시켰고 다 쫓아내지 아니하였더라_수 17:13

그 전까지는 아무 일도 시키지 못하고 도리어 종노릇을 하다가 이스라엘 백성이 강성한 후에야 가나안 족속들을 노역시켰다고 합니다. 그러나 근본적으로 가나안 사람은 노역을 시킬 대상이 아니라 쫓아내야 할 대상입니다.

남편이 병원을 운영할 때 여러 간호사를 접해 보았습니다. 어떤 간호사는 일을 참 잘합니다. 이때 일을 잘한다는 것은 산모들에게 제왕절개 분만을 유도하여 병원에 이익을 가져다주는 것을 말합니다. 사생활이 문란하거나 거짓된 사람이라도 병원에 당장 이익을 가져다주니까 원장인 남편도 그런 직원에게는 아무 말 안 합니다. 제가 옆에서 "저 사람은 진실하지 못하다"라고 이야기하면, 저보고 "당신이 병원 운영해서 날 먹여 살려라. 도대체 당신이 할 줄 아는 게 뭐냐!"라고 야단을 쳤습니다. '저러면 안 되는데, 안 되는데……' 하면서도 병원수입을 올려 주니까 쫓아내지 않고 노역을 시킵니다. 우리에게도 그런 연약함이 참 많습니다.

> 17 여호수아가 다시 요셉의 족속 곧 에브라임과 므낫세에게 말하여
> 이르되 너는 큰 민족이요 큰 권능이 있은즉 한 분깃만 가질 것이 아
> 니라 18 그 산지도 네 것이 되리니 비록 삼림이라도 네가 개척하라
> 그 끝까지 네 것이 되리라 가나안 족속이 비록 철 병거를 가졌고 강
> 할지라도 네가 능히 그를 쫓아내리라 하였더라_수 17:17~18

그런데 중요한 것은 요셉처럼 연약한 사람들이 내 가족으로 곁에 있다는 것입니다. 죽을힘을 다해서 전도해도 철 병거를 핑계 대고, 끊임없이 시기 질투하고, 세상 세력을 쫓아내지 못하는 사람들이 내 배우자, 내 자녀, 목장의 일원으로 있습니다. 여러분은 어떻게 하겠습니까?

여호수아는 같은 이스라엘의 한 지파인 요셉 자손을 격려합니다. 연약하다고 해도 내 식구이기에 "너희는 큰 민족이다. 그들이 철 병거를 가졌을지라도 너희는 능히 쫓아낼 수 있다"라고 힘을 주며 다독입니다. 이런 여호수아의 마음이 얼마나 아팠을까요.

사실 여호수아가 이렇게 격려했어도 요셉 지파는 달라지지 않았습니다. 아무리 여호수아가 그들을 격려하고 보듬으며 이해해 주었어도, 결국 그들은 남유다를 괴롭히는 북이스라엘이 되었습니다. 다시 이스라엘이 합쳐졌을 때는 열두 지파에서 아예 사라져 버렸습니다. 그러나 놀랍게도 요한계시록의 새 하늘과 새 땅을 이루는 열두 지파에 요셉

지파가 회복되어 등장합니다(계 7:8). 그래서 마지막이 중요합니다.

요셉 지파처럼 '어찌함이니이까' 불평하는 인생을 살아서는 안 됩니다. 여호수아는 지도자로서 남자 형제 하나 없는 슬로브핫의 딸들도 불쌍하고, 힘든 일을 자청한 갈렙을 보면서도 가슴 아팠을 것입니다. 하지만 그들은 다 자기 분깃을 찾아서 하나님을 만났습니다. 진짜 안타까운 자들은 요셉 지파입니다. 혈통으로나 육정으로나 대단한데, 그 속에 시기 질투와 비교 의식, 두려움을 가득 품고 불평만 합니다. 이렇게 자기 자신을 들볶는 사람이 내 가족 중에 있으면 가슴이 미어집니다. 우울증에 빠져서 무슨 말을 해도 듣지 않는 가족이 있으면 가슴이 찢어집니다.

그럴 때 우리가 해야 할 일은 듣든지 아니 듣든지, 돌아오든지 안 돌아오든지 그들을 격려하고 인정하는 것입니다. 어쨌든 우리는 요셉 지파를 격려하고 껴안아야 합니다. 라헬에서부터 내려온 그들의 상처를 보아야 합니다. 그들이 돌아오는가, 안 돌아오는가는 전적으로 하나님의 몫입니다. "이제는 네가 개척해야 해. 하나님께 받은 것이 많잖아. 너희는 큰 민족이야. 한 분깃만 가질 사람들이 아니야. 적이 아무리 철 병거를 가졌어도 너희는 쫓아낼 수 있어!" 하면서 끝까지 권면하고 격려해 줄 때, 자녀가 살아나고 부부가 살아납니다. 가정이 살아납니다.

- 직장과 교회에서 나의 유익을 챙기느라 눈 감아 주고 있는 가나안 세력은 없습니까?

- 매사에 불평하고 핑계가 많은 사람이 가정과 직장, 목장에 있습니까? 일을 시키려니 내가 답답하고 차라리 없었으면 하는 사람이 있습니까? 그럼에도 끝까지 격려하는 여호수아처럼 내가 오늘 찾아가서 격려해야 할 사람은 누구입니까?

사건이 왔을 때

"왜요? 어찌함이니이까?" 한다면,

이것은 하나님의 주권을 인정하지 않는 교만입니다.

하나님을 진정 신뢰하는 사람은

"이 일은 있어야 할 일이다"

하며 인정합니다.

우리들 묵상과 적용

저는 4대째 모태신앙인입니다. 하지만 약속의 땅에서 멀리 떨어진 요단 동편에 머문 용사 마길처럼 인생의 목적이 성공이었기에, 하나님을 떠나 세상에서 이기고 이기려는 삶을 살았습니다(17:1). 믿음은 없었지만 보고 자란 것이 있기에 믿음의 가정에서 태어난 자매와 결혼하길 원했습니다. 그렇게 중매로 만난 아내와 혼수 준비를 하면서부터 싸우기 시작했습니다. 결혼 후에도 잦은 의견 충돌로 사사건건 싸우다가 급기야 아내에게 "집을 나가라"고 했습니다. 그때 아내의 배 속에는 아이가 있었지만, 이혼하면 아내가 아이를 당연히 없앨 거라 생각했던 '나쁜 놈'이 바로 저입니다.

이혼만 하면 제 인생은 다시 행복해질 줄 알았습니다. 하지만 실상은 혼자라는 외로움을 술과 폭식으로 달래며 스스로를 망치고 있었습니다. 이혼 후 몸과 마음이 아픈 막냇동생이 걱정된 누님은 "김치 준다, 반찬 준다" 하며 교회로 부르셨고, 저는 교회에 다시 발을 내딛게 되었습니다. 말씀 묵상을 하며 스스로 돌아보니, 제가 얼마나 악한 죄인인지 깨달아졌습니다. 그즈음 제게 네 살 된 예쁜 딸이 있음을 알게 되었고, 제가 죄인임을 인정하며 아내와 재결합하였습니다.

재결합 후에도 여전히 변하지 않은 기복적인 가치관으로 '솔로몬의 지혜, 다윗의 용맹함, 사무엘의 믿음'을 가진 아들을 달라고 기도했지만, 주님은 제게 딸만 둘을 더 주셨습니다. 이후 "슬로브핫의 딸들처럼 오직 믿음을 유산으로 상속 받게 해 달라"고 기도했습니다(17:3). 이십여 년이 지난 지금, 그 기도의 응답으로 딸들은 믿음의 공동체 안에 잘 거하고 있습니다. 제가 한 것이라고는 그저 말씀에 의지하여 순종함으로 재결합한 것뿐인데, 정말이지 '수지맞은 인생'이 되었습니다.

제가 속한 교회 목장에는 부잣집에서 태어나 어려움을 모르고 사신 한 집사님이 계십니다. 그분은 바람피우며 부재중 아빠로 살다가 사업이 쫄딱 망해 이혼하셨습니다. 그러자 예전의 저처럼 '어찌함이니이까'를 외치며 자기 죄는 모른 채 전처만 욕하셨습니다(17:14). 불꺼진 집에 홀로 들어가는 집사님의 쓸쓸한 모습을 생각하니 그 외로움이 저절로 체휼되었습니다. 그래서 작년 추석을 앞두고 저는 그분이 전처와의 재결합에 대한 생각을 긍정적으로 하시게 되길 기도했습니다. 그분에게 아직 전처에 대한 애증이 남아 있지만, "앞으로는 전처에 대해 욕하지 말자"라는 저의 제안에 선뜻 손가락까지 걸며 약속하셨습니다. 제가 죄인임을 인정한 후 가정이 회복되는 수지맞은 인생을 살게 된 것처럼, 부디 그 집사님도 다가오는 설날에는 온 가족이 함께하는 '수지맞은 명절'을 보내실 수 있게 되기를 기도합니다.

영혼의 기도

하나님 아버지, 하나님의 은혜를 넘치도록 받았음에도 "어찌함이니이까" 하는 안타까움이 우리에게 있습니다. 요셉과 그 자손이 받은 것이 너무 많은데도 "왜 우리는 한 분깃만 받느냐"고 "어찌함이니이까" 불평합니다. 스스로 개척해서 땅을 취하라고 하니 "적에게 철 병거가 있어서 못 한다"고 합니다. 주님, 요셉 지파가 어쩌다가 이렇게 되었습니까. 철 병거를 핑계 삼는 요셉 자손을 생각하며, 거슬러 올라가 라헬의 상처를 생각해 보았습니다. 남편 야곱에게서 많은 사랑을 받았음에도 잉태하지 못함으로 시기하고 불평하는 라헬의 모습이 요셉과 그 자손에게도 똑같이 있는 것을 보았습니다.

하나님은 차별하지 않으시는데 간음한 자, 살인자라고 해도 믿음으로 나아가면 주님이 다 받아 주시는데, 나의 기득권을 포기하지 못해서 하나님의 생각을 몰랐습니다. 하나님의 생각보다 내 생각이 중요하기에 나보다 못한 형제가 인정받는 것이 용납이 안 되고 비교하느라 시기 질투가 일어납니다. 인생이 너무 힘듭니다. 자녀 철 병거, 돈 철 병거, 가족 철 병거, 시부모 철 병거를 핑계로 삼는 것이 얼마나 교만한 태도인지 알게 하여 주옵소서.

이방인 출신 갈렙도, 여인인 슬로브핫의 딸들도 하나님의 기업을 구하는데 끊임없이 불평하는 요셉 자손의 모습이 저와 가족들에게 있습니다. 정말 불쌍한 자는 마음속에 만족이 없는 자입니다. 감사가 없는 자입니다.

내가 가나안 세력을 쫓아내지 못하기 때문에 그들이 결심하고 내 안에 거주한다고 하십니다. 나의 유익 때문에 쫓아내야 할 대상을 쫓아내지 못하고 노역을 시키고 있는 저를 불쌍히 여겨 주옵소서. 내가 세상과 타협하면서 야망을 버리지 못하기에 내 옆의 사람들이 결심하고 예수님을 믿지 않습니다. 내 태도 때문에 모든 식구가 구원되지 못하고 있습니다. 입으로만 예수를 믿으라고 하면서 세상 세력을 끊어 내지 못하는 저를 불쌍히 여겨 주시고, 이제는 끊게 하여 주옵소서. 자녀를 내려놓게 도와주시옵소서. 돈을 내려놓게 도와주시옵소서.

요셉 지파가 연약해도 마지막 새 하늘과 새 땅에서 회복되었습니다. 당장 내 가족이 돌아오든 돌아오지 않든 그들을 끊임없이 격려하고 이해하며 사랑하기 원합니다. 자신이 속한 요셉 지파가 불평하는 것을 보며 안타까워도 끝까지 격려하고 끌어안은 여호수아처럼, 끝까지 내 가족을 사랑하게 하시고, 또 객관적으로 땅을 분배하게 하옵소서. 저는 아무것도 할 수 없기에 기도합니다. 불쌍히 여겨 주옵소서. 우리의 부모 형제를, 자녀를 찾아가 주시옵소서. 이 나라를 찾아가 주시옵소서. 예수님 이름으로 기도하옵나이다. 아멘.

Chapter 25

차일피일 회피전: 어느 때까지 지체하겠느냐 여호수아 18:1~10

하나님 아버지, "어느 때까지 지체하겠느냐"라는 하나님의 꾸지람이 들리기를 원합니다. 게으름을 피우며 가만히 머물던 자리에서 이제 일어나기를 원합니다. 말씀해 주시옵소서. 듣겠습니다.

캐나다는 법정 정년퇴직 연령이 65세인데 한 통계에 의하면 정년퇴직한 사람 중 반수 이상이 5년 이내에 죽는다고 합니다. 직장이 있어서 출근할 때는 억지로라도 아침 7시에 일어났는데, 이제는 규칙적으로 나갈 일터가 없으니 '8시까지 자야지', '9시까지 자야지' 하고 마음 놓고 자다가 늘어져 버립니다. 잠이 점점 늘어서 밥도 먹지 않고, 스무 시간 가까이 잠만 잡니다. 이토록 잠이 좋아서 종일 침대에서 내려오지 않다가 그대로 영원히 잠들어 버린다는 겁니다. 그래서 캐나다 노인들 사이에는 '깨워 주기회'라는 모임까지 생겼다고 하죠. 대개 그런 사람 중에 혼자 사는 사람이 많습니다. 배달 우유가 며칠째 그대로 있는 것을 보고는 누군가 수상히 여겨 경찰에 신고해서 집에 들어가 보면 사망한 경우가 대다수라고 합니다. 65세까지 다람쥐 쳇바퀴 돌듯 열심히 일하면서 '여유가 생기면 취미 생활을 꼭 해야지' 하지만, 준비되지 않은 인생이기에 그런 결심도 소용없습니다. 60년을 살며 부지런한 습관이 배였어도 하나님의 임재가 없는 사람은 이렇게 잠만 자다가 갑니다.

이것이 비단 캐나다 사람들만의 이야기이겠습니까. 이스라엘 백성은 400년 애굽 노예 생활을 지나, 40년 광야 생활과 7년의 정복 전쟁을 거쳐 왔습니다. 그러고 나니 이제 해이해져서는 열두 지파 중 과반수가 넘는 일곱 지파가 아무것도 안 하고 지체하고 있다고 합니다(18:2~3). 여러분은 어디에서 지체하고 있습니까. 왜 지체하고 있습니까? 어떻게 하면 지체함 없이 나아갈 수 있을까요?

하나님의 임재가 필요합니다

이스라엘 자손의 온 회중이 실로에 모여서 거기에 회막을 세웠으며…… _수 18:1a

우리 삶에 예배가 회복되고, 모든 일에 예배가 중심이 되지 않으면 불평이 터져 나오며 일상생활이 무너지기 시작합니다. 그런 모습을 앞 17장, 요셉 자손을 통해 보지 않았습니까?

요셉 자손은 절대 부족하지 않은 기업을 분배 받고도 불평했습니다. 이스라엘 자손은 오랜 전쟁을 거치며 무척 지쳐 있었습니다. 그렇지 않아도 땅은 분배 받았지만 귀찮아서 '여기까~지' 하며 머물러 있고 싶은 때에 요셉 자손이 딱 불평을 해 주니까 합리화하기가 너무 좋습니다. '어, 요셉 지파도 힘들어하는 전쟁인데 우리는 말할 게 뭐 있겠어' 하면서 일곱 지파나 지체하고 있습니다.

이스라엘 역사에서 요셉 지파의 발언은 항상 영향력을 가졌습니다. 여호수아 이후 사사 시대를 거치고 다윗 왕과 솔로몬 왕을 지나 르호보암 시대에, 솔로몬의 우상숭배가 발단이 되어 요셉 지파의 하나인 에브라임 지파의 여로보암이 반역을 일으킵니다(왕상 12장). 그때 이스라엘 열두 지파 중 열 지파가 그에게 합세했습니다. 전통으로 보나 학벌로 보나 요셉을 따라올 만한 사람이 없기에 가고 오는 세대에 요셉이 큰 영향력을 미친 것입니다. 그런 탓에 하나님은 요셉 지파의 불평을 사소하게 보지 않으셨습니다. 모든 지파 간의 연합을 깨뜨리는 큰 요인이라고 판단하시고, 그 처방으로 실로에 회막을 세우게 하십니다.

이스라엘이 가나안에 들어와서 처음 회막을 세웠던 곳은 애굽의 수치가 떠나간 길갈입니다. 여리고에서 가까운 길갈은 가나안 정복 전쟁이 진행되는 동안 이스라엘의 총사령부였습니다. 그런데 가나안을 거의 정복하고 땅을 분배하는 중에 요셉 지파가 불평하기 시작하며 이스라엘 전체에 위기가 찾아왔습니다. 예배 회복이 시급합니다. 하지만 가나안 초입에 있는 길갈은 너무 멀고……. 그래서 하나님은 실로에 회막을 세우게 하십니다.

실로는 벧엘 북동쪽 18km 지점, 예루살렘 북쪽 32km 지점에 위치한 에브라임 지파의 성읍입니다. 이 실로의 회막은 남북왕조 시대

이전까지 이스라엘의 예배 중심지였습니다. “너희는 너희의 하나님 여호와께서 자기 이름을 두시려고 택하실 그곳으로 내가 명령하는 것을 모두 가지고 갈지니……”라는 신명기 12장 11절 말씀을 따라 실로에 회막이 세워진 것입니다. 그런데 이 말씀을 개역한글판으로 보면 “여호와께서 자기 이름을 두시려고 ‘한곳’을 택하셨다”고 합니다. 왜 ‘한곳’이라고 하셨을까요?

가나안 땅 들어와 보니까 가나안 사람들은 곳곳에 우상을 두고 이곳저곳에서 예배합니다. 우리도 그렇습니다. ‘한곳’을 정해서 여호와만 예배하는 것이 아니라 남편을 예배하고, 자식을 예배하고, 돈을 예배합니다. 하지만 하나님은 오직 택하신 그곳에서 예배를 드리라고 말씀하십니다. 우리가 경배하고 싶은 것이 많은 걸 아시고 한곳을 택하라고 하신 것입니다.

‘실로’라는 이름은 ‘안식의 장소’라는 의미입니다. 하나님이 여전히 이스라엘과 함께하신다는 것을 백성에게 상기시키기 위해 실로에 회막을 세우게 하십니다. 이스라엘에 안식을 주시려는 하나님의 마음이 잘 나타나 있습니다.

우리들교회에서는 주일학교부터 장년부까지 큐티로 양육훈련을 합니다. 양육훈련을 받는 고등부의 한 학생이 교회 홈페이지에 글을 올렸습니다. 학생은 공휴일에 교회 행사가 있어서 친구들과 모였다가 함께 근처 쇼핑몰에 갔습니다. 어느 패스트푸드점 테이블에 앉아 이런저런 이야기를 하는데 ‘꼭 임원들만 교회 일을 의논하라는 법이 있는가. 우리도 이야기할 수 있지 않겠는가’라는 생각이 들었다고 합니다. 그래서 곧 있을 교회 행사 2부 프로그램에 대해 서로 의견을 나누었습니다. 그러자 큐티를 빼놓을 수가 없더랍니다.

"이럴 게 아니라 함께 큐티를 하자!"

학생과 친구들은 그 자리에서 큐티를 시작했습니다. 시끌벅적한 패스트푸드점이지만 그날 본문인 요한복음 12장 1절부터 12절까지 말씀을 돌아가면서 한 절씩 읽고, 각자 본문 내용을 간추려 말한 뒤 나눔을 했습니다. 학생이 홈페이지에 올린 나눔입니다.

> 요한복음 12장 3절에 마리아가 매우 비싼 향유를 가져다가 예수님의 발에 부으니 향기가 온 집 안에 가득했다고 합니다. 저의 헌신과 사랑도 마리아가 부은 나드 한 근의 향기 같다고 생각합니다. 향유의 향기가 온 집을 채웠듯, 예수님을 향한 저의 헌신과 사랑이 반 친구들과 교회 친구들, 또 예수님을 모르는 친구들에게까지 영향을 끼치는 것 같습니다.
>
> 5절부터 보니 가룟 유다가 "왜 그 향유를 삼백 데나리온에 팔아 가난한 자들에게 주지 않았느냐"고 마리아를 책망합니다. 실은 가룟 유다가 도둑이었기에 이런 말을 했다고 합니다. 같은 향유를 두고 마리아와 가룟 유다의 생각이 다른 것을 보면서 이것이 곧 우리 모습임을 깨달았습니다. 우리의 시선도 가룟 유다와 같기에 이제부터는 매사, 특별히 교회 일을 할 때 오직 예수님께 목적을 두고 구원의 시선으로 나아가기로 했습니다. 그럴 때 예수님이 우리와 항상 함께해 주심을 알았습니다.

저희가 앉아서 세 시간 넘게 나눔을 했는데요. '어른들은 목장예배에서 무슨 이야기를 그렇게 오래하는가' 했는데 나눔을 하다 보니 정말 끝이 없고 은혜 또한 대단했습니다. 함께 큐티를 하고 나누니까 각자 받은 은혜를 공유할 수 있고, 제가 미처 보지 못한 부분을 다른 사람을 통해 볼 수 있어서 정말 좋았습니다. '이래서 나눔이 좋은 것이구나' 몸소 체험했습니다. 너무 즐겁고 지체들의 소중함을 느꼈습니다. 그래서 새 학기에는 말씀을 더 잘 적용하고, 앞으로도 친구들과 더욱 풍성한 나눔과 교제를 갖기로 했습니다. 이런 것이 나눔이고 큐티라는 걸 느꼈던 귀한 시간이었습니다.

할렐루야! 이 아이는 오빠의 기도로 교회에 나오게 된 새신자입니다. 어려서부터 큐티하는 것이 이렇게 중요합니다. 또래 아이들에게는 모여서 간식 먹고 영화를 보는 것이 전부일 텐데 큐티하는 아이들이 모이니까 장소에 구애 받지 않고 말씀을 나누며 은혜도 넘칩니다. 아이들에게 말씀의 본질이 살아 있기 때문입니다. 하나님의 임재가 있는 실로에서 예배가 회복되면 어떤 불평불만도 쑥 들어가는 것입니다.

- 하나님이 정하신 한곳, 나의 실로가 있습니까? 돈, 출세와 학벌 등등 하나님의 정하신 '한곳'이 아닌 숱한 것을 경배의 대상으로 삼고 있지는 않습니까? 예배가 회복되지 않고, 예배 공동체에 참여하지 않기에 늘 불평과 불안함에 사로잡혀 있는 건 아닐까요?

하나님이 주셔도 사람이 취해야 합니다

이스라엘 자손의 온 회중이 실로에 모여서 거기에 회막을 세웠으며 그 땅은 그들 앞에서 돌아와 정복되었더라_수 18:1

개역한글판 성경에서는 그 땅이 '이미' 그들의 앞에 돌아와 복종했다고 합니다. 그런데 우리는 이것을 믿지 못합니다. '이미'의 하나님이신데 우리가 '아직' 취하지 못한 것이 있습니다. 예수 그리스도께서 십자가에 못 박혀 돌아가시고 부활하시므로 사탄은 이미 결박되었습니다. 그러니 두려워할 것이 없습니다. 그러나 우리는 가지각색의 변명과 핑곗거리를 대며 지체합니다. 부지런한 유다와 불평 많은 요셉이 중요한 땅을 차지하고, 욕심 많은 맏아들 르우벤도 땅을 차지했습니다. 그런데 이것도 저것도 아닌 일곱 지파는 아무것도 취하지 못하고 있습니다.

2 그러나 이스라엘 자손 중에 그 기업의 분배를 받지 못한 자가 아
직도 일곱 지파라 3 여호수아가 이스라엘 자손에게 이르되 너희가
너희 조상의 하나님 여호와께서 너희에게 주신 땅을 점령하러 가기
를 어느 때까지 지체하겠느냐_수 18:2~3

저는 우리가 지체하는 것이 게으름 때문이라고 생각합니다. 내 열심이 하나님의 열심을 앞서는 것도 문제이지만 지체하는 것도 문

제입니다. 모태신앙인이라고, 교회 출석만 열심히 한다고 땅을 차지합니까? '거의 합격'은 불합격입니다. 지금까지 여리고, 아이, 남부 연합군, 북부 연합군과의 전투에서 모두 이겼습니다. 그만큼 가나안 족속의 세력이 크게 약화됐지만 이 상태에서 진격을 멈춘다면 그들은 분명히 다시 저항할 것입니다. 우리는 끝까지 마음을 놓아서는 안 됩니다. 예수님을 믿고 엄청난 영적 전쟁을 치러 왔어도 막판 스퍼트를 하지 않으면 변두리 땅밖에 얻지 못합니다.

우리 앞에 놓인 땅은 여호와께서 이미 주신 땅입니다. 하나님의 선물입니다. 그러나 하나님이 선물로 주셨다고 해서 우리가 할 일이 없는 게 아닙니다. 취하여 차지하기만 하면 되는데, 일곱 지파는 약속의 땅을 취하려고 하지 않았습니다.

게으름이 가장 큰 문제입니다. 육적으로 게으른 것도 문제이겠지만 영적으로 게으른 사람도 허다합니다. 영적으로 게으른 사람이 누구입니까? 성경 공부 열심히 했습니다. 기초 양육, 전도 훈련, 큐티 훈련 등등 각종 훈련도 다 받았습니다. 그런데 사건이 왔습니다. 사업이 부도나고, 배우자가 바람을 피웁니다. 반대로 바라던 일이 이루어져 승진하고 자녀가 명문 대학에 붙었습니다. 그럴 때 '멍~'해지면서 무엇을 어떻게 해야 할지를 모르는 사람이 영적으로 게으른 사람입니다. 좋으면 좋아서, 힘들면 힘들어서 널브러져 있는 것이 영적 게으름입니다.

제가 많은 분들을 상담해 보니 대부분 사건이 닥치면 무엇을 해야 할지를 잘 모릅니다. 그래서 안 해야 할 이혼을 하는 분들을 참 많이 보았습니다. 교회에서 직분자 위치에 있어도 성경적인 가치관이 확립되지 않았기에 아무것도 모르고 이혼을 합니다. 무지한 것도 죄라는 것을 아셔야 합니다.

김남준 목사님은 "게으름의 궁극적인 정체는 빗나간 자기 사랑"이라고 정의를 내리셨습니다. 사실 게으른 사람이라고 해서 아무 일도 안 하지는 않습니다. 예를 들어, 종일 TV만 보는 사람도 TV가 고장나면 열렬히 고치러 갑니다. 그러면 TV를 고치러 가는 그때만큼은 그가 부지런하다고 할 수 있을까요? 아니라는 겁니다. 고장 수리하러 가는 순간도 그저 자신이 하고 싶은 대로 움직이는 것 아닙니까. 이런 사람이 게으른 사람이라는 겁니다.

또 게으른 사람은 큰 빚을 지고도 갚을 생각을 하지 않습니다. 어느 게으름뱅이가 돈을 갚지 않자 보다 못한 채권자가 물었습니다.

"당신은 빚 갚을 생각이 있는 거요?"

"있고 말고요. 제가 돈을 갚기 위해 얼마나 많은 생각을 하는데요. 세 가지 소원을 날마다 기도합니다."

"그게 뭐요?"

"첫째로 당신이 갑자기 죽어서 돈을 안 갚아도 되기를 기도하고, 둘째로 차용증서가 분실되거나 불타 버리기를 기도하고, 셋째는 복권에 당첨되거나 길 가다가 큰돈을 줍기를 열렬히 기도하고 있습니다. 그런데 운이 없는지 이루어지지 않네요."

톨스토이는 "게으른 자의 머릿속은 악마가 살기에 가장 좋은 곳"이라고 했습니다. 게으름이 만든 모든 생각과 결과는 허망한 것뿐입니다. 게으른 한 사람이 있으면 집안에도 불화가 생깁니다. 아침마다 엄마가 자녀에게 "학교 가라, 일어나라, 출근해라!"라고 소리를 지른다고 생각해 보세요. 그러면 자녀는 "엄마는 왜 아침부터 잔소리하냐!"고 악을 쓰고, 옆에서 시어머니는 "왜 애를 잡냐!"고 호통을 칩니다. 하여튼 게으른 한 사람이 있으면 온 식구가 괴롭습니다.

게으른 사람은 만사를 귀찮게 여기며 공상만 하고, 행동은 하지 않습니다. 또 특별히 잠을 좋아하고 끊임없이 핑곗거리를 대며 미리 계획을 세울 줄도 모릅니다. 불로소득을 좋아합니다. 그러니 당연히 교만합니다. 또 게으른 사람일수록 죄의 유혹에 쉽게 넘어가서 마약이나 노름 중독에도 잘 빠집니다. 그래서 게으른 사람은 다른 사람들에게까지 고통을 줍니다.

게을러서 지체하고 있는 사람들에게 "그래, 당신 편할 대로 해. 때가 되면 부지런해지겠지" 해서는 안 됩니다. 여호수아처럼 "어느 때까지 지체하겠느냐!" 하며 그들을 깨워야 합니다. 이처럼 교회에 잠을 깨우는 메시지가 없다면, 말씀을 듣고 '어찌할꼬' 하는 회개와 돌이킴이 없다면, 날마다 자장가만 불러 주며 거짓 평안으로 교인들을 달래 주기만 한다면 그 교회는 거짓된 공동체입니다.

"자도 교회에 와서 자라" 이런 말 좋죠. 그런데 교회 온 지 1, 2년이 지나도 잠만 자는 성도가 있다면 여호수아처럼 야단쳐야 합니다. 물론 잠을 자더라도 교회에 와야 합니다. 하지만 어느 때까지 '좀 더 자자, 좀 더 졸자' 하겠습니까. 그런 지체에게 "네 빈궁이 강도같이 오고, 네 곤핍이 군사같이 이르리라" 호통해야 하지 않겠습니까(잠 6:11)!

- 믿지 않는 가족이 교회에 나왔는데 그들의 영적 성장에는 관심이 없고 그저 함께 교회에 가 주는 것에 만족하며 안주하고 있습니까? 지체하고 있는 나를 깨우시려고 힘든 사건을 주셨을 때 말씀을 더욱 붙잡고 더욱 기도하기보다 그 사건에 매여 무기력해지지는 않습니까?

지체하고 있는 상황에서 나의 역할이 있습니다

> 너희는 각 지파에 세 사람씩 선정하라 내가 그들을 보내리니 그들은 일어나서 그 땅에 두루 다니며 그들의 기업에 따라 그 땅을 그려 가지고 내게로 돌아올 것이라_수 18:4

지체하고 있는 사람들에게 여호수아가 처방을 내립니다. "너희는 왜 가나안에 들어와서도 가만히 있니?" 하면서 각 지파에서 세 사람을 뽑아 파송해서 지도를 그리라고 합니다. 할 일을 준 것입니다. 은퇴한 다음에도 할 일을 미리 준비해 놓은 사람들은 90세 이상 장수한다고 합니다. 그러니 우리에게 할 일을 주신 하나님께 얼마나 깊은 감사를 드려야 하는지 모릅니다. 여러분은 할 일이 있습니까?

우리들교회에는 목장(구역 모임)이 있고, 목장마다 목자와 부목자가 있습니다. 부목자가 하는 일은 매주 교회 홈페이지에 목장 보고서를 올리는 것입니다. 그 일이 사소해 보일 수 있지만, 목장 식구들의 기도 제목이 담긴 보고서 하나하나가 목장 전체의 그림을 보여 주고 목장을 재편성할 때에 밑그림이 됩니다. 그런데 한 번도 보고서를 올리지 않는 목장도 있습니다. 이 사소한 일을 취하지 않습니다.

왜 영적으로 가만히 있습니까? 무엇을 어떻게 할지 모르기에 그렇습니다. 제가 많은 성도를 상담하는데, 가정에 분란이 나면 도무지 무엇을 할지 몰라 발을 동동 구르는 사람을 참 많이 보았습니다. 그래서 안 해야 할 이혼을 하는 분들이 있습니다. 교회를 다녀도 성경적 가치관이 세워지지 않아서 아무것도 모르고, 아무렇지 않게 가정을 깹니다. 그러나 무지한 것도 죄입니다. 주변에 '몰라서 이혼했다'고 하는 사람이 있다면 믿는 내가 지금부터라도 가르쳐 주어야 합니다.

영적으로 부지런해지는 것도 그냥 되는 일이 아닙니다. "그러므로 너희가 더욱 힘써 너희 믿음에 덕을, 덕에 지식을, 지식에 절제를, 절제에 인내를, 인내에 경건을, 경건에 형제 우애를, 형제 우애에 사랑을 더하라"고 했습니다(벧후 1:5~7). 믿음부터 한 단계, 한 단계 우리가 자라 가는데 이 일은 '힘써' 해야 하는 일입니다. 그런데 넘어져 보지 않고 어떻게 힘을 써서 한 단계씩 업그레이드가 되겠습니까? 넘어지지 않고 가만히 있으면서 어떻게 땅을 취할 수 있겠습니까?

하나님은 똑똑한 사람, 재능 있는 사람이 아니라 넘어질 때마다 힘써 일어나는 사람들에게 더 주십니다. 믿음에 덕을, 덕에 지식을, 지식에 절제를, 인내를 더하시는 것입니다. 그러기에 넘어지는 것이 축복이라고 말할 수밖에 없습니다. 교회의 부흥은 사람이 많이 모이는 것이 전부가 아닙니다. 성도 각자가 넘어질 때마다 하나님 앞에서 자기 죄를 보며 성령의 공동체가 되는 것이 진정한 부흥입니다.

5 그들이 그 땅을 일곱 부분으로 나누되 유다는 남쪽 자기 지역에
있고 요셉의 족속은 북쪽에 있는 그들의 지역에 있으니 6 그 땅을 일
곱 부분으로 그려서 이곳 내게로 가져오라 그러면 내가 여기서 너
희를 위하여 우리 하나님 여호와 앞에서 제비를 뽑으리라 7 레위 사
람은 너희 중에 분깃이 없나니 여호와의 제사장 직분이 그들의 기
업이 됨이며 갓과 르우벤과 므낫세 반 지파는 요단 저편 동쪽에서
이미 기업을 받았나니 이는 여호와의 종 모세가 그들에게 준 것이
니라 하더라_수 18:5~7

제비뽑기로 분배하는 것이 하나님의 주권적인 방법인데, 사람들은 제비뽑기로 땅을 나누는 것을 이해하지 못합니다. 무식하고 비과학적이라고 합니다. 각 지파의 연령과 인구수, 구성원과 공로 등을 고려해서 땅을 분배하는 것이 더 합리적이라고 생각합니다. 하지만 '여호와 앞에서' 제비를 뽑는다는 말씀이 계속해서 나옵니다(18:6, 8, 10). 각 지파가 제비를 뽑아서 땅을 얻었지만 그 땅을 주신 분은 하나님입니다.

그러면 제비뽑기에는 어떤 의미가 있을까요? 기도는 나의 상태를 그림으로 그려서 하나님께 보여 드리는 것입니다. 내가 처한 환경을 측량해서 올려 드리는 것입니다. 우리는 "가다 보니까 산도 있고 평지도 있어요" 하고 주님께 그림을 올려 드리기만 합니다. 그러면 하나님이 내게 가장 알맞은 곳으로 제비 뽑아서 나를 인도하십니다.

물론 믿음이 좋아 힘든 헤브론 산지를 얻기를 자청한 갈렙도 있습니다. 그러나 갈렙 외에 그런 사람은 없었습니다. 나는 내 고난을 택

할 수 없습니다. 나의 고난은 하나님이 제비 뽑아서 알맞게 주신 것입니다. 누구든지 육이 무너지지 않으면 영이 세워질 수 없기에, 하나님이 "이 사람한테는 자녀 고난이 필요하고, 이 사람한테는 돈 고난이 필요해. 남편 고난, 병 고난이 필요해" 하고 알맞게 주십니다. 이것이 제비뽑기입니다.

하나님은 우리에게 선물을 주실 때 문제라는 포장지로 싸서 내 앞에 주십니다. 문제라는 포장지를 풀면 큰 선물이 기다리고 있는 것입니다. 하나님이 주시는 것과 인간이 선택하는 것은 비교할 수 없습니다. 그래서 우리는 날마다 하나님의 말씀을 읽고 들으며 하나님 뜻대로 살려고 해야 합니다. 그럴 때 하나님이 내게 제비 뽑아 주시는 고난은 선물 중의 선물이 됩니다.

"나는 고난당할까 봐 예수 못 믿겠어" 이렇게 지체하고 있다가는 땅도 빼앗기고 천국에도 못 갈 수 있다는 걸 기억하십시오. 부르심을 받은 자 곧 하나님 아버지 안에서 사랑을 얻은 자는 예수 그리스도를 위하여 "지키심을 받은 자"라고 했습니다(유 1:1). 내게 어떤 사건을 주셔도 하나님이 지키십니다.

- 지금 내가 겪는 고난이 주님이 나를 인도하시는 한 걸음이라는 것을 믿습니까? 주님이 뽑고 뽑아서 내게 허락하신 환경을 통해 주님의 음성을 듣고 있습니까?

8 그 사람들이 일어나 떠나니 여호수아가 그 땅을 그리러 가는 사람
들에게 명령하여 이르되 가서 그 땅으로 두루 다니며 그것을 그려
가지고 내게로 돌아오라 내가 여기 실로의 여호와 앞에서 너희를
위하여 제비를 뽑으리라 하니 9 그 사람들이 가서 그 땅으로 두루 다
니며 성읍들을 따라서 일곱 부분으로 책에 그려서 실로 진영에 돌
아와 여호수아에게 나아오니 10 여호수아가 그들을 위하여 실로의
여호와 앞에서 제비를 뽑고 그가 거기서 이스라엘 자손의 분파대로
그 땅을 분배하였더라_수 18:8~10

그러므로 오늘도 두려워하지 말고 여호수아의 처방을 잘 받아들여야 합니다. 땅을 측량해서 그려 오는 것이 비록 작은 일처럼 보일지라도 최선을 다해 순종해야 합니다. 우리는 전쟁을 해도 여호수아 같은 장군 역할이 좋고, 땅을 점령하는 큰일만 하고 싶습니다. 그에 비해 지도를 그리는 일은 너무 하찮아 보입니다.

지금은 판교에 성전이 지어졌지만 여전히 우리들교회는 휘문고등학교에서 예배를 드리고 있습니다. 학교 체육관에서 예배를 드리려면 얼마나 수고가 따르는지 모릅니다. 바닥을 깨끗이 청소하고, 카펫을 깔았다가 걷어 내고, 의자를 놓았다 걷는 일을 주일마다 반복해야 합니다. 누가 이런 일을 하고 싶겠습니까? 강대상에 올라와서 설교만 하고 싶고, 드러나는 봉사만 하고 싶죠.

그러나 여호수아의 처방을 받아들인 사람들은 명령대로 땅을 측량하여 지도를 그려 옵니다. 사실 이 일이 얼마나 위험한지 모릅니다.

적의 영토에 들어가서 몰래 그 형태를 그린다고 상상해 보세요. 정말 생사가 걸린 사명입니다. 붙들리면 죽음을 면치 못합니다. 하지만 일곱 지파에서 뽑은 각 3명, 총 21명의 일꾼은 "두루 다니며 그리라"는 여호수아의 명령을 완벽히 수행했습니다.

이제 내 역할을 알아야 합니다. 작은 일에도 온전히 충성하는 것이 하나님의 일꾼이 가져야 할 태도입니다. 작은 일에 충성하는 사람은 하나님이 제비 뽑아 주신 어떤 환경에도 순종할 수 있습니다. 그러려면 게으를 수 없습니다.

우리 집안에 예수님의 복음이 들어오기 위해서 믿음의 본을 보이는 것이 내 역할입니다. 감당할 수 없는 일이 왔을 때 내가 예수 그리스도로 인해 평강을 보일 수 있다면 복음을 대적하는 모든 세력이 우리 집안에서 물러갑니다. 믿지 않는 사람들은 죽었다가 깨어나도 못할 적용을 내가 보여야 우리 식구들이 예수를 믿지 않겠습니까? 믿지 않는 사람도 다 하는 적용을 하고, 남이 좋아하는 것 다 좋아하면서 어떻게 우리 집에 복음이 들어오겠습니까?

작은 일에 충성하는 사람은 어떤 일도 기쁘게 받는 사람입니다. 내가 요셉처럼 인정받는 것만 좋아하니까 하나님이 내게 제비 뽑아 주신 일을 인정하지 못합니다. 그래서 영적으로 게을러지고, 가만히 지체하는 것입니다.

우리는 이미 구원을 얻었지만 아직 이루어지지 않은 부분이 있습니다. 이를 위해 지체하지 말고 나아가야 합니다. 나의 역할을 찾아서 최선을 다하는 것이 구원의 완성을 향해 나아가는 일보입니다.

우리들교회 중고등부 학생의 나눔을 하나 더 소개합니다. '과연 지체하지 않으려면 어떻게 해야 하는가, 나의 역할을 찾는 것은 무엇인가' 생각해 보게 하는 나눔입니다.

"자기의 생명을 사랑하는 자는 잃어버릴 것이요 이 세상에서 자기의 생명을 미워하는 자는 영생하도록 보전하리라"는 말씀을 읽고 자기 생명을 미워하는 것이 도대체 무엇일까 생각해 보았습니다(요 12:25). 저는 자신의 물질을 아끼고 자신에게 해가 되는 일은 하지 않는 사람이 자기의 생명을 사랑하는 사람이라고 생각합니다. 또한 자기 생명을 미워한다는 것은 마치 작은 밀알처럼 자신을 희생하며 다른 사람을 위해 봉사하는 것이라고 생각합니다.

올해 고등학교에 입학한 저는 오늘 반 배정을 받고 새로운 선생님과 친구들을 만났습니다. 선생님의 인사 말씀이 끝나고 반 임원을 뽑는데 친구들이 "직책을 맡으면 성적 가산점을 받을 수 있다"고 하기에 저도 열심히 손을 들었습니다. 하지만 저는 아무 직책도 맡지 못했습니다. 그런데 선생님이 자신의 심부름이나 반의 잡다한 일을 할 사람을 뽑는다고 말씀하셨습니다. 그 자리는 가산점이 생기지 않았습니다. 그래서 저는 손을 들지 않았습니다. 저뿐만 아니라 아무도 손을 들지 않았습니다.

이후 집에 돌아와 큐티를 하는데 "한 알의 밀이 땅에 떨어져 죽지 아니하면 한 알 그대로 있고 죽으면 많은 열매를 맺느니라"는 말씀과 "자기의 생명을 미워하는 자는 영생하도록 보전하리라"는 말씀이 제 마음속에 들어왔습니다(요 12:24~25). 예수님은 아무런 죄도 없지만 우리의 죄를 씻으시고자 십자가에서 희생하셨습니다. 그런데 저는 가산점 때문에 봉사하고, 안 하고를 결정했습니다. 비본질적인 것에 마음을 두고 있었습니다. 저는 아침에 큐티하지 않은 것을 뉘우치며 신학기라 학급에 봉사할 일이 많을 텐데 예수님의 마음을 본받아 섬기겠다고 적용했습니다. 또 십자가를 져야 하는 절박한 상황에서도 살려 달라고 기도하시는 것이 아니라 믿지 않는 자들을 위해 기도하시는 예수님을 보며 저도 주위에 힘들고 아픈 사람들, 믿지 않는 사람들을 위해 기도해야겠다고 다짐하게 되었습니다. 요즘 교회에서 제자훈련을 받고 있는데 성실하게 잘 받고 주의 일을 더 많이 하기 원합니다.

이 학생은 자기의 역할을 찾았습니다. 어떤 환경에서도 자기 역할을 찾아야 합니다. 선생님의 심부름이나 잡다한 일을 맡아서 하는 것은 사소해 보이지만, 하나님은 그 사소한 일을 하는 사람에게 이 땅을 다 맡긴다고 말씀하십니다. 누군가가 땅을 측량하고 그리는 역할을 함으로써 지체하던 일곱 지파가 머물던 자리에서 나아가 땅을 얻게 된 것처럼 말입니다.

아이들은 가르치기 나름입니다. 40대, 50대, 60대에 와서 열심히 큐티해도 이만큼 적용하기가 어렵습니다. 어린아이의 마음으로 내려가 하루라도 빨리 말씀을 보면 더 깊이 묵상할 수 있을 뿐만 아니라 적용도 잘 합니다.

저는 우리들교회 청소년들에게서 엄청난 비전을 봅니다. 이렇게 말씀으로 자라다 보면 그 가운데 반드시 큰 일꾼이 나오지 않겠습니까. 말씀을 보는 아이들은 다릅니다. 패스트푸드점에서도 큐티를 했다고 하지 않습니까? 여러분은 그럴 수 있습니까? 시끄러운데, 남들이 쳐다보는데 큐티하겠습니까? 이 아이들에게 비전이 있습니다.

- 영적 무기력에 빠진 가정과 공동체를 위해 내가 감당해야 할 일은 무엇입니까? 어떤 일이 주어지든지 지도자의 처방에 잘 순종합니까? 사소한 일에도 적극적으로 동참합니까? '내가 공동체를 변화시키겠다'고 하며 주도하는 역할만 하려고 합니까?

하나님은 똑똑한 사람, 재능 있는 사람이 아니라
넘어질 때마다 힘써 일어나는 사람들에게 더 주십니다.
믿음에 덕을, 덕에 지식을,
지식에 절제를, 인내를 더하시는 것입니다.
그러기에 넘어지는 것이
축복이라고 말할 수밖에 없습니다.

우리들 묵상과 적용

직업군인이셨던 친아버지는 제가 4살 때 "제대하고 큰돈을 벌어오겠다"며 집을 나가셨지만, 몇 년이 지나도 아무 소식이 없었습니다. 홀로 두 딸을 키우며 보따리 장사를 하고 밥집을 운영하던 어머니는 제가 초등학교 1학년 때 새아버지와 살림을 차리셨습니다. 그러나 새아버지의 벌이 역시 시원찮아 어머니는 계속 일을 하셔야 했고, 저는 집안일을 도우며 동생을 돌봐야 했습니다. 그 당시 저는 새아버지의 주민등록등본에 동거인으로 기재되었는데, 그것이 너무도 수치스러웠습니다. 그러던 어느 날 여름성경학교 찬양 소리에 이끌려 처음으로 교회에 가게 되었습니다. 이스라엘 자손의 온 회중이 실로에 모여 회막을 세웠듯이, 하나님은 그분을 전혀 모르던 저의 마음에 하나님을 예배하는 회막을 세워 주셨습니다(18:1).

교회에 가면 신나고 즐거웠던 저는 주일을 손꼽아 기다렸습니다. 그렇지만 제 삶의 환경은 변하지 않았습니다. 여전히 새아버지의 눈치를 봐야 했고, "너희를 보육원에 보내지 않았기 때문에 내가 무능한 남편을 만났다. 자식이 아니라 원수다"라는 어머니의 저주 섞인 말을 들어야 했습니다. 그러다가 교회까지 찾아오는 어머니가 지긋지긋해서 교회마저 나가지 않았습니다. 이스라엘 자손 중에 그 기업의 분배를 받지 못한 일곱 지파처럼 제게 주신 땅을 점령하러 가기를 지체한 것입니다(18:2~3). 이렇게 저의 게으름의 죄는 모른 채 모든 잘못이 어머니 때문이라는 원망만 가득했습니다.

이혼과 재혼을 거친 저의 집안은 제게 수치의 땅이었고, 강압적인 어머니에게서 벗어나려고 고등학교를 졸업 후 가출해서 지금의 남편과 동거를 시작했습니다. 그러다가 어머니가 간암으로 투병한다는 소식을 듣고 다시 교회에 나갔습니다. 어머니의 간암을 치료해 달라고 그림을 그리듯 주께 소상히 아뢰었더니 그동안 어머니를 미워하고 가출했던 제 죄의 그림을 보여 주셔서 회개하게 되었습니다(18:9). 교회 가는 것을 반대했던 어머니는 주님의 은혜로 예수님을 영접하고 천국에 가셨습니다. 주님이 제게 어머니의 구원이라는 땅을 분배해 주신 것입니다(18:10).

이제는 황폐하고 보잘것없는 땅처럼 보이는 환경일지라도 저를 위해 가장 알맞은 환경으로 제비 뽑아 인도하시는 하나님을 신뢰합니다. 매일 주신 그 환경에서 영적 부지런함으로 나아가길 소망합니다(18:10).

영혼의 기도

하나님 아버지, 우리가 지체하지 않기 위해서 애쓰고 '내가 지체하지 말아야지, 지체하지 말아야지!' 하며 결심한다고 해서 전진할 수 있는 것이 아님을 알았습니다. 우리가 지체하지 않기 위해 주님은 먼저 실로에 회막을 세우라고 하십니다. 말씀의 공동체, 성령의 공동체, 성도의 교제가 있는 곳에 동참하며 예배를 회복하라고 하십니다. 예배와 말씀이 회복되어 모든 일을 하나님께 물으며 나아가기를 원합니다.

주님은 이미 "그 땅은 돌아와 정복되었다"고 하십니다. 그러니 우리가 두려워하지 않게 하옵소서. 하나님이 저를 불쌍히 여기셔서 이 땅에 보내시고 주님을 알게 하셨습니다. 저를 키워 가기 위해 모든 사건을 주셨습니다. 제가 측량하고 그려서 드리는 기도를 들으시고, 주님이 제비 뽑으셔서 날마다 저에게 가장 알맞은 사건을 주심을 믿습니다. 좋은 일이나 슬픈 일이나 기쁜 일이나 모든 것을 주님이 제비 뽑아 주신 일로 믿으며 주님의 선물로 알고 받아들이게 하옵소서. 내게 제비 뽑아 주신 사건을 믿음으로 정복하게 하옵소서.

모든 환경에서 내게 주신 역할이 있습니다. 땅을 측량하고 지도를 그려 오는 일이 사소한 것 같지만, 뒤에서 복종하고 순종하는 것이 내가 살고 공동체를 살리는 일임을 알았습니다. 내 역할을 찾게 도와주옵소서. 내 역할에 순종하는 것이 지체하지 않는 비결인 것을 배웠습니다. 지체하고 있는 나 자신과 식구들의 게으름이 깨어지게 하시고 주님이 주신 땅으로 한 걸음씩 나아가는 모두가 되게 하옵소서. 예수님 이름으로 기도하옵나이다. 아멘.

Chapter 26

각양각색 항전: 일류로 사는 비결

여호수아 18:11~19:9

하나님 아버지, 우리는 앉으나 서나 일류로 살고 싶습니다.
진정한 일류란 어떤 삶인지 말씀해 주시옵소서. 듣겠습니다.

대학교수를 사위로 맞았으면 사위를 잘 본 것일까요? 신앙이나 인품이나 중요하게 점검해 봐야 할 것이 많겠지만 적어도 직업으로만 본다면 괜찮지 않겠습니까? 우리 사회에서 가장 선망의 대상으로 삼는 직업 중의 하나가 대학교수일 것입니다.

그런데 명문대 교수인 남편을 살해해 달라고 청부업자에게 부탁한 아내가 구속되는 사건이 있었습니다. 명문대 교수와 사는 부인이라면 모든 것을 남보다 많이 가진 일류일 텐데 어쩌다 이렇게 되었는지 안타까운 소식이었습니다. 직업도 일류이고, 자식도 일류이고, 온 집안이 일류인데 살인을 청부했다는 사실이 드러나자 부인은 스스로 목숨을 끊었습니다.

사람의 행복이 무엇을 가졌는가, 무엇을 획득했는가에 있지 않다는 것은 정말 틀림없는 사실입니다. 소유를 누리는 우리의 태도가 우리 삶의 질을 결정합니다. '진정한 일류란 무엇인가'에 관한 가치관이 어릴 때부터 성립되지 않으면, 평생 "일류, 일류" 외치다가 성공했다고 생각하는 순간에 무너지고 맙니다. 그렇다면 진정한 일류란 무엇일까요? 어떻게 해야 일류로 살 수 있을까요?

중간에 잘 있으면 일류가 됩니다

베냐민 자손 지파를 위하여 그들의 가족대로 제비를 뽑았으니 그 제비 뽑은 땅의 경계는 유다 자손과 요셉 자손의 중간이라_수 18:11

베냐민은 "여호와의 사랑을 입은 자는 그 곁에 안전히 살리로다 여호와께서 그를 날이 마치도록 보호하시고 그를 자기 어깨 사이에 있게 하시리로다"라는 약속을 받은 지파입니다(신 33:12). 그 약속대로 베냐민 지파는 유다 지파와 요셉 지파의 중간, 안전한 장소의 땅을 받았습니다.

유다 지파는 인구수가 가장 많은 강력한 지파입니다. 요셉 지파도 에브라임과 므낫세, 두 지파로 나누어서 기업을 분배 받은 강력한 지파입니다. 이 강한 두 지파 사이에 베냐민이 있습니다. 좁은 땅이지만 밑으로는 유다요, 위로는 요셉입니다. 팔레스타인 지방의 중간입니다.

생각해 보십시오. 유다 지파의 경계는 서쪽으로는 지중해요, 남쪽은 염해요, 동쪽은 요단강이라고 했습니다. 15장에 보면 끝없는 대해와 죽음의 바다 염해가 그 경계라고 합니다. 유다는 문제가 끝이 없습니다. 끝없이 개척해야 합니다.

그러나 베냐민 지파는 유다와 요셉 지파 가운데 거하며 경계가 확실합니다. 땅은 좁지만 경계는 확실합니다. 믿는 사람으로 둘러싸인 지파입니다. 더 큰 축복은 훗날 베냐민 지파의 땅에 예루살렘 성전이 들어선다는 것입니다. '하나님의 어깨 사이에 안전히 거하리라'는 말씀처럼 베냐민 지파는 성전에서 가장 가까운 곳에 거하는 축복을 받았습니다. 그러니 얼마나 감사할 일입니까. 그런데 어떤 사람은 "나는 왜 강력한 지파가 아닌가, 나에게는 왜 땅을 조금만 주는가?" 하다가 인생을 망칩니다.

좋은 교회를 다닐 수 있다는 것이 얼마나 특권인데, 내 옆에 예루살렘 교회가 있다는 것이 축복인데 이에 감사하지 못하고 불평합니다. 유다처럼 고난이 많아서 믿음이 성장하는 사람도 있습니다. 요셉처럼 믿음 좋고 학력 좋고 돈도 많은, 이것저것 다 갖춘 사람도 있지요. 내가 하나님의 공동체에 속하여 이런 사람들과 함께 신앙생활을 한다는 것이 얼마나 감사합니까. 그런데 "나는 왜 유다가 못 되는가, 나는 왜 요셉이 못 되는가?" 이러고만 있으면 평생 일류가 될 수 없습니다. 말씀과 성령의 임재가 있는 공동체, 건강한 공동체에 속하는 것이 가장 큰 축복입니다. 하지만 교회에도 차별이 있고 성도 간에 위화감을 느낄 수 있습니다. 100% 죄인인 우리가 모인 공동체인데 왜 그런 일이 없겠습니까.

베냐민도 무조건 감사하지는 못했습니다. 창세기 49장에서 야곱은 베냐민을 가리켜 "물어뜯는 이리"라고 표현했습니다(창 49:27). 베냐민 지파가 거한 곳은 남과 북을 관통하는 주요 도로 사이에 위치한 땅이었습니다. 그러다 보니 남북의 격전장이 되어, 베냐민 사람들은 정말로 물어뜯는 이리가 되었습니다. 내 땅에서 맨날 전투가 벌어지는데 '내 것은 내가 지켜야 해' 하면서 이를 악물고 살지 않았겠습니까. 야곱이 아무런 의미 없이 예언한 것이 아닙니다. 우연히 일어나는 역사는 없습니다.

그래서인지 베냐민 지파는 매우 호전적이기도 했습니다. 사사기 19장을 보면 베냐민 지파의 기브아 사람들이 레위 사람의 첩을 겁탈하는 사건이 일어납니다. 이 소식을 들은 이스라엘 지파들이 범죄자를 내주기를 부탁했지만, 베냐민 지파는 이를 거부하고 도리어 온 이스라엘 자손들과 맞서 싸웁니다. 그 결과 멸절 일보 직전까지 갔다가 다른 지파의 도움으로 겨우 회생하지요.

그런데 어떻게 이런 베냐민 지파가 일류가 되었을까요? 하나님은 이런 베냐민 지파에서 사도 바울이 나오게 하셨습니다. 신약성경의 주요 저자인 사도 바울이 바로 베냐민 지파 출신입니다. 얼굴을 들 수 없을 정도로 초토화된 가정일지라도 하나님께로 돌아온다면 그 가정은 일류가 될 줄 믿습니다.

하나님은 자기 백성을 이렇게 축복하십니다. 많이 받든지, 적게 받든지 주신 것에 감사하는 성도가 일류가 됩니다. 몇 평에 살든지, 어떤 환경에 있든지 감사하십시오. 제비 뽑아 주신 땅에서 순종하며 사는 것이 하나님의 약속이 성취되는 길이요, 일류가 되는 비결입니다.

- 학벌, 재산, 지위가 일류가 아니라서 나에게는 내놓을 것이 없다고 생각합니까? 내놓기는커녕 늘 도움을 받을 처지에 있습니까? 그럼에도 하나님이 인정하시는 믿음의 일류가 되는 것이 진정 축복임을 믿으십니까?

내 삶의 경계를 잘 지킬 때 일류가 됩니다

12 그들의 북방 경계는 요단에서부터 여리고 북쪽으로 올라가서 서
쪽 산지를 넘어서 또 올라가서 벧아웬 황무지에 이르며 13 또 그 경
계가 거기서부터 루스로 나아가서 루스 남쪽에 이르나니 루스는 곧
벧엘이며 또 그 경계가 아다롯 앗달로 내려가서 아래 벧호론 남쪽 산
곁으로 지나고 14 벧호론 앞 남쪽 산에서부터 서쪽으로 돌아 남쪽으
로 향하여 유다 자손의 성읍 기럇 바알 곧 기럇 여아림에 이르러 끝
이 되나니 이는 서쪽 경계며 15 남쪽 경계는 기럇 여아림 끝에서부터
서쪽으로 나아가 넵도아 물 근원에 이르고 16 르바임 골짜기 북쪽 힌
놈의 아들 골짜기 앞에 있는 산 끝으로 내려가고 또 힌놈의 골짜기
로 내려가서 여부스 남쪽에 이르러 엔 로겔로 내려가고 17 또 북쪽으
로 접어들어 엔 세메스로 나아가서 아둠밈 비탈 맞은편 글릴롯으로
나아가서 르우벤 자손 보한의 돌까지 내려가고 18 북으로 아라바 맞
은편을 지나 아라바로 내려가고 19 또 북으로 벧 호글라 곁을 지나서

요단 남쪽 끝에 있는 염해의 북쪽 해만이 그 경계의 끝이 되나니 이
는 남쪽 경계며 20 동쪽 경계는 요단이니 이는 베냐민 자손이 그들의
가족대로 받은 기업의 사방 경계였더라_수 18:12~20

20절까지 베냐민 지파의 동서남북 경계가 나오는데 이 좁은 땅이 얼마나 다양하게 구성되어 있는지 모릅니다. 산지도 있고, 황무지도 있고, 물 근원도 있고, 평지도 있고, 골짜기도 있고…… 골고루 다 있습니다.

안전히 거하는 것처럼 보여도 모든 인생에는 절대치의 고난이 있습니다. 산지가 있으면 평지도 있고, 물 근원이 있으면 황무지도 있습니다. 어려움이 있는가 하면 기쁨도 있습니다. 마치 밀물과 썰물처럼 평온함이 왔다가 가고, 어려움이 왔다가 갑니다. 맨날 속을 썩이던 자녀가 일류 대학에 들어갔다고 해 보십시오. 너무 기쁘지 않겠습니까? 그러면 그 기쁨을 발판 삼아 더욱 주님께 헌신해야 하는데 거기에 머물러 있으니까 문제입니다.

베냐민 지파의 경계를 따라 읽어 가다 보면 '올라가고', '넘고', '이르고', '나아가고', '내려가고', '지나고'라는 표현들이 나옵니다. 재미있는 것은 15장 유다 지파의 경계에 대한 기록에는 '올라가서'라는 표현이 압도적으로 많습니다. 반면에 열두 지파 중에 베냐민 지파는 '내려가고'가 월등히 많습니다. 그래서 예수님의 계보를 잇는 유다가 최고입니다. 수많은 골짜기와 망망대해, 요단강, 염해가 가로막고 있어도 유다는 날마다 올라가는데, 베냐민은 날마다 내려갑니다. 성도

는 독수리같이 날마다 올라가는 인생이 되어야 합니다.

우리들교회의 스타 혜옥 자매는 암에 걸려서 세상을 떠났어도 이미 일류 여성입니다. 자신이 무엇 때문에 왔다가 무엇 때문에 가는지 모르는 사람이 이 땅에 허다한데, 혜옥 자매는 암 투병을 통해서 얼마나 많은 사람을 주님께 인도했는지 모릅니다. 마지막 투병 기간에는 휠체어를 타고 교회에 와서 가족과 함께 특송을 불렀는데 전혀 암 환자 같지 않았습니다. 여전히 환하고 예뻤습니다.

"날마다 숨 쉬는 순간마다 내 앞에 어려운 일 보네 주님 앞에 이 몸을 맡길 때 슬픔 없네 두려움 없네……"

주님 품에 안겨 참 안식에 들어간 혜옥 자매의 장례식은 그녀의 마지막을 함께하고자 찾아온 사람들로 발 디딜 곳이 없었습니다. 인터넷을 통해 함께 큐티를 나누며 교제하던 지체들이 지방에서 비행기를 타고 찾아오기도 했습니다. 어느 유명인의 장례식인 듯 장례식장 복도가 조문객으로 장사진을 이루었습니다.

혜옥 자매에게 명예가 있어서 그랬겠습니까? 돈이 있어서 그랬겠습니까? 부모님을 일찍 여의고 결혼도 안 한 자매인데 집안이 좋아서 그랬겠습니까? 자매가 암 고난 가운데 자신의 삶을 나누며 온몸으로 천국을 보여 주고 갔기 때문입니다. 남편도, 자식도 없고 아무 가진 것 없어도, 하나님이 함께하시는 삶이야말로 모두에게 박수 받는 삶인 것을 증거하고 갔기 때문입니다. 가정, 직장, 학교 등 어디나, 병든 곳이든지 건강한 곳이든지 나의 발길 닿는 모든 곳에 하나님이 함께하시면 그것이 곧 일류 인생입니다.

20 동쪽 경계는 요단이니 이는 베냐민 자손이 그들의 가족대로 받
은 기업의 사방 경계였더라 21 베냐민 자손의 지파가 그들의 가족
대로 받은 성읍들은 여리고와 벧 호글라와 에멕 그시스와 22 벧 아
라바와 스마라임과 벧엘과 23 아윔과 바라와 오브라와 24 그발 암
모니와 오브니와 게바이니 열두 성읍과 또 그 마을들이며 25 기브
온과 라마와 브에롯과 26 미스베와 그비라와 모사와 27 레겜과 이르
브엘과 다랄라와 28 셀라와 엘렙과 여부스 곧 예루살렘과 기부앗과
기럇이니 열네 성읍이요 또 그 마을들이라 이는 베냐민 자손이 그
들의 가족대로 받은 기업이었더라_수 18:20~28

베냐민 자손뿐 아니라 어느 지파의 땅이든지 요단강이 경계입니다. 요단 서편은 약속의 땅이고 동편은 약속하신 땅이 아닙니다. 요단에서 자칫 경계를 넘어서면 약속의 땅을 벗어나고 맙니다. 술을 좋아하는 사람들의 말을 빌리자면 처음에는 사람이 술을 마시다가 어느 순간 술이 술을 마신다고 합니다. 우리가 그렇게 경계를 넘어설 때가 많습니다. '예루살렘 성전과 가까이 사니까 요단 동편에 잠깐 넘어갔다 와도 괜찮겠지' 생각하지만 그건 아니라는 겁니다.

항상 경계를 잘 지켜야 하나님이 함께하십니다. 말씀의 경계를 잘 지키고자 하면 하나님이 무한한 복을 주십니다. 자칫 말씀의 경계를 벗어나면 잠시는 좋을지 몰라도 곧 파멸입니다. "하나님이 짝지어 주신 것을 사람이 나누지 못할지니라"는 말씀을 경계 삼아서 내가 가정을 지킨다면 하나님이 영원한 복을 허락하십니다(마 19:6). 그러나

쉴 만한 다른 물가가 있을 것 같아서 가정을 파괴해 버리면 내 인생도 파멸입니다.

대학교수 남편을 살해해 달라고 청부한 부인은 늘 남편 때문에 힘들어했습니다. 자린고비가 따로 없이 경제적으로 숨통을 조여 오는 남편에게 도무지 순종할 수가 없었습니다. 그래서 부인은 돈이 쏟아질 것 같은 다단계 판매업을 시작했습니다. 남편이 교수이다 보니 어디를 가든지 환영을 받았습니다. 그러나 4개월 만에 억대의 빚을 지고 말았습니다. 자린고비 남편이 아파트를 담보로 1억 3천만 원의 빚을 갚아 주었지만, 남편에게 말하지 못한 카드 빚과 사채가 수천만 원이었습니다. 사채업자들이 빚 갚기를 독촉하니까 더는 숨길 수도 없고, 어쩌나 남편이 무서운지 1억 원의 사례금을 주겠다면서 남편을 죽여 달라고 청부한 것입니다.

더욱 놀라운 사실은 아들도 이 일에 공모했다는 겁니다. 명문대 출신인 아들이 아버지를 죽이는 일에 공모했습니다. 이것이 일류의 결론이라면 누가 일류로 살고 싶겠습니까.

환경으로 피하면 멸망의 길을 걸을 수밖에 없습니다. 하나님이 남편을 가정의 머리로 세우셨으니 부인은 남편의 모든 것에 순종해야 합니다. 이는 곧 하나님께 순종하는 것이기에 영원한 복이 기다리고 있습니다. 저도 돈을 못 쓰게 하는 남편 때문에 얼마나 힘들었는지 모릅니다. 정말 '치사 찬란' 해서 살 수가 없었습니다. 나름 예고 강사 경력도 지녔기에 피아노 레슨 일을 하면서 얼마든지 돈 벌고 혼자 살 수 있었겠지요. 그러나 저는 주님의 말씀에 순종했습니다. 남편이 10만

원을 주면 그 10만 원에 순종하며 사는 것이 자식을 위하는 길입니다. 세상은 내 능력을 우러러보고 내 돈을 우러러보지만 하나님은 내가 순종한 것만 보십니다.

그러므로 우리의 말씀 묵상과 나눔은 나를 옭아매는 것이 아닙니다. 오히려 나를 자유하게 하는 것입니다. 나를 일류 되게 하는 비결입니다. 말씀의 경계를 잘 지키며 말씀을 통해 진정한 자유를 얻은 사람은 돈에서도, 남편이나 부인의 사랑에서도 자유합니다.

우리가 잘 아는 철학자 소크라테스와 감리교회의 창시자 존 웨슬리, 그리고 욥은 부인 때문에 성자가 됐다고 해도 과언이 아닙니다. 존 웨슬리의 부인은 부부 싸움을 하던 중에 화를 못 이긴 나머지 웨슬리의 머리채를 끌고 저잣거리를 오간 적도 있다고 합니다. 그런 악처 덕분에(?) 웨슬리가 너무너무 외로워서 하나님과 깊이 교제하게 되었습니다. 날마다 주님과 깊이 교제하다 보니 부인의 사랑에서도 자유하게 되었습니다. 하나님의 사랑과 인간의 사랑은 비교할 수 없습니다. 내 배우자가 악처이든지, 악부이든지 상관없습니다. 하나님이 내게 제비 뽑아 주신 것에 순종하면 내가 일류가 됩니다.

'잠깐은 괜찮겠지' 하며 요단 서편에서 동편으로 건너갔다가는 망합니다. 내가 요단의 경계에서 왔다 갔다 하는 것은 무엇입니까? 게으름입니까, 쾌락입니까, 음란입니까, 불륜입니까? 지금 요단 서편으로 넘어가는 중이라고 해도 좋습니다. 이제라도 말씀의 요단을 경계 삼는다면, 교회에 와서 말씀을 듣기만 한다면 하나님이 함께하실 줄 믿습니다. 이제부터 일류가 될 것을 믿습니다.

• 하나님이 구분 지어 주신 내 삶의 경계는 어떤 곳입니까? 가난하고 병들고 배신과 상처가 있는 곳입니까? 그 경계를 넘어 물질과 정욕과 인간의 위로가 있는 곳을 넘보고 있습니까? 자칫 약속의 땅을 벗어나지 않도록 오늘도 말씀으로 나의 경계를 확인하며 기도하십시오.

내 것을 나눠 줄 때 일류가 됩니다

1 둘째로 시므온 곧 시므온 자손의 지파를 위하여 그들의 가족대로
제비를 뽑았으니 그들의 기업은 유다 자손의 기업 중에서라 2 그들
이 받은 기업은 브엘세바 곧 세바와 몰라다와 3 하살 수알과 발라와
에셈과 4 엘돌랏과 브둘과 호르마와 5 시글락과 벧 말가봇과 하살
수사와 6 벧 르바옷과 사루헨이니 열세 성읍이요 또 그 마을들이며
7 또 아인과 림몬과 에델과 아산이니 네 성읍이요 또 그 마을들이며
8 또 네겝의 라마 곧 바알랏 브엘까지 이 성읍들을 둘러 있는 모든
마을들이니 이는 시므온 자손의 지파가 그들의 가족대로 받은 기업
이라 9 시므온 자손의 이 기업은 유다 자손의 기업 중에서 취하였으
니 이는 유다 자손의 분깃이 자기들에게 너무 많으므로 시므온 자
손이 자기의 기업을 그들의 기업 중에서 받음이었더라_수 19:1~9

시므온 지파는 인구가 적어 한 지파로서 존립마저 어려운 지경이었기에 유다의 기업 중에서 일부를 받습니다. 유다는 가장 많은 땅

을 받은 지파로 그들이 시므온 지파에게 땅을 나누어 주었다는 말씀이 두 번이나 나옵니다. 많이 가진 자가 적게 가진 자에게 나누어 주어야 한다는 것입니다.

시므온은 야곱의 본처인 레아의 둘째 아들입니다. 의리감이 강한 둘째 시므온과 셋째 레위는 하몰의 아들 세겜이 누이 디나를 욕보였다는 이유로 세겜 사람들을 몰살했습니다(창 34장). 이에 야곱은 시므온과 레위를 향해 "내가 그들을 야곱 중에서 나누며 이스라엘 중에서 흩으리로다"라는 축복 아닌 축복의 유언을 남겼습니다(창 49:7). 그러나 이후 회개한 레위 지파는 광야 생활 중에 우상숭배에 빠진 백성을 척결하는 헌신을 했습니다(출 32:26~28). 하나님은 그런 레위 지파를 제사장 지파로 회복해 주셨습니다. 레위 지파는 기업이 없고 열두 지파의 땅에 흩어져 살게 되었으니 야곱의 유언대로 되었지만 이는 명예로운 흩어짐이었습니다.

하지만 똑같이 야곱의 예언을 듣고도 시므온 지파는 광야에서 모압 여인과 음행하는 죄를 저질렀습니다. 그 결과 광야 생활 초기 59,300명에 이르던 시므온 지파가 22,200명으로 줄었고(민 26:14), 훗날에는 유다 지파에 흡수되어 존재도 없이 사라져 버렸습니다. 레위 지파와는 달리 초라하게 흩어지고 말았습니다. 그러므로 우리가 일류가 되려면 먼저 자기 자신을 깨끗이 하는 것이 중요합니다.

시므온은 자신의 주제를 알고 주신 역할에 순종합니다. 유다 지파의 땅에서 분깃을 얻는 것을 불평하지 않습니다. "왜 열두 지파 중에 나만 땅이 없는 거야! 왜 나는 유다 밑에 들어가야 해!" 따지지 않습니다. 도리어 "내가 유다 지파의 땅에 들어가는 것은 당연한 일이야. 땅을 주시기만 해도 감사해!" 합니다.

하나님이 말씀대로 모든 것을 이루십니다. 똑같이 예수를 믿지만 초라한 역할도 있고 멋있는 역할도 있습니다. 교회도 그렇습니다. 겉보기에도 폼 나는 지체가 있는가 하면 보잘것없어 보이는 지체도 있습니다. 그러나 화려하든지 초라하든지 핵심은 내가 열두 지파에 속했다는 것입니다.

사라졌던 시므온 지파는 요한계시록 7장에서 다시 찬란하게 등장합니다. 지금은 형제 유다의 땅에서 셋방살이하는 것 같지만, 마지막 날 다른 지파와 동일하게 12,000명이 인 침을 받는 상급을 받고 천국에서 만나게 될 것입니다(계 7:7). 내가 어떤 역할을 맡았든지 회개하고 천국에 가면 모두 똑같은 상급으로 만나게 될 줄 믿습니다.

유다는 시므온에게 땅을 나누어 주라는 말씀에 순종하고 시므온은 유다 지파의 땅을 받아 살라는 말씀에 순종했습니다. 이런 시므온을 보면서 유다는 자신들이 많이 가졌다고 교만하거나 불평할 수 없었을 것입니다. 우리는 나누어 주기 위해서 사는 것이라 해도 과언이 아닙니다. 나누어 주는 인생을 살라고 하나님이 나에게 고통도 주시고 재물도 주시고 자식도, 학벌도 주십니다.

고대 사회에서 땅은 생명과도 같은 것이었습니다. 그런데도 힘든 시므온을 받아들이고 땅을 나누어 준 유다 지파는 어떤 사람들입니까? 시므온 지파에게 음행의 죄가 있었듯, 유다도 며느리와 간음하는 성적(性的) 범죄를 저질렀습니다. 서로 죄인이니까 서로를 뺏속들이 껴

안아 주었습니다. 정말 유다만이 할 수 있는 적용이라고 생각합니다.

골치 아픈 형제를 미워하면 미움을 받는 자가 불행할 것 같지만 실상은 미워하는 자가 더 불행합니다. 미워하는 순간에는 창조적인 생각이 멎어 버립니다. 생산력이 떨어집니다. 미움은 주위를 경직시킵니다. 그러므로 미워하는 사람은 결코 일류가 될 수 없습니다.

요즘 대체의학이 주목을 받는데 그 핵심 개념이 "인간의 마음가짐이 몸의 병을 좌우한다"라는 것이라고 합니다. 남을 이용하고, 남에게서 빼앗으려 하고, 공동체에 속하기를 거부하며 고립을 자처하는 사람은 병에 잘 걸리고 병을 치료하기도 어렵답니다. 반면에 정신이 건전하고 이웃을 사랑하며 남에게 베풀기 좋아하는 사람은 병에 잘 걸리지 않고 치유도 빠르답니다.

믿음, 소망, 사랑은 사람의 마음 건강은 물론 육체의 건강에도 절대적으로 필요합니다. 내 영육이 건강하면 가정이 건강하고, 교회가 건강하고, 기업이 건강하고, 나라가 건강하게 됩니다.

남보다 먼저 받은 것은 나누라고 주신 것입니다. 그것이 돈일 수도 있고, 지위, 재능, 건강일 수 있습니다. 결코 생색내지 않고 나눔을 실천한 유다 지파에서 예수님이 나셨습니다. 이보다 더 일류 인생이 있겠습니까? 형제 사랑을 실천했더니 우리 집안에 예수님이 오셨습니다. 부모와 형제에게 구원의 사랑을 실천하면 나뿐만 아니라 내 자손도 일류가 될 줄 믿습니다.

우리들교회 목장 보고서에 정말 힘든 환경에 처한 한 집사님의 나눔이 올라왔습니다.

빌딩을 가졌다는 남편의 말을 믿고 결혼했는데 두 달 만에 남편의 실체가 드러났습니다. 빌딩은커녕 결혼도 빚내서 하고, 차도 36개월 할부로 구입한 데다, 집도 천만 원 보증금에 월 30만 원짜리 월셋집이었습니다. 기가 막혔지만 당시 임신한 상태라 배 속의 아이를 생각해서 어쩔 수 없이 살았습니다. 아이를 낳고서도 카드 빚에 허덕이느라 단돈 이천 원이 없어서 미역국도 끓여 먹지 못했습니다. 형편이 어려워 아이 돌잔치도 못 했는데 시댁에서는 사정도 모르고 "왜 우리를 초대하지 않느냐"며 욕을 했습니다. 카드 빚 돌려 막기에 바쁘던 남편은 결국 신용불량자가 됐습니다.

여러분이 이런 상황이라면 남편이 밉지 않겠습니까? 이혼을 해도 백번은 더 할 일 아닙니까? 그런데 이분이 이런 고백을 했습니다.

"적은 액수지만 빚을 갚아 나가는 것이 정말 행복해요!"

죽을 것 같은 처지인데도, "이 모든 것은 나의 구원을 위한 하나님의 세팅"이라며 감사하다고 합니다. 이 집사님은 비바람이 몰아쳐도 아이를 등에 업고서 예배에 옵니다. 그러지 않으면 자기 세계에 갇혀 버리기에 말씀으로 버티기 위해서 온다는 것입니다. 남편도, 시댁 식구도 밉지만 그래도 내가 끝까지 사랑해야 할 내 사람들이라고 집사님은 고백합니다. "나는 할 수 없지만 하나님께 기도하면 하나님이 해 주실 것을 믿는다"고 합니다. 누가 이 집사님을 일류라고 생각하겠습니까. 그러나 '말씀에 순종함으로' 빚을 갚고 있기에 이제는 진정한 일류 아내, 일류 엄마가 될 줄 믿습니다.

하나님이 제비 뽑아 주시는 땅이 크든지 작든지 우리는 감사해야 합니다. 그런 사람이 진짜 일류입니다. 내가 이 교회에, 좋은 공동체에 있는 것이 얼마나 감사한가, 형제들과 함께 도움을 주고받을 수 있는 것이 얼마나 축복인가 돌아보기 바랍니다. 지금부터라도 삶의 경계를 넘지 않고, 어떤 환경도 불평하지 않고 받아들일 때 우리는 일류가 될 수 있습니다. 그런 일류 성도들이 모인 교회가 '일류 교회'이고, 교회가 일류가 되면 나라도 일류가 됩니다.

• 나는 나누어 줄 것이 있는 유다 지파입니까? 받아야 하는 시므온 지파입니까? 모든 것이 하나님의 것임을 알고 나누고 받는 일을 잘 하고 있습니까? 나누어 주기는 아깝고, 받기는 자존심 상한다고 생각합니까? 도와주면서도 생색을 내고 무시하거나 미워하지는 않습니까?

우리들 묵상과 적용

"차를 팔면 얼마나 받을 수 있대?" 퇴근하고 집에 오니 아내가 기다렸다는 듯 물었습니다. 남아 있는 할부금에도 미치지 못하는 견적이 나왔다고 하자 "차 살 때 알아보고 잘 좀 사지!"라며 한마디를 했습니다. 지금까지 별다른 말을 하지 않던 아내였는데, 얼마 전에는 "내가 말을 하지 않아서 그렇지 경제적으로 얼마나 힘든지 알아?" 하더니 며칠 후에는 "오늘 큰딸 영어학원 등록 못 했어" 하는데 할 말이 없었습니다. 지금도 빠듯한 살림이지만 이제는 좀 더 씀씀이를 줄여야 할 것 같아서 우리 부부는 차 두 대 중 하나를 처분하고 대중교통을 이용하기로 했습니다. 그런데 자동차값이 남은 할부금에도 못 미친다고 하니 아내는 낙담했고, 이런 아내의 반응에 저는 더 낙심이 되었습니다. 레아의 둘째 아들인 시므온 지파는 다른 지파와는 다르게 유다 지파의 땅에서 기업을 받습니다(19:1). 자기 땅을 주어야 하는 유다나, 그 땅을 받는 시므온 모두 순종을 잘 한 것 같습니다. 유다는 며느리와 동침을 했고, 시므온 지파는 모압 여자와 음행하고 이방신을 숭배했는데 유다가 그런 시므온을 체휼한 것 같습니다(19:9).

"특별한 고난이 없지만 아이들에게 좋은 믿음을 남겨 주고자 교회에 오게 되었다"는 제 간증은 힘든 지체들을 전혀 위로해 주지 못했습니다. 저 또한 다른 사람들의 고난에 체휼도 애통도 되지 않았기에 그들의 낙담을 위로해 주지 못했습니다. 게다가 저를 조금이라도 불편하게 하는 사람이 집에 오면 표정과 말로 상대를 불편하게 만드는 이기적인 사람이었습니다.

시므온이 유다 지파 내에서 흩어짐을 당하여 망하는 인생 같지만, 계시록에서 믿는 유다 지파와 함께 모두와 똑같은 숫자로 구원의 복을 받는 것을 봅니다(계 7장). 지금까지 늘 특별한 고난이 없다는 이유로 낙심한 사람들에게 해 줄 말이 없다고 생각했고, '남의 고난이지 내 고난이 아니다' 하는 교만으로 사람들을 무시하며 판단하기도 했습니다. 이렇게 이기적인 인생으로 세상에서 흩어질 수밖에 없었던 제 모습을 공동체 안에서 객관적으로 보고 나니, 시므온처럼 후에 받을 계시록의 축복을 기대하게 됩니다. 레아가 고난 가운데 믿음을 지켰을때 레아의 후대 대다수가 요단강 동편에 머물지 않고 요단강 서편에 머물렀던 것같이, 저도 공동체에서 말씀과 양육과 여러 지체의 나눔을 통해 세상에서 흩어질 수밖에 없는 인생에서 계시록의 구원받는 인생으로 불러 주심에 감사합니다. 제가 공동체에 잘 붙어서 가는 것이 자녀들이 요단강 동편에 머무르지 않고 약속의 땅에 거하는 길임을, 또한 내 자녀들을 통해 우리 집안에 예수님이 오시게 되는 길임을 확신합니다.

영혼의 기도

하나님 아버지, 우리는 일류가 되기 위해 몸부림을 칩니다. 하지만 진정한 일류가 되기 위해 내게 주신 분깃을 인정하고 감사하라고 하십니다. 거기에는 골짜기도 있고 황무지도 있지만 물의 근원도 있습니다. 평지도 있습니다. 하지만 무엇보다 그 작은 땅에 앞으로 예루살렘 성전이 지어질 것입니다. 아무리 작은 땅이라고 해도 나에게 하나님의 말씀이 있고, 하나님의 공동체와 지체가 있다면 반드시 일류가 될 줄 믿습니다.

제게 주신 모든 환경에서 말씀의 경계를 잘 세우기 원합니다. 경계를 넘지 않고 어떤 일이든 말씀을 기준으로 놓을 때 하나님이 함께 하시는 삶을 보여 줄 수 있을 것입니다. 그리하여 직장에서나 교회에서나 가정에서나 하나님으로 인하여 일류가 되게 하옵소서.

시므온은 유다 지파의 땅에 들어가게 되었습니다. 부모 형제의 집에 들어가서 살 수밖에 없는 처지가 되었습니다. 그러나 불평하지 않고 내 살아온 날의 결론임을 인정하며 겸손하게 하옵소서. 또 내가 유다처럼 나누어 주어야 할 입장이라면 '나 같은 죄인이 누군가를 도와줄 수 있다는 게 얼마나 축복인가?' 생각하며 생색내지 않고 성심껏 돕기를 원합니다.

주님, 우리는 아무도 일류가 될 수 없습니다. 하나님 앞에서 내가 죄인이라는 것을 고백하지 않고는 그 누구도 일류가 될 수 없습니다. 내 삶의 모든 사건에서 하나님의 음성을 듣고 발상의 전환이 일어나게 하옵소서. 하나님의 말씀으로 매일 살아나며 일류의 삶을 사는 저와 우리가 되게 하옵소서. 예수님 이름으로 기도하옵나이다. 아멘.

Part 5

말씀으로 날마다 살아난다

Chapter 27

백전백패 불신 결혼: 적은 전쟁 후를 노린다

Chapter 28

진퇴양난 고립전: 도피성

Chapter 29

자나 깨나 신경전: 주위에 안식을 주신 하나님

Chapter 30

아쉽다 이별애전: 하나가 된다는 것

Chapter 31

회복전: 아름다운 땅을 회복하기 위해

Chapter 32

과거를 기억하라 상기전: 여호수아의 마지막 고백

Chapter 33

백발백중 집중: 하나님께 집중하라

Chapter 27

백전백패 불신 결혼: 적은 전쟁 후를 노린다

여호수아 19:10~51

하나님 아버지, 하나님 나라의 일을
완성하는 것이 무엇인지 말씀을 듣고자 합니다.
성령께서 주시는 말씀을 듣고 깨닫게 하옵소서.

모태신앙인 저는 어려서부터 교회를 다녔는데 주일 설교에서 가정과 이혼에 대해 이야기하는 것을 들어 본 적이 별로 없었습니다. 그런데 하나님이 저에게 특별한 사명을 주셔서 30여 년 동안 가정 회복에 대한 메시지를 한결같이 외치게 하셨습니다. 그 뒤에는 어머니의 기도가 있었습니다. 어머니의 헌신과 기도 덕분에 제가 딴 길로 가지 않고 고난을 통해 지금의 사역을 하게 되었습니다. 저뿐만 아니라 우리네 자매에게도 하나님이 허락하신 고난과 사역의 열매들이 있었습니다. 오늘은 제 언니 이야기를 하려고 합니다.

둘째 언니는 성품도 훌륭하고 학벌로도 일류인 삶을 살았습니다. 이화여고와 서울대학교를 거쳐 서울대 대학원을 우등으로 졸업했습니다. 신앙생활에도 열심이어서 대학생 시절에는 기독학생회 부회장으로 활동했습니다. 또 졸업 후에는 대학에서 학생들을 가르쳤습니다. 이렇게 화려한 학창 시절을 보낸 언니가 결혼 후 수십 년을 필리핀 빈민가에서 묵묵히 헌신했습니다. 저는 이런 언니야말로 누구보다 하나님 나라의 일을 완성한 사람이라고 생각합니다.

여호수아 14장부터 기업 분배가 시작되었습니다. 그리고 19장 51절에서 드디어 "땅 나누는 일을 마쳤더라"고 합니다. 우리 인생에서 나누는 일을 마쳤다는 것, 즉 하나님 나라의 일을 완성했다는 것은 무엇인지 말씀을 통해 생각해 보겠습니다.

가족이 우선입니다

10 셋째로 스불론 자손을 위하여 그들의 가족대로 제비를 뽑았으
니 그들의 기업의 경계는 사릿까지이며 11 서쪽으로 올라가서 마랄
라에 이르러 답베셋을 만나 욕느암 앞 시내를 만나고 12 사릿에서
부터 동쪽으로 돌아 해 뜨는 쪽을 향하여 기슬롯 다볼의 경계에 이
르고 다브랏으로 나가서 야비아로 올라가고 13 또 거기서부터 동
쪽으로 가드 헤벨을 지나 엣 가신에 이르고 네아까지 연결된 림몬
으로 나아가서 14 북쪽으로 돌아 한나돈에 이르고 입다엘 골짜기
에 이르러 끝이 되며 15 또 갓닷과 나할랄과 시므론과 이달라와 베
들레헴이니 모두 열두 성읍과 그 마을들이라 16 스불론 자손이 그
들의 가족대로 받은 기업은 이 성읍들과 그 마을들이었더라 17 넷
째로 잇사갈 곧 잇사갈 자손을 위하여 그들의 가족대로 제비를 뽑

왔으니 18 그들의 지역은 이스르엘과 그술롯과 수넴과 19 하바라임
과 시온과 아나하랏과 20 랍빗과 기시온과 에베스와 21 레멧과 엔
간님과 엔핫다와 벧 바세스이며 22 그 경계는 다볼과 사하수마와
벧 세메스에 이르고 그 끝은 요단이니 모두 열여섯 성읍과 그 마을
들이라 23 잇사갈 자손 지파가 그 가족대로 받은 기업은 이 성읍들
과 그 마을들이었더라 24 다섯째로 아셀 자손의 지파를 위하여 그
가족대로 제비를 뽑았으니 25 그들의 지역은 헬갓과 할리와 베덴
과 악삽과 26 알람멜렉과 아맛과 미살이며 그 경계의 서쪽은 갈멜
을 만나 시홀 림낫에 이르고 27 해 뜨는 쪽으로 돌아 벧 다곤에 이르
며 스불론을 만나고 북쪽으로 입다 엘 골짜기를 만나 벧에멕과 느
이엘에 이르고 가불 왼쪽으로 나아가서 28 에브론과 르홉과 함몬
과 가나를 지나 큰 시돈까지 이르고 29 돌아서 라마와 견고한 성읍
두로에 이르고 돌아서 호사에 이르고 악십 지방 곁 바다가 끝이 되
며 30 또 움마와 아벡과 르홉이니 모두 스물두 성읍과 그 마을들이
라 31 아셀 자손의 지파가 그 가족대로 받은 기업은 이 성읍들과 그
마을들이었더라 32 여섯째로 납달리 자손을 위하여 납달리 자손의
가족대로 제비를 뽑았으니 33 그들의 지역은 헬렙과 사아난님의 상
수리나무에서부터 아다미 네겝과 얍느엘을 지나 락굼까지요 그 끝
은 요단이며 34 서쪽으로 돌아 아스놋 다볼에 이르고 그 곳에서부
터 훅곡으로 나아가 남쪽은 스불론에 이르고 서쪽은 아셀에 이르
며 해 뜨는 쪽은 요단에서 유다에 이르고 35 그 견고한 성읍들은 싯
딤과 세르와 함맛과 락갓과 긴네렛과 36 아다마와 라마와 하솔과

37 게데스와 에드레이와 엔 하솔과 38 이론과 믹다렐과 호렘과 벧
아낫과 벧 세메스니 모두 열아홉 성읍과 그 마을들이라 39 납달리
자손의 지파가 그 가족대로 받은 기업은 이 성읍들과 그 마을들이
었더라_수 19:10~39

앞선 지파들이 그런 것처럼 19장의 일곱 지파도 가족대로 제비를 뽑아 땅을 나눕니다(19:10, 17, 24, 32, 40). 하나님은 모든 지파에게 가족을 따라 기업을 주셨습니다. 인생에서 무엇이든지 '완성한' 사람은 무엇보다 가족을 중요하게 생각합니다. 어떤 분야에서 성공을 이루었다고 해도 가족을 경시한다면 진정 성공했다고 말할 수 없습니다.

가나안 땅에 들어와 기업 나누는 일을 마쳐 갈 즈음 "어느 때까지 지체하겠느냐?"고 야단을 맞은 일곱 지파는 변방에 불과한 땅을 받습니다. 유다 지파는 가장 많은 성읍을 얻은 반면에 게을러서 지체하던 일곱 지파는 변방 땅을 받습니다. 누군들 변방을 받고 싶어서 받았겠습니까? 누군들 부지런하기 싫어서 부지런하지 않았겠습니까? 똑같이 이스라엘 열두 지파에 속했는데도 이렇듯 서로 다른 이유는 무엇일까요? 이쯤 되면 열두 지파의 특징이 궁금하죠? 창세기 30장을 보면 이스라엘 열두 지파의 특징을 알 수 있습니다. 그래서 성경을 많이 알면 적용이 풍부해집니다.

열두 지파의 아버지인 야곱에게는 네 명의 부인이 있었습니다. 바로 자매지간인 레아와 라헬, 그리고 두 명의 첩 빌하와 실바입니다. 그런데 창세기 30장을 보면 야곱과의 사이에서 낳은 아들들의 이름

을 레아와 라헬이 짓습니다. 아버지 야곱이 아닌, 어머니 레아와 라헬이 그 아들들의 이름을 지어 줍니다.

야곱은 둘째 부인인 라헬을 평생 총애했습니다. 얼마나 사랑했는지 라헬을 얻기 위하여 외삼촌 라반을 7년간 섬겼는데, 그 7년을 며칠같이 여겼다고 합니다(창 29:18~20).

그러나 공평하신 하나님이 레아에게 아들을 쑥쑥 낳게 하셨습니다. 그 첫째 아들이 '르우벤'으로, 이름은 '나의 괴로움을 돌보셨으니 이제는 사랑하리로다'라는 뜻입니다. 레아에게 희망이 생겼습니다. 둘째 아들은 '내가 사랑 받지 못함을 들으시고 이 아이도 주셨도다'라는 뜻의 '시므온'입니다. 셋째 레위는 '나와 연합하리로다', 넷째 유다는 '이제는 찬송하리로다'라는 뜻입니다. 레아는 비록 야곱의 사랑을 받지는 못했지만, 하나님과 점점 연합하여서 그 언어가 감사와 찬송으로 바뀌었습니다.

넷째 아들을 낳고 생산이 멈추자, 레아도 인간적으로 연약한지라 여종 실바를 야곱에게 첩으로 주었습니다. 실바는 갓과 아셀을 낳았는데 갓은 '복되도다', 아셀은 '기쁘도다'라는 뜻입니다. 이후 맏아들 르우벤의 도움으로 야곱과 동침할 기회를 얻은 레아는 다시 아들을 낳고, '하나님이 값을 주셨도다'라는 뜻의 '잇사갈'로 이름을 지었습니다. 또 레아의 여섯째 아들인 '스불론'은 '하나님이 후한 선물을 내게 주셨도다'라는 뜻입니다. 이처럼 레아의 언어에는 항상 덕이 담겨 있습니다.

반면에 라헬은 야곱의 총애를 받으면서도 아들을 낳지 못했습니다. 그녀는 레아를 시기하여 여종 빌하를 야곱에게 첩으로 주는데, 빌하가 아들을 낳자 그 이름을 '내 억울함을 푸시고 내 소리를 들으셨도다'라는 뜻의 '단'이라고 지었습니다. 빌하에게서 낳은 둘째 아들에게는 '내가 형과 경쟁하여 이겼도다'라는 뜻의 '납달리'라는 이름을 붙여 주었습니다.

라헬은 레아가 비록 야곱의 사랑을 받지는 못해도 아들을 낳을 때마다 하나님께 감사하는 모습을 곁에서 보았습니다. 그런데도 라헬은 어땠습니까? 하나님이 그토록 원하던 아들을 주셨어도 '다른 아들 하나를 더 낳기 원한다'라는 뜻의 '요셉'이라는 이름을 붙여 주었습니다. 다른 아들에게는 '슬픔의 아들', '베노니'라는 이름을 지어 주고는 죽었습니다.

어떻습니까? 아들들 이름만 보아도 감이 딱 오시죠? 남편에게 사랑을 듬뿍 받는다고 행복한 삶이 아니라는 것을 레아와 라헬이 보여 줍니다. 레아는 아들을 낳을 때마다 찬양과 감사, 기쁨이 넘쳤는데 라헬은 그저 억울함만 호소했습니다. 경쟁에서 이겨야 한다면서 기다리던 아들을 주셔도 더 달라며 떼쓰고, "슬프도다" 외치다가 이 세상을 떠났습니다. 저는 이런 라헬의 모습이 열두 지파에 땅을 분배할 때 그대로 나타났다고 생각합니다. 단과 납달리가 변방 땅, 형편없는 땅을 받은 것은 모두 라헬 삶의 결론입니다.

남편이 바람을 피우는데도 레아처럼 "이제는 사랑하리로다, 연합하리로다, 찬송하리로다, 복되도다, 기쁘도다, 하나님이 후한 선물을 주셨도다!"라고 고백한다면, 그것이 그 사람의 인격 아니겠습니까? 힘든 과정을 겪으면서 레아에게는 보혜사 성령님이 함께하셨습니다. 레아는 남편의 사랑보다 더 큰 주님의 사랑과 깊이 연합하므로 항상 감사하고 기뻐할 수 있었습니다.

레아의 아들이라고 다 훌륭하지는 않았습니다. 아버지의 첩 빌하와 동침한 르우벤, 살인을 저지른 레위와 시므온, 며느리와 간음한 유다……. 하지만 레아의 믿음으로 레아의 아들들은 후대까지 번성했습니다. 살인하고 간음했어도 어머니 레아 덕분에 자손들이 복을 받았습니다. 결국 고난에 대한 부모의 태도가 자녀를 축복으로 이끌지 저주로 이끌지 좌우한다는 것입니다. 그러니 부모로서 얼마나 책임감이 막중합니까. 부모 인생에서 가장 우선순위는 자녀에게 주의 길을 잘 가르치며 레아처럼 어떤 경우에도 감사하는 모습을 보여 주는 것입니다.

창세기 49장에서 야곱은 열두 아들을 향해 빠짐없이 예언합니다. 그런데 이후 신명기 33장과 사사기 5장에 등장하는 열두 지파의 명단을 보면, 어떤 지파는 빠져 있기도 하고 다시 들어가기도 합니다. 이런 우여곡절을 거쳐 성경 마지막 요한계시록 7장에 천국에 입성하는 지파들 명단에는 유다, 르우벤, 갓, 아셀, 납달리, 므낫세, 시므온, 레위, 잇사갈, 스불론, 요셉, 베냐민 지파 순서로 기록되어 있습니다. 제사장 지파인 레위는 셋째 아들이지만 여덟 번째로 들어갑니다. 요셉과 베냐민은 마지막에 턱걸이로 입성합니다. 또한 요셉의 둘째 아들인 에브라임 지파는 북이스라엘을 우상의 본거지로 만든 결론으로 비록 여호수아가 속한 지파일지라도 열두 지파에서 빠졌습니다. 단 지파도 빠졌습니다. 이 두 지파 모두 라헬에 속한 소생입니다.

레아의 넷째 아들인 유다는 며느리 다말과 동침한 사건을 통해 자기 죄를 철저히 회개한 후 겸손히 인내하는 삶을 살았습니다. 이후 창세기부터 계시록까지 유다 지파는 늘 1위로 입성하는 영광을 누립니다. 다른 지파는 엎치락뒤치락 순서가 바뀌는데 유다는 언제나 1위입니다. 그러다 마침내 예수님이 오시는 축복을 누립니다. 유다 지파가 압도적인 수의 성읍을 분배 받은 것은 그만큼 수없이 전쟁을 치르면서 승리했다는 뜻입니다.

유다가 122개의 성읍을 얻은 것에 비해 일곱 지파가 얻은 성읍 수는 참 초라합니다. 스불론은 열두 성읍, 잇사갈은 열여섯 성읍, 아셀은 스물두 성읍, 납달리는 열아홉 성읍을 받습니다. 변방 땅 중에서도 얼마 되지 않는 기업을 받은 것이 결코 우연이 아니라는 겁니다.

성읍을 많이 얻은 유다 지파가 부럽습니까? 그러나 며느리와 간음했다는 이유로 유다가 얼마나 무시 받았는지 모릅니다. 유다를 무시하는 나의 속성 때문에 내가 유다가 되지 못하는 것입니다. 유다처럼 되고 싶다고 모두가 될 수 있는 것이 아닙니다. 자신의 모습을 보아야 합니다.

유다가 제일이고 요셉은 나쁘다는 이야기가 아닙니다. 각자 이 땅에서 맡겨진 역할이 있습니다. 하나님은 이스라엘 열두 지파를 통해 모든 인간의 군상을, 성도의 모습을 보여 주십니다. 각 지파가 그 역할 모델을 한 것입니다. 유다는 122성읍, 스불론은 12성읍…… 지금은 이렇게 차이가 나지만 각자의 역할에 충실하여 마지막 요한계시록에서 열두 지파가 똑같이 12,000명씩 144,000명이 입성합니다. 나의 질고와 수치, 모든 것을 내놓고 주님만 믿으면 똑같이 구원의 선물을 받습니다. 간음한 유다도, 살인한 시므온도, 훌륭한 요셉도 똑같이 입성했습니다. 오늘 어떤 상황에 있더라도 함께 하나님 나라에 입성하는 여러분이 되기를 축원합니다.

화려한 학창 시절을 보낸 언니는 대학원을 졸업한 후 당시 문교부(現 교육부)에서 주관하는 유학생 선발 시험에 당당히 합격하여 원하는 모든 대학에서 입학 허가를 받았습니다. 그런데 유학을 떠나기 직전 후두염 판정을 받았습니다. 성악을 전공한 언니에게는 '다시는 노래를 할 수 없다'는 청천벽력의 선고였습니다.

이후 언니는 한 달 만에 결혼했습니다. 그러나 그 결혼은 하지 않아야 할 결혼이었습니다. 우리 집의 개혼(開婚)인데도 아버지는 딸 귀한 줄 모르시고 상대가 결혼하자고 한다니까 "그냥 하라"고 하셨습니다. 평소 아버지는 알아보고 의심하고 따져 보는 것을 악(惡)이라고 생각하시는 분이었습니다.

제가 생각해도 우리 집은 하나님의 은혜로 살았습니다. 밥을 안 굶은 것이 정말 기적일 정도였습니다. 엄마는 엄마대로 아버지는 아버지대로 도통(道通)하셔서, 우리 집안에는 인간의 말을 하는 사람이 아무도 없었습니다. 모두 딴 세상 사람 같았습니다. 친구들하고 싸웠다고 하면 부모님은 무조건 "용서하라"고 하셨기에 우리 자매들은 싸울 줄도 몰랐습니다. 누구와 싸움이 나면 그저 물러서서 눈물만 터뜨리고 경쟁에서 이기는 법도 몰랐습니다. 이렇듯 하나같이 착했지만(?) 그중 가족을 중요하게 생각하는 사람은 누구도 없었습니다.

당시 고등학생인 제가 보기에도 언니의 결혼은 위험해 보였습니다. 만난 지 한 달 만에 결혼을 약속했지만, 약혼식 전날 언니는 울며불며 결혼을 못 하겠다고 했습니다. 그때 막았어야 했습니다. 하지만 뿌리 깊은 유교 가문에서 자라신 아버지는 장로님이 돼서도 성경적 가치관을 가지지 못하셨습니다. 그래서 믿음보다는 '상대를 의심해서는 안 된다'라는 신념으로, 내일이 약혼식인데 파혼하면 체면이 구겨질까 봐 결혼을 강행하셨습니다. 저는 지금도 "사랑으로 승화하고 살아라!" 하신 당시 아버지의 말씀이 생생히 기억납니다. 이렇게 정답만 이야기하는 것이 얼마나 사람을 질리게 하는지 모릅니다. 물론 아버지를 존경하지만 그 말씀에는 설득력이 없었습니다. 아무리 다시 생각해 보아도 가족을 위한 결정이 아니었습니다. 가족을 중요하게 여기려면 무엇보다 구원의 확신이 있어야 합니다. 성경을 보아야 합니다. 성경적인 가치관이 세워지지 않으면 누구도 올바르게 사랑할 수 없고, 올바르게 도와줄 수 없습니다.

저는 성도들에게 "결혼식 전날이라도 확신이 없다면 결혼하지 말라"고 당부합니다. 제가 괜히 하는 말이 아닙니다. 언니를 통해 경험해 보았기 때문입니다. 일단 결혼했다면 절대 이혼해서는 안 됩니다. 그러나 결혼 전에 내 결혼이 믿음의 결혼이 아닌 것을 깨달았다면 결혼식 전날이라도 파해야 합니다.

결혼 당사자인 언니도 신앙 경력이 찬란하고 교회를 열심히 다녔지만, 성경을 읽은 적이 없어서 성경적 가치관을 가지지 못했습니다. 그러니 당연히 지혜도 없고, 힘든 결혼생활이 해석이 될 리 만무했습니다. 언니는 결혼하고 얼마 되지 않아서 아이를 가졌는데 형편이 너무 어려워서 친정인 우리 집에서 함께 살게 되었습니다. 당시 친정이 망한 뒤라 코딱지만 한 집 단칸방에 온 가족이 모여 살았는데, 언니네 식구들까지 더해졌습니다.

저도 언니도 교회 다니는 사람을 만나 결혼했는데, 교회만 다닌다고 되는 게 아니라는 걸 하나님이 보여 주셨습니다. 자세한 이야기를 다 할 수는 없습니다. 언니의 입장에서 형부와 함께 살 수 없는 이유가 백 가지도 넘었습니다. 누구보다 효녀이고 신앙생활도 공부도 열심이었는데, 속 한번 썩인 일이 없는데, 그렇게 착하고 밝은 언니가 왜 후두염에 걸렸는지, 왜 그런 결혼을 할 수밖에 없었는지……. 우리 식구는 모두 바보였습니다. 착한 것이 아니라 바보였습니다. 모두가 일류 학교를 나왔어도 똑똑한 사람이 한 명도 없었습니다. 여호와를 경외하는 것이 지혜의 근본인 것을 몰랐습니다(시 111:10; 잠 9:10).

- 하나님 나라의 일을 완성하는 가정이 되기 위해서 나는 어떤 역할을 하고 있습니까? '내 가족만 구원 받으면 된다'가 아니라 내 가정이 온전히 쓰임 받도록 감사와 찬양의 본을 보이고 있습니까?

그럼에도 억울해하지 말아야 합니다

40 일곱째로 단 자손의 지파를 위하여 그들의 가족대로 제비를 뽑
았으니 41 그들의 기업의 지역은 소라와 에스다올과 이르세메스와
42 사알랍빈과 아얄론과 이들라와 43 엘론과 딤나와 에그론과 44 엘
드게와 깁브돈과 바알랏과 45 여훗과 브네브락과 가드 림몬과 46 메
얄곤과 락곤과 욥바 맞은편 경계까지라 47 그런데 단 자손의 경계는
더욱 확장되었으니 이는 단 자손이 올라가서 레셈과 싸워 그것을 점
령하여 칼날로 치고 그것을 차지하여 거기 거주하였음이라 그들의
조상 단의 이름을 따라서 레셈을 단이라 하였더라 48 단 자손의 지파
가 그에 딸린 가족대로 받은 기업은 이 성읍들과 그들의 마을들이었
더라_수 19:40~48

40절부터 단 지파에 땅을 분배합니다. '단'은 '억울함을 푸시려고 내 소리를 들으셨다'라는 뜻으로 라헬이 지어 준 이름입니다. 땅을 나누는 일을 마침으로 하나님 나라 일을 완성하기 위해서는 억울한 마음이 없어야 합니다. 앞에서 각 지파의 기업 경계를 정할 때 유다 지파는 '올라가고'라는 표현이, 베냐민은 '내려가고'라는 표현이 많았습니다. 스불론은 '올라가고, 나아가서, 이르고'라고 합니다. 잇사갈의 경계에서는 '올라가고, 내려가고'라는 표현은 찾아볼 수 없고, '이르고'라고 하고, 아셀과 납달리는 '이르고, 나아가, 이르고'입니다.

그런데 단은 '올라가고, 내려가고, 이르고' 할 것 없이, 할당된 땅

을 두려워하며 정해진 경계는 무시합니다. 주 안에서 올라가고, 내려가고, 이르고, 나아가는 것이 순종입니다. 이는 정해 주신 땅에서 적극적으로 살아 보겠다는 의지입니다. 그러나 단 지파는 안 올라가야 할 곳에 마음대로 올라가서는 그 땅을 쳐서 취해 버립니다.

단 지파가 분배 받은 땅은 가나안 중앙에 위치한 곳이었습니다. 단의 인구는 64,400명으로 하나님이 축복하셔서 매우 번성한 지파가 되었습니다(민 26:43). 저희 언니처럼 전력이 화려하고 찬란합니다. 그런데 이런 단이 살기에는 분배 받은 땅이 너무 좁았습니다. 게다가 주변에 아모리 족속과 블레셋 사람들이 시시때때로 이들을 괴롭혔습니다(삿 1장, 13장). 그래서 자기 멋대로 북쪽 레바논 골짜기 레셈까지 가서 칼날로 그 땅을 취하고는 '단'이라고 칭합니다. 유일하게 명하시지 않은 땅을 치고, 명하신 땅은 취하지 않은 지파가 단입니다.

집은 좁아서 살기 싫고, 무서운 아모리 남편과 싫은 블레셋 부인이 있을 때 우리는 안에서의 일을 밖에서 하려고 합니다. 시키지도 않은 전도를 하겠다며 밖으로 돌면서 곳곳에 전리품을 쌓아 놓으려고 합니다. 하지만 밖이 아니라 '안'에 있어야 합니다. 관계 때문에 우리는 끝없이 갈등할 수밖에 없고 힘이 듭니다. 아모리 같은 남편하고 사는데 얼마나 갈등이 많겠습니까. 그러나 갈등 충만이 곧 성령 충만입니다. 갈등을 피하려고만 해서는 안 됩니다.

내가 아무리 열심히 전도하고 교회를 섬긴다고 해도 하나님은 속지 않으십니다. 하나님이 나에게 주신 영역이 있습니다. 그 안에서 '관계 전도'를 해야 합니다. 먼저는 부부 관계, 그다음은 부모와 형제

관계, 직장에서의 상하 관계…… 내게 허락하신 관계 안에서 하나님을 전해야 합니다. 교회도 마찬가지입니다. 공동체 안에서 관계 전도로 교회가 이루어져 가는 것입니다. 성도 간에 관계가 건강하지 않으면 당연히 건강한 교회가 될 수 없습니다.

단 자손이 약속의 땅을 받아 놓고도 초점에서 벗어난 순종을 했는데 지경이 확장됐습니다. 그래서 잘된 걸까요? 매사 실상을 잘 파악해야겠지요. 많이 모인다고 좋은 것이 아닙니다. 땅이 넓어졌다고 좋은 게 아닙니다. 그 땅이 '어떻게 확장되었는가'를 보아야 합니다. 유다 지파처럼 하나님이 인정하심으로 많은 성읍을 얻었는가, 단처럼 내 멋대로 성읍을 취하고 주의 일이라고 떠들고 있지 않은가 본질을 잘 파악해 보라는 말입니다.

안에서 해결해야 할 문제를 밖에서 해결하려는 사람들의 특징이 기복 신앙에 젖어 있다는 것입니다. 단 지파가 쳐서 취한 레셈(단) 땅은 훗날 우상숭배의 중심지가 되었습니다. 북이스라엘의 여로보암 왕이 예루살렘 성전을 찾아 남유다로 향하는 백성들을 저지하고자 벧엘과 단에 금송아지 우상을 세우고 숭배를 강요하였죠(왕상 12:27~30). 그러므로 고난은 피해야 하는 것이 아니라 통과해야 하는 것입니다. 환경을 피하려니까 말씀을 떠나게 되고, 신앙마저 자기 성취를 위한 수단으로 전락시켜 버립니다. 결국 레셈 땅은 앗수르에 의해 다른 곳보다 빨리 멸망했습니다. 단은 본래 주신 가나안 중앙의 땅도 잃어버리고, 자기가 쳐서 취한 땅도 잃어버리고 말았습니다.

언니는 자신의 식구들을 먹여 살리면서 망한 친정까지 거두게 됐습니다. 그렇게 2, 3년을 버텼지만 결국 이혼했습니다. 너무 쉽게 이혼을 했습니다. 갈라설 이유가 백 가지도 넘었으니 이혼을 당연시 여겼습니다. 그러고는 다른 사람을 만났는데, 이번에는 신랑감을 잘 분별하겠다면서 고작 알아본 것이 상대의 졸업증명서와 학점이었습니다. 상대는 미국 명문대를 최고의 성적으로 졸업한 초혼의 청년이었지만 천주교를 믿는 사람이었습니다. 그러나 언니는 갈등 끝에 천주교도 같은 믿음이라면서 결혼했습니다. 그것이 당시 언니의 믿음 분량이었습니다. 이혼 후에 불같이 은혜를 받고 금식기도까지 했어도 이런 결혼을 한 것입니다. 그러나 두 번째 결혼도 도피처가 되지 못했습니다. 형부는 그 후로도 오랫동안 예수를 믿지 않았습니다. 총알을 피하려다가 대포를 만난 격이었습니다.

언니도 저처럼 평신도로 선교하다가 목사 안수를 받았습니다. 언니가 미국에서 한 집회를 인도했을 때 한 시각장애인이 눈을 뜨는 역사가 일어나기도 했습니다. 평신도 집사 시절엔 미국의 한 교회에서 설교를 맡았는데 323명이나 회심을 했습니다. 그리고 20여 년 동안 무더운 필리핀에서 빈민가 선교를 했습니다. 학창 시절 화려하게 음악 활동을 하며 곱기만 하던 언니의 얼굴은 필리핀 원주민과 다름없이 검게 그을렸습니다. 그러나 언니가 빈민가 사역을 하며 온몸을 불살라 구제하고 선교해도 형부는 여전히 예수님을 만나지 못했습니다. 남편의 구원을 위해 언니가 40일 금식을 하면서 기억력 손상까지 입었는데도 형부는 돌아오지 않았습니다. 그럴수록 언니는 더욱 죄인의 모습으로 숨어서 섬겼습니다.

이것이 4대째 신앙인의 모습입니다. 아내가 목사인데도 남편은 교회를 안 나오고 아들은 속을 썩였습니다. 그런 생활이 몇십 년 계속되다 보니 언니까지 치료가 필요한 상태가 되었습니다. 선교하고 교회를 개척하며 언니의 지경이 확장된 것처럼 보였지만, 언니의 삶을 통해 제가 깨달은 것은 '절대 이혼하면 안 된다'는 것입니다. 이혼하지 않는 것이 가장 중요한 선교라는 겁니다. 하나님이 이혼을 얼마나 싫어하시는지 우리 식구들은 처절히 보았습니다.

언니의 이혼은 모든 식구의 아킬레스건이었습니다. 당사자뿐 아니라 식구들에게까지 상처가 전염되었습니다. 형부는 언니가 조금만 잘못해도 언니의 이혼을 물고 늘어졌습니다. 그런 언니 부부를 보며 저는 시마다 때마다 억울했고, 저 또한 이혼하고 싶은 생각이 수없이 들었습니다. 교회를 다녔어도 유교적인 가치관이 남아 있어서 언니의 이혼은 몇십 년이 지나도록 집안의 수치였습니다. 사역을 하는 저나 언니나 그 일만 생각하면 떨렸습니다.

만약 언니가 이혼한 후 평범한 남편을 만나 무난히 교회에 다녔다면, '시각장애인이 눈을 떴다'고 '필리핀에서 빈민 선교를 했다'고 언니의 헌신을 자랑했을 것입니다. 단 자손들처럼 지경이 확장됐다며 자랑했을 것입니다. 언니의 오랜 수고 끝에 형부는 마침내 예수를 믿고 소천하셨지만, 그러기까지 언니가 얼마나 험악한 인생을 살았는지 모릅니다. 그래서 제가 이렇게 외치게 됐습니다.

"어떤 경우에도 하나님이 짝지어 주신 것을 사람이 나눌 수 없다! 가정은 지킬 만한 가치가 있다!"

온몸으로 구제하고 선교해도 하나님이 원하시는 영적 지경은 가정이 우선이라는 것을 외치게 하셨습니다. 이런 아픔을 통해 저로 하여금 가족을 회복시키는 데 앞장서도록 인도하신 하나님을 찬양합니다. 제가 당해 보지도 않고 어떻게 이혼은 안 된다고 확신 있게 말할 수 있겠습니까.

제비 뽑아 얻은 땅이 좁아도, 아모리와 블레셋이 괴롭혀도 하나님은 주어진 땅에 잘 있으라고 말씀하십니다. 내게 분배해 주신 땅에 잘 있으라고, 어떤 상황이어도 주신 땅에 잘 거하라고 언니를 모델로 보여 주셨습니다. 그래서 제가 청년들에게 '불신 결혼하지 말라'고 날마다 외치는 것입니다. 이 사역 때문에 언니가 수고했다고 생각합니다.

우리에게 억울한 일은 없습니다. 하나님의 일을 하기 위해, 하나님 나라를 완성하기 위해서 부부가 잘 살아도 감사하지만 힘들게 산다고 해도 감사하다고 생각합니다. 끝이 안 보이는 고난 가운데서 기도하고 회개한 모든 것이 사명으로 연결되기 때문입니다. 다른 사람들을 살리기 때문입니다. 하나님이 주시는 것은 선하지 않은 것이 없습니다.

이미 이혼한 분도 많습니다. 그분들에게 책임을 물으려는 것이 아닙니다. 이미 이혼했다면 지금부터라도 하나님 말씀을 붙잡고 가면 됩니다. 복음은 차별이 없습니다. 이혼한 사람이든지 이혼하지 않은 사람이든지 "가정을 지키는 것이 곧 하나님 나라의 일"이라는 것, 이것을 깨닫기 바랍니다.

• 나의 외모와 환경과 식구들 등등 주어진 모든 것에 감사합니까? 수년, 수십 년이 지나도 그것만 생각하면 억울해서 내 힘으로 취하고자 하는 것은 무엇입니까? 돈으로 가난의 억울함을 씻고, 성형수술로 외모의 억울함을 씻고, 이혼으로 가정의 억울함을 씻겠다고 생각합니까? 내가 돈과 외모와 행복의 우상에 빠져 있기에 그런 억울함이 생겼다는 것을 인정합니까?

본이 되는 인생이 되어야 합니다

49 이스라엘 자손이 그들의 경계를 따라서 기업의 땅 나누기를 마치
고 자기들 중에서 눈의 아들 여호수아에게 기업을 주었으니 50 곧 여
호와의 명령대로 여호수아가 요구한 성읍 에브라임 산지 딤낫 세라
를 주매 여호수아가 그 성읍을 건설하고 거기 거주하였더라 51 제
사장 엘르아살과 눈의 아들 여호수아와 이스라엘 자손의 지파의 족
장들이 실로에 있는 회막 문 여호와 앞에서 제비 뽑아 나눈 기업이
이러하니라 이에 땅 나누는 일을 마쳤더라_수 19:49~51

여호수아는 각 지파에 땅을 나누어 준 후 가장 마지막에 기업을 받습니다. 그가 받은 기업은 자원하여 얻은 것이지만 그 전에 여호와의 명령을 따라 구한 것이기도 합니다. 그동안 수고한 대가로 좋은 땅을 바랄 수 있지 않겠습니까? 하지만 여호수아는 누가 보아도 좋은 땅, 강남 노른자 땅이 아닌 스스로 개척해야 할 성, 딤낫 세라를 원했

습니다. 지도자로서 누릴 수 있는 특권을 포기했습니다. 평생 하나님의 뜻을 이루고 그 뜻을 따라 살며, 사심 없이 분복을 누리고 거기에 만족할 줄 알았습니다.

우리는 주 안에서 행한 수고에 대해 특권을 요구할 때가 많습니다. 하지만 이 땅에서 마지막 순간까지 종의 자리를 떠나지 않으신 주님의 모습을 기억하기 바랍니다. 주님과 교회를 섬기는 특권만으로 자족하는 자가 되기를 바랍니다. 열심히 주의 일을 해 놓고는 대우를 못 받는다고 속이 끓어서야 되겠습니까?

고향 식구인 요셉 지파가 땅을 조금 주었다고 불평했을 때 여호수아는 "너희 스스로 개척하라"며 단호하게 처방했습니다. 이렇듯 자기 식구들을 객관적으로 보면서 자신을 위한 기업은 에브라임의 산지 딤낫 세라를 구합니다. 가족을 객관적으로 분별하되 힘든 땅을 달라고 자처하면서 끝까지 사랑합니다. 이런 사람이 하나님 나라의 일을 완수할 수 있습니다.

저 또한 언니의 이혼을 객관적으로 이야기하지만 언제나 언니를 위해 눈물로 기도했습니다. 언니의 삶이 저의 약재료이기 때문입니다. 또한 그만큼 언니를 사랑하기에, 그만큼 구원의 확신이 있기 때문입니다. 제가 목회를 한다고 해서 가족을 나 몰라라 하는 것은 아닙니다. 가족은 사랑할 대상이기 이전에 책임을 다해야 할 대상입니다. 가족을 위해 최선을 다하고, 여호수아가 마지막에 에브라임 산지를 구했듯 내 인생 마지막엔 그곳에 묻혀야 합니다.

여호수아처럼 본이 되는 인생 되기를 구하십시오. 그것이 하나님 나라의 일을 완성하는 삶입니다. 교회에 다니는 사람, 믿는 가정에서 자란 배우자와 결혼했어도 언니나 저나 잘못된 선택을 했습니다. 누구나 잘못된 선택을 할 수 있습니다. 하지만 저희 어머니가 보여 주신 본으로, 어머니의 기도로 우리 자매 모두 딴 길로 가지 않고 사명을 찾았습니다.

반복해 말하지만 삶으로 본을 보인 부모는 행여 그 자녀가 잘못된 선택을 했더라도 걱정이 없습니다. 저희 어머니를 생각하면 교회 식구들을 대접하시던 것, 교회 화장실을 청소하시던 모습, 초라할 정도로 수수했던 차림…… 이런 모습밖에 기억이 안 납니다. 어머니의 수고로 인해 우리 자매가 거듭나고 돌아와서 눈물로 주의 길을 갑니다. 언니가 빈민가 선교를 그냥 한 것이 아니지요. 어머니가 삶으로 보여 주신 본이 있었기 때문입니다. 어머니의 눈물의 기도가 하나도 땅에 떨어지지 않고, 우리 자매들이 하나님 나라를 확장하는 일에 쓰임받고 있습니다. 하나님의 뜻대로 부르심을 입은 자는 어떤 것도 합력하여 선을 이루게 하실 줄 믿습니다(롬 8:28).

하지만 그러기에 앞서 "불신 결혼은 안 된다"고, "이혼은 하지 말라"고 강력히 외칩니다. 제가 왜 날마다 가정 이야기를 하겠습니까. 열두 지파에 기업을 분배할 때 우리가 보았듯 가정이 모든 것의 기본이기 때문입니다. 하나님 나라의 시작과 완성, 모든 것의 기초가 가정이기 때문입니다.

저희 친정 식구들은 모두 교회를 다녔지만 어쩜 그렇게 성경을 몰랐는지, 왜 한 사람도 성경적인 결혼에 대해 이야기해 준 사람이 없었는지, 워낙 남의 말을 잘 듣는 식구들이니까 누군가 한 번만 말했어도 들었을 텐데……. 이런 생각을 합니다. 주님은 하나님의 말씀이 없다면 누구든 어리석을 수밖에 없다는 것을 저희 가정을 통해 보여 주셨습니다.

결혼하기 전에는 정말 최선을 다해 배우자를 골라야 합니다. 기도하고, 또 기도하고 골라야 합니다. 하지만 일단 결혼했다면 무슨 이유로도 이혼해서는 안 됩니다. 하나님의 부르심을 받은 자라면 이혼은 영원히 올무가 되리라는 사실을 알아야 합니다. 몇십 년이 지나도록, 끝없이 가족에게 상처가 될 것입니다. 저희 가족에게 그런 뼈아픈 교훈을 주셨기에 여러분의 가정 회복을 위해 눈물로 기도합니다.

이제 모든 기업 분배가 마무리되었습니다. 이스라엘에게 주어진 영광과 안식은 그들의 능력과 수고에서 비롯된 열매가 아닙니다. 아브라함과의 언약을 이루신 하나님의 은혜입니다. 내 삶에도 이 열매를 맺기 위해서 주님이 맡기신 사역이 있습니다. 하나님 나라의 일을 완성하기 위해, 하나님의 기업을 나누어 주는 일을 잘 마치기 위해 내게 주신 땅에서 잘 있어야 합니다. 가족이 축복의 통로입니다. 마지막으로 기업을 받으며 가족의 땅 딤낫 세라를 구한 여호수아처럼, 나의 모든 사역은 가정에서 시작되고 가정에서 마무리되어야 합니다. 그것이 하나님 나라의 일을 완성하는 길입니다.

- 지금 내가 이 땅을 떠난다면 나는 어떤 부모로 자녀에게 기억될까요? 교회나 직장에서 착한 사람, 일 잘하는 사람으로 인정받지만 가족들에게 외

면당하지는 않습니까? 여호수아처럼 마지막까지 가정에서 섬김의 본을 보이기 위해 오늘 무엇을 실천하겠습니까?

우리들 묵상과 적용

"아까부터 왜 기분이 안 좋아? 엄마한테 말해 봐." 평소 교회 가기를 좋아하는 딸아이가 유치부 교실로 가는 길 내내 웃지도 않고 시무룩하기에 대수롭지 않게 물었습니다. 그러자 아이는 "아빠가 보고 싶어서 그래" 하며 참고 있던 눈물을 뚝뚝 흘렸습니다. 눈물이 쉽게 멈추지 않아 우는 채로 예배당에 들어가는 아이의 뒷모습을 보면서 제 눈에서도 눈물이 흘렀습니다. 저는 아이가 돌도 되기 전에 이혼한 5년 차 싱글 맘입니다. 저는 결혼과 함께 맞닥뜨린 분노 많은 남편과 경제적으로 넉넉하지 못한 환경이 너무 싫었습니다. 이제 와 돌이켜 보면 그 또한 하나님이 제비 뽑아 주신 환경인데 저는 그것을 인정할 수 없었습니다(19:40). 그저 저의 실수로 생긴 잘못된 환경이라고만 여기며 후회와 절망의 지옥을 살았습니다.

단 지파가 좁은 땅을 분배 받자 순종하지 못하고 자신의 힘으로 레셈을 차지한 것처럼, 저도 제게 주어진 땅이 생각할수록 억울해 받아들일 수 없었습니다(19:47). 빠듯한 생활과 아모리같이 무서운 남편과의 끊이지 않는 전쟁에 저의 몸과 마음은 피폐해졌습니다. 그래서 교회 공동체의 만류에도 불구하고 우울한 현실에서 벗어나고자 일과 공부에 열심을 냈습니다. 하나님은 이런 제게 아이를 허락해 주셨지만, 그 아이 역시 저의 소유로 착각하고 이런 전쟁 같은 가정환경에서는 키울 수 없다는 생각으로 이혼을 했습니다. 제비 뽑은 땅을 넘어 레셈까지 영역을 확장한 단 지파와 같이 저도 하나님이 정해 주신 땅인 가정을 벗어난 것입니다(19:47).

아주 어릴 때부터 아빠 없이 자라면 아이가 아빠의 빈자리를 느끼지 못할 것이라는 저의 억측과는 달리 딸은 시간이 갈수록 더욱 아빠를 찾고 그리워합니다. 아이가 커 갈수록 내 능력으로 채울 수 있을 거라 자신했던 아이 아빠의 빈자리가 점점 더 커지는 것을 봅니다. 하나님이 명하신 땅에 머물지 않고 반역한 저로 인해 사랑하는 사람들이 아파하는 것을 볼 때마다 저의 죄가 얼마나 주홍같이 붉은지 절절히 깨닫습니다. 하지만 부모로 인해 씻을 수 없는 상처를 입은 아이가 믿음의 공동체 안에서 위로 받고 사랑 받으며 건강하게 치유되는 모습을 보면 감사함에 입이 다물어집니다. 이런 저를 하나님의 명하신 땅인 교회 공동체로 다시 돌아오게 하시고, 회개를 통해 진정한 안식을 누리게 하시는 하나님의 사랑에 감사합니다. 그 사랑을 기억하며 끝까지 주 안에서 수고한 것에 생색내거나 욕심부리지 않기를 원합니다. 여호와의 명령대로 여호수아는 에브라임 산지 딤낫 세라를 요구합니다(19:50). 이처럼 저도 공동체 안에서 "이혼하지 말라!"고 외치는 자의 사명을 잘 감당하며 믿음의 본을 보이기를 간절히 기도합니다.

영혼의 기도

아버지 하나님, 우리가 부모 아래서 태어나 결혼하고, 자녀를 낳아 양육하고…… 인생을 생각할 때 모든 근본이 '가족'인 것을 알았습니다. 가족이 축복의 통로인 것을 알았습니다. 이유를 불문하고 가족을 섬겨야 함을 알았습니다. 이를 위해서 어려서부터 자녀를 말씀으로 키우며, 본을 보이라고 하십니다. 레아처럼 부모가 먼저 하나님과 연합하고 찬송하며 하나님이 후한 선물을 주셨노라고 고백하는 삶을 사는 것이 자녀를 위한 제자훈련이요, 축복의 통로가 되는 줄 믿습니다. 힘든 환경에서도 날마다 주님과 연합이 깊어지는 모습을 보여 주는 부모가 되기를 원합니다.

내 인생에 억울한 일은 없습니다. 하나님 앞에서 '왜'가 없다는 것을 알고 하나님은 항상 옳으시다는 것을 깨닫기 원합니다. 주님 앞에서 내 죄에 대해 애통할 때 우리가 힘든 사람의 손을 잡아 주게 될 줄 믿습니다.

주님, 우리는 너무 아파서 본을 보일 수가 없습니다. 억울하고, 분하고, 슬퍼도 내 자식을 가장 사랑하는 길은 말씀대로 본을 보이는 것밖에 없다고 하셨사오니, 내가 이 세상을 떠날 때 모든 공동체와 자녀에게 어떻게 기억되는 인생일까를 생각하기 원합니다. 내 자식이 살인자이고 간음한 자였어도 레아가 주님과 깊이 연합하며 약속의 말씀을 믿고 떠났기에 예수님의 조상이 되었습니다. 저의 어머니 역시 섬기는 삶을 살고 떠나셨기에 우리 자매들이 이렇게 주의 일을 하게 되었습니다. 내가 주님을 사랑함으로 말미암아 내게 주신 고난의 환경 가운데서도 감사하며 모든 사람을 약속의 자녀로 키울 수 있기를 원합니다. 우리 모두 그런 믿음의 부모가 되도록 축복하여 주옵소서. 예수님 이름으로 기도하옵나이다. 아멘.

Chapter 28

진퇴양난 고립전: 도피성

여호수아 20:1~9

하나님 아버지, 우리는 모두 부지중에 실수로
사람을 죽일 수 있는 죄인입니다. 주님이 우리의 도피성 되어 주셔서
구원으로 인도해 주시는 은혜를 깨닫기 원합니다.
말씀해 주시옵소서. 듣겠습니다.

한 살인범이 재판정에서 사형선고를 받았습니다. 그의 형은 유명 인사로 나라에 공로를 많이 쌓은 사람이었습니다. 형은 사형당할 동생을 생각하자 가슴이 아파 견딜 수 없었습니다. 그래서 체면을 집어던지고 대통령을 찾아가 눈물로 탄원했습니다. 자신이 모든 책임을 지기로 약속하고 동생의 사면장을 겨우 받았습니다. 형은 기쁜 마음으로 사면장을 들고 동생이 있는 감옥으로 찾아갔습니다. 그러나 동생은 끝내 이 사면장을 받지 못했습니다.

이 땅에 용서 받지 못할 죄인은 없습니다. 그러나 예수를 믿지 않으면 결코 죄를 용서 받을 수 없습니다. 우리는 100% 죄인입니다. 예수 그리스도께서 베푸시는 죄 사함의 은총을 모르는 자는 구원을 얻을 수 없습니다. 우리가 죄 사함의 은총을 믿고 누리려면 영원한 도피성이신 예수께로 피해야 합니다.

도피성, 나부터 해당됩니다

1 여호와께서 여호수아에게 말씀하여 이르시되 2 이스라엘 자손에
게 말하여 이르기를 내가 모세를 통하여 너희에게 말한 도피성들
을 너희를 위해 정하여 3 부지중에 실수로 사람을 죽인 자를 그리
로 도망하게 하라 이는 너희를 위해 피의 보복자를 피할 곳이니라
_수 20:1~3

도피성은 부지중(不知中) 실수로 사람을 죽인 자가 도망하는 곳이라고 합니다. 당시 고의로 살인한 자는 반드시 사형에 처해졌습니다(민 35:31). 그러나 알지 못하는 중에 실수로 살인한 자는 도피성 제도를 통해 구원을 받았습니다. '부지중에 실수로 사람을 죽인 자'는 상대를 죽이겠다는 의사가 전혀 없이 실수로 살인을 범한 사람을 말합니다. 여기서 우리는 깊이 생각해 보아야 합니다. 부지중에 실수로 누군가를 죽이는 것이 남의 이야기가 아니기 때문입니다. '부지중에 실수로 사람을 죽인 자'가 곧 나일 수 있습니다. 우리가 얼마나 연약한 존재입니까.

자기 확신에 차서 내 능력을 과대평가하는 것은 교만 중의 교만입니다. 가나안 정복 전쟁을 치른 후 땅을 나누는 일도 마쳤습니다. 이제 하나님 나라의 일을 거의 완성한 듯 보입니다. 그런데 19장에서 "땅 나누는 일을 마쳤더라" 이야기한 후 곧바로 이어지는 20장에서 살인이 있을 것을 예고합니다. 영적 전쟁에서 승리하여 많은 전리품

을 취하고서 넘어져 버린 믿음의 선진들이 얼마나 많습니까. 노아, 아브라함, 다윗, 히스기야…… 수많은 사람이 실수했습니다. 자신을 과신해서는 안 됩니다. 누구나 부지중에 살인할 수 있습니다. "예수 믿는 사람이 어떻게 그럴 수 있어" 이런 말이 소용없습니다.

독일의 신학자이자 목사인 폴 틸리히(Paul Tillich)는 "죄는 하나님으로부터 분리되는 것, 곧 소외 상태를 말한다"라고 했습니다. 그는 이런 소외의 특징을 세 가지로 설명합니다. 첫째로 불신앙에서 비롯되는 소외입니다. 즉, 하나님의 용서와 사랑, 능력을 믿지 않는 것입니다. 둘째는 교만에서 비롯되는 소외입니다. 이런 사람은 내 행위로 의로워질 수 있다고 믿으며 오직 하나님을 통해서만 의롭게 된다는 진리를 부정합니다. 셋째는 욕망에서 비롯되는 소외로, 자기 집착에 빠져서 아무것도 받아들이지 않는 상태를 말합니다. 이런 사람은 '내가 무엇을 하겠다'며 장담을 잘하지만, 죄에서 벗어날 길 없는 인생에 불과합니다.

'절대로, 반드시, 언제나, 매일, 결코, 항상, 꼭' 이런 단어를 자주 쓰는 사람은 완벽주의 성향이 높다고 합니다. 완벽주의자의 특징이 무엇입니까? 그는 스스로 높은 기준을 정해 놓고 그것에 한 번만 어긋나도 자책하면서 지금까지 이룬 것을 물거품으로 만듭니다. 그래서 완벽주의 부모 밑에서 자라난 자녀들은 형벌에 대한 두려움에 사로잡혀 자존감이 낮고, 의욕 상실에 빠져서 자포자기하는 경우가 많다고 합니다.

자기 자신에게 인색한 사람은 타인에게도 인색하여 날마다 비판을 달고 삽니다. 스스로에게 엄격한 까닭에 쓸모없는 일에 과잉 헌신하고, 계획에 집착하다가 본질을 놓쳐 버립니다. 이럴 때 우리가 부지중 실수로 사람을 죽입니다. 그러면 부지중 실수로 사람을 죽이는 것이 무엇입니까?

1970~80년대에 부유층과 권력층을 골라서 절도 행각을 벌이던 대도(大盜) 조세형 씨가 2005년 절도죄로 다시 경찰에 붙잡혔습니다. 큰 부자의 물방울 다이아몬드를 털 만큼 대담했던 그가 이번에는 고작(?) 1백만 원대의 금품을 훔치다가 덜미를 잡혔습니다. 대도가 좀도둑으로 전락한 것입니다.

조세형 씨는 비록 범죄자이지만 서민층에게 인기 스타였습니다. 마치 홍길동처럼 상류층의 재산만 노려 털어 대니 서민의 영웅이나 의적쯤으로 잘못 미화된 것이죠. 그는 감옥에서 나온 후 예수님을 믿고서 여기저기 간증을 하러 다녔습니다. 15년의 감옥 생활에 보호감호 10년을 선고 받고 1998년에 출소했는데, 2000년 간증하러 일본에 갔다가 손목시계를 훔쳐서 3년 6개월을 다시 복역했습니다. 이후 귀국하여 별 어려움 없이 44평 빌라에서 부인과 살고 있었는데, 또다시 도둑질에 발을 들인 것입니다.

경찰은 조세형 씨의 도벽(盜癖)이 재발했다고 판단했습니다. 겨우 돌이키나 싶었는데 백만 원에 눈멀어 범죄자 신세로 돌아가다니요……. 정말 중독이 무섭습니다. 여자 못 끊고, 술 못 끊고, 담배 못 끊는 것과 똑같습니다. 그래도 조세형 씨가 예수님을 믿기에 주님이 잘못을 들키게 하셨다고 생각합니다. 물방울 다이아몬드를 비롯한 부자들의 여러 보화를 훔치던 시절에는 '신출귀몰하다'라는 소리까지 들었는데, 예수 믿은 후로는 백만 원, 손목시계 하나만 훔쳐도 전 세계적으로 하나님이 소문을 내십니다. 손만 대면 들켜서 이 땅에서 중독이 끊어지게 하시려는 하나님의 뜻이라고 생각합니다.

조세형 씨 같은 사람이 예수를 믿는다고 하면 그때부터 그를 위해서 기도해야 합니다. "왜 예수님 믿고 간증을 하러 다니면서도 저러는가?" 비난만 해서는 안 됩니다. 예수 믿고 나서도 얼마든지 부지중 실수, 부지중 살인을 할 수 있습니다. 내가 원하지 않아도, 계획하지 않았어도 습관적으로 이런 잘못을 할 수 있습니다.

이런 중독 외에도 우리는 생각 없이 시간을 낭비하면서 부지중에 나의 시간을 죽이고, 재능을 죽이고, 의무를 죽이고, 영혼을 죽입니다. 우리가 살인하는 줄도 모르고 생각 없이 던지는 말이 얼마나 많은지 모릅니다.

어떤 가정에서 남편이 반찬 투정을 하니까 부인이 "쥐꼬리만큼 벌어다 주면서 뭘 바라는 거야"라고 쏘아 댔습니다. 이게 신혼 때 일인데 20년이 지난 후에도 잊히지 않는다는 남편의 고백을 들었습니다. 부인이 부지중에 살인을 했습니다. 총, 칼로 사람을 죽여야만 살인이 아닙니다. 한 여집사님은 남편 때문에 화가 난 채로 운전을 하다가 불법 유턴을 했는데 그만 접촉 사고가 났습니다. 결국 77만 원 손해를 보았습니다. 부지중에 시간을 죽이고, 감정을 죽이고, 책임을 죽이면서 살아가니 손해가 이만저만이 아닙니다.

또 부인과 별거 중인 한 남자 집사님은 매사 "너 때문이야"라고 부인을 탓하면서 죽이는 말을 입에 달고 살았습니다. 그런데 말씀이 들린 후부터는 부인에게 이렇게 말했다고 합니다.

"영특한 아들을 낳아 줘서 고마워. 누가 나를 위해 이런 예쁜 아이를 낳아 주겠어. 당신을 닮아서 아이들이 똑똑한 것 같아."

남편이 이런 언어를 쓰니까 부인의 마음이 누그러지고 있습니다. 한마디 말로 사람을 죽일 수도, 살릴 수도 있습니다.

• 나도 부지중 실수로 다른 사람을 죽이고 있지는 않습니까? 오늘 말로, 표정으로, 행동으로 누군가에게 상처를 준 일은 없는지 돌아봅시다.

도피성1: 용서는 나의 힘입니다

피의 보복자가 그의 뒤를 따라온다 할지라도 그들은 그 살인자를 그의 손에 내주지 말지니 이는 본래 미워함이 없이 부지중에 그의 이웃을 죽였음이라_수 20:5

부지중에 실수로 저지른 살인이라고 해도 피해자가 생기게 마련입니다. 갑자기 가족, 친지를 잃은 사람이 '피의 보복자'가 되어 나타납니다. 죄의 결과가 사람을 분노하게 하고 복수로 이끕니다.

앞에서 이야기한 사형수 동생은 왜 사면장을 받지 못했을까요? 형은 앞으로 동생의 모든 행동을 자신이 책임지겠노라고 약속하고 사면장을 받은 것이었습니다. 감옥에 찾아간 형은 동생에게 물었습니다.

"네가 지금 사형을 앞두고 있는데 만약에 이 어려운 상황에서 풀려난다면 어떤 사람이 되고 싶으냐? 앞으로 어떻게 살고 싶니?"

그러자 동생이 살기등등한 목소리로 말했습니다.

"나에게 사형을 언도한 판사를 잡아 죽이고, 내게 불리한 증언을 한 증인들도 모조리 죽일 테야!"

그러니 아무리 대통령에게 허락을 받았어도 형이 사면장을 줄 수 있었겠습니까? 본인이 책임을 져야 하는데요. 너무 마음 아프지만 형은 아무 말 없이 감옥에서 나와 사면장을 찢어 버렸습니다. 이 일은 미국에서 일어난 실화라고 합니다.

만약 형에게 사면장이 있다는 걸 알았다면 동생의 태도가 달랐을 수도 있지요. 그러나 동생의 본심만은 다르지 않았을 것입니다. 조세형 씨도 돈을 마련하면 일본에 가서 자신을 검거한 경찰에게 복수할 생각이었다고 합니다. 교회에 다녀도 피의 보복자가 돼서 복수하려는 마음이 우리에게 있습니다. 용서만이 피의 보복의 사슬을 끊을 수 있습니다.

예를 들어, 내가 교통사고를 내서 사람을 죽였다고 합시다. 고의로 죽인 것은 아닙니다. 그렇다고 해도 사랑하는 부모나 자녀를 잃은 가족의 입장에서 생각해 보세요. 내가 얼마나 원수처럼 보이겠습니까? '내가 고의로 저지른 일이 아니니까 괜찮아' 할 수는 없는 겁니다. 내게 형사적 책임이 없다고 해도 죄책감이 따라옵니다. 내가 실수로 저지른 일이라고 해도 본능적으로 괴로움과 정죄감에 쫓깁니다. 이것이 내 안에 있는 피의 보복자입니다.

오스카 와일드(Oscar Wilde)가 이런 말을 했습니다.

"부모는 자식의 어떤 허물도 용서한다. 그러나 자식은 부모를 자신의 잣대로 판단하고 재단하면서 용서하는 법은 거의, 아니 전혀 없다. 그래서 이 세상에서 가장 큰 용서는 부모를 용서하는 것이다."

갖은 수고를 하고도 가장 용서를 못 받는 위치가 부모입니다. 진정한 공경은 육체를 뛰어넘는 마음의 존경을 담아내는 일입니다. 부모를 향한 원망은 공경의 마음을 갉아먹습니다.

우리들교회 홈페이지에 올라온 한 간증입니다. 이 집사님은 4대째 모태신앙인으로, 집사님의 부모님 역시 믿음의 집안에서 성장하여 서로를 만나 결혼했습니다. 평소 지병을 앓던 아버지는 어머니의 헌신적인 수발 덕분에 건강해졌습니다. 그런데 그때부터 아버지의 외도가 시작되었습니다. 어머니가 인내하며 기다려도 아버지의 방황은 끝날 줄 몰랐습니다. 어느 날 참다못한 어머니가 "이제는 같이 못 살겠다!"며 처음으로 성토 아닌 성토를 했습니다. 그러자 그 한마디 했다고 아버지가 다짜고짜 칼을 휘둘러서 온 집안에 피가 낭자했습니다. 당시 집사님의 나이가 열 살, 동생은 여덟 살이었다고 합니다.

그날 이후로 어머니는 더 순종적으로 변했습니다. 집사님과 동생도 아버지 앞에서는 어떤 말대꾸도 못 했습니다. 남이 보면 정말 말을 잘 듣는다고 했겠죠. 정말 믿는 집안에서 자란 것이 맞나 할 정도로 아버지는 어머니를 잔인하게 핍박했습니다. 어머니의 인간적인 약점을 날마다 들먹이고, 말씀을 주관적으로 가져다가 비판하고, 어느 날부터는 주일예배 출석도 하지 않았습니다. 그러다 IMF 외환위기 때 실직하고 조금 있던 주식까지 날리고서는 모든 탓을 어머니한테 돌렸습니다. 쫄딱 망했는데도 하나님께로 돌아오기는커녕 어머니를 죽이려 들었습니다. 아버지가 외도를 하든, 폭행을 하든 항상 어머니가 빌었습니다. 집사님은 그런 상황에서도 자신에게 유익이 있었다면 '어머니가 눈물로 만난 하나님을 나의 하나님으로 영접하게 된 것'이라고 했습니다.

이런 아버지를 용서할 자녀가 어디 있겠습니까? 이 세상에는 없습니다. 그래서 내 부모라도 다 복수를 합니다. 하지만 이 집사님은 아버지를 사랑하지 못한 죄를 회개한다고 고백했습니다. 사랑이 없어서 아무리 많은 사건이 와도 구원의 복음을 받아들이지 못했다고 회개했습니다. 자기 힘으로는 아버지를 도무지 사랑할 수 없기에, 자신이 여전히 버리지 못하는 것이 무엇인지 주님이 가르쳐 주시기를 원한다고 간구했습니다. 저는 이것이 부모를 용서할 수 있는 고백이라고 생각합니다.

힘든 아버지를 용서하는 것은 내 힘으로는 할 수 없습니다. 도피성이신 예수님께 피해야만 합니다. 힘든 아버지 한 사람으로 인해 집사님네 온 가족이 성숙해지고 거룩의 훈련을 받았습니다. 집사님에게도 겸손함이 느껴졌습니다. 어려서부터 여러 사건을 거치며 하나님만 바라보는 훈련을 받았기 때문입니다. 정말 격려하고 박수 쳐 드리고 싶습니다. 세상의 관점으로는 용서 못 할 아버지이지만 이런 부모라도 도피성으로 도망하게 할 사명이 우리에게 있습니다. 그 사명을 위해 하나님이 내게 기업을 주시고, 교회와 우리가 존재하는 것입니다. 이것을 모르면 예수를 믿든지 안 믿든지 집안이 전쟁터가 됩니다. 재산 싸움, 학벌 싸움, 기 싸움을 벌이면서 형제 사이가 원수지간이 되는 것입니다.

인간의 혈기는 순간적입니다. 인간이 자기 존재를 인정받고자 벌이는 최후의 행동이 살인입니다. 그래서 부부간에도 끊임없이 부지중에 살인합니다. 칼로 살인하지 않을 뿐이지 서로 미워하면서 끊임없이 스트레스를 주고받는 것입니다. 가정에서도, 학교에서도, 회사에서도, 정치판에서도, 심지어 교회에서도 서로 미워하며 살인합니다. 내가 잘나야 하고, 살아남아야 하기 때문입니다. 그러므로 부지중 실수로 사람을 죽이는 죄에서 누구도 자유로울 수 없습니다.

- 꼭 갚아 주고 싶은 상처가 있습니까? 상대가 부지중에 던진 말인 줄 알면서도 곱씹고, 또 곱씹으며 어떻게 갚아 줄까 속을 끓이고 있습니까? 나도 남도 용서하지 못해서 스스로를 죽이는 '부지중 실수로 살인하는 죄'를 거듭하고 있지는 않습니까?

도피성2: 자백하면 살길이 있습니다

이 성읍들 중의 하나에 도피하는 자는 그 성읍에 들어가는 문 어귀에

서서 그 성읍의 장로들의 귀에 자기의 사건을 말할 것이요 그들은 그를 성읍에 받아들여 한곳을 주어 자기들 중에 거주하게 하고_수 20:4

악의 없이 살인했다고 해도 그 자리에 그대로 머물러 있으면 피의 보복자로부터 앙갚음을 당하게 됩니다. 그러므로 도피성으로 피하되 먼저 성읍의 장로들에게 사건의 전말을 말해야 합니다. 자신의 죄를 진술하지 않으면 결코 도피성으로 들어갈 수 없습니다. 이것은 곧 예수 그리스도께 나의 죄를 고하는 것입니다.

"만일 우리가 우리 죄를 자백하면 그는 미쁘시고 의로우사 우리 죄를 사하시며 우리를 모든 불의에서 깨끗하게 하실 것이요 만일 우리가 범죄하지 아니하였다 하면 하나님을 거짓말하는 이로 만드는 것이니 또한 그의 말씀이 우리 속에 있지 아니하니라"(요일 1:9~10).

인간은 100% 죄인입니다. 만일 우리 가운데 '나는 죄가 없다'고 하는 사람이 있다면 그는 하나님을 거짓말쟁이로 만드는 자입니다. 죄가 없는 사람에게 무슨 구원이 필요하겠습니까? 하나님이 아닌 인간에게 죄의 기준을 두기에 자꾸 "나는 저 사람보다 낫다" 하면서 내 죄를 깨닫지 못하는 것입니다.

바리새인들이 그랬습니다. 누가복음 18장에 보면 바리새인의 기도가 나옵니다. 그들은 성전에 서서 따로 기도하며 "나는 토색, 불의, 간음을 하는 자들과 같지 아니하고 이 세리와도 같지 아니함을 감사하나이다 나는 이레에 두 번씩 금식하고 또 소득의 십일조를 드리나이다"라고 기도합니다. 이것이 무슨 뜻입니까? "나는 십일조도 잘

하고, 기도도 많이 하고, 세리처럼 더럽지 않고, 나쁜 일도 안 했다!" 이겁니다. 반면에 세리는 어떻습니까? 그저 가슴을 치며 "하나님이여 불쌍히 여겨소서 나는 죄인이로소이다" 기도합니다(눅 18:11~13).

그런데 문제는 우리 옆에 세리가 아니라 바리새인이 있다는 것입니다. '나 잘났다' 하면서 지옥에 갈 사람들인데 하나님이 외면하실 수 없어서 내 식구로 붙여 주셨습니다. 바리새인처럼 도무지 죄를 몰라서 하나님을 알 수 없는 사람들, 도무지 바뀌지 않는 내 부모, 배우자를 위해 평생 기도하며 가는 것이 성도의 인생입니다.

또한 도피성 앞에서 사람들이 자기 죄를 말할 때 성읍의 장로들은 그 죄가 고의적인가, 부지중에 실수로 살인한 것인가를 잘 분별해야 합니다. 많은 영혼을 책임지고 있는 영적 지도자들이 상황을 잘못 이해하고 영혼을 실족시킨다면 책임을 면할 길이 없습니다.

많은 사람이 뼈아픈 충고를 듣는 것을 싫어합니다. 어떤 사람이 결혼생활이 힘들어서 의사에게 상담을 받으러 갔다고 해 봅시다. 그의 이야기를 모두 들은 의사가 처방합니다.

"어떤 일이 있어도 마음을 편하게 가져야 합니다. 부부 싸움은 삼가고, 괜한 염려는 하지 마세요. 마음을 편안히 가지세요."

이때 마음이 비뚤어진 사람은 이렇게 이야기합니다.

"내가 부부 싸움 하는 것 당신이 봤어요? 왜 남의 사생활을 간섭하고 그래요!"

처방의 본질을 깨닫지 못하고 말꼬리만 붙잡고 늘어집니다. 나에게 잘못했다고 하는 것을 견디지 못해서 그렇습니다. 그래서 장로들은 잘 들어야 합니다. 이 사람이 부지중에 실수했는가, 고의적으로 살인했는가 신중하게 판단하고, 그것을 근거로 상대가 듣기 싫어해도 처방을 잘 내려야 합니다.

그러기 위해 어떻게 해야 합니까? 야고보서 5장 16절에 보면 "그러므로 너희 죄를 서로 고백하며 병이 낫기를 위하여 서로 기도하라 의인의 간구는 역사하는 힘이 큼이니라"고 합니다. '서로' 죄를 고백하라고 하셨으니 장로도 죄를 고백해야 합니다. 내가 먼저 죄를 고백하면 도피성에 들어올 사람도 자기 죄를 고백하게 됩니다.

미국 뉴욕주립대 의대 학장인 마이클 로이진(Roizen, Michael F.) 교수는 『당신은 몇 살입니까』라는 그의 저서에서 '달력 나이보다 젊어지는 78가지 방법'을 제시하며, 그것을 실천했을 때 얼마나 젊어지는지도 구체적으로 이야기합니다.

예를 들어, 매일 비타민을 먹으면 1.2년이 젊어진다고 합니다. 아침밥을 거르지 않으면 1.1년이 젊어지고, 필요한 약을 의사의 처방대로 정확히 복용하면 0.9년이 젊어진답니다. 반면에 처방전과 다르게 복용하면 1.6년 더 늙는다고 합니다.

또 많이 웃으면 1.8년 젊어지고, 평생 배우는 자세로 살면 2.5년, 사고력을 요구하는 새로운 게임을 배우면 1.3년, 손과 식품을 자주 깨끗이 씻으면 0.4년, 하루 5회 과일을 먹으면 1.4년 젊어집니다. 맛있는 야채를 하루에 5회 먹으면 2~5년, 튀기지 않은 생선을 주 3회 먹으면 최고 3년이 젊어지고, 담배를 하루 한 갑 피우면 8년 늙고, 일정한 시간에 숙면을 취하면 3년이 젊어집니다.

규칙적으로 운동하며 일주일에 3,200kcal 이상을 소비하면 3.4년이 젊어집니다. 체력 강화 운동은 1.7년이 젊어지고 대기오염에 노출되면 2.8년 더 늙습니다. 그런데 스트레스 받은 친구를 방문해서 위로하면 8년이 젊어진다고 합니다. 반면에 그런 친구를 피하면 8년 더 늙는다고 하죠. 매일 전화 통화를 하면 8년이 젊어지고, 감사하면서 긍정적인 태도로 살면 6년이 젊어집니다.

가장 기가 막힌 것은 큰 스트레스를 받았을 때 해소할 방법이 없으면 본래 나이보다 30년이나 더 늙는다는 겁니다. 이것은 규칙적인 운동을 한다고 해서 해결되지 않습니다. 학교나 직장, 대인 관계에서 스트레스가 쌓이기 시작하면 어떤 운동도, 음식도 무익한 것입니다.

그러므로 우리가 주 안에서 서로 죄를 고백하고, 서로를 위해 기도하는 것이 얼마나 유익한지 모릅니다. 30년 젊어지는 비결입니다. 제가 지금 여러분에게 젊어지는 비결을 알려 드리는 것입니다. 고통의 정도를 지수로 따지면 사별의 아픔은 200%, 이혼의 상처는 70%라고 합니다. 그런데 이런 해결할 길 없는 고난 가운데서 우리가 말씀으로 위로 받고 기쁘게 살아가고 있습니다. 그러니 저에게 30년 젊어지는 요금을 내시기 바랍니다.

자랑할 일은 아니지만 저는 운동을 꾸준히 하지는 못했습니다. 건강 관리라고 할 것도 없었습니다. 그래도 제가 지금까지 잘 살아온 비결은 날마다 힘든 사람들을 상담하며 도와주었기 때문이라고 생각합니다. 스트레스 받은 친구를 위로하면 8년이 젊어지고 큰 스트레스가 해결되면 30년이 젊어진다고 하는데, 지금도 힘든 지체들과 교제하고 그들을 도우면서 살아가니 앞으로 몇십 년을 더 살지 모르겠습니다. 장수하게 생겼습니다.

꼭 자랑하고 싶진 않지만 제 피부를 한번 봐 주기 바랍니다. 제가 무슨 기쁜 일이 있겠습니까? 남편 한 사람에게 순종하다가 만 명의 성도들을 섬기게 됐습니다. 이 사람 이야기 들어야 하고, 저 사람 이야기 들어야 하고……. 인간적인 힘으로 목회를 한다면 스트레스로 이미 쓰러졌을 겁니다. 하지만 한 분, 한 분의 힘든 이야기를 듣고, 해석하고, 위로하면서 제 피부가 날로 뽀얘진다는 거 아닙니까!

우리들교회는 장년부뿐만 아니라 청년부와 주일학교까지 모든 성도가 목장이라는 소그룹 모임에 속해 말씀과 자신의 이야기를 나눕니다. 여기서 서로 죄를 고하느라고 정신이 없습니다. 또 교회 홈페이지에 들어가 보십시오. 주일학교 일곱 살 아이들도 목장 보고서와 큐티 나눔을 올립니다. 온 성도가 젊어지고 있습니다.

한 학생이 올린 큐티 나눔을 보니 친구에게 맞았다고 합니다. 친구가 갑자기 와서 때리는데 이유도 모르고 그냥 맞았답니다. 너무 화가 났지만 그 자리에서 맞받아치면 하나님의 자녀답게 지내겠다는 다짐이 물거품 되기에 '예수님은 자신을 팔 가룟 유다의 발도 씻어 주지 않으셨는가'라는 마음으로 그저 맞았습니다.

그러고 나서 학생부에 불려 갔는데, 선생님 앞에서 때린 친구가 말하기를 "그동안 재 말투에 기분이 나빴다"고 하더랍니다. 그것이 쌓였다가 폭발을 했다고요. 그래서 '내가 맞고만 있기를 잘했구나. 내 말투를 고치게 하시려고 하나님이 이 사건을 주셨구나' 깨달았다고 했습니다. 그 친구에게 바로 사과도 했습니다. 그동안 말씀을 들으면서 자신의 혈기를 다스릴 수 있게 해 달라고 기도했는데 이 사건을 통해 조금이나마 혈기를 참게 돼서 감사하고, 잘못된 말투도 바로잡게 해 주셔서 감사하다고 고백했습니다.

어떻습니까? 여러분은 이만큼 적용합니까? 부지중에 저지른 잘못이라도 피의 보복을 당할 수밖에 없는데, 매일의 큐티를 통해 말씀의 도피성으로 피해서 살아났습니다.

- 공동체 안에서 죄를 고백하고 서로 중보하려면 영적 지도자나 믿음의 선배가 먼저 죄를 고백해야 합니다. 가정과 교회가 도피성이 되도록 내가 고백해야 할 죄는 무엇입니까? 하나님께만 고백하면 된다고 하면서 죄를 숨기려는 마음은 없습니까?

도피성3: 구별하여 택하신 우리입니다

6 그 살인자는 회중 앞에 서서 재판을 받기까지 또는 그 당시 대제
사장이 죽기까지 그 성읍에 거주하다가 그 후에 그 살인자는 그 성
읍 곧 자기가 도망하여 나온 자기 성읍 자기 집으로 돌아갈지니라
하라 하시니라 7 이에 그들이 납달리의 산지 갈릴리 게데스와 에브
라임 산지의 세겜과 유다 산지의 기럇 아르바 곧 헤브론과 8 여리고

동쪽 요단 저쪽 르우벤 지파 중에서 평지 광야의 베셀과 갓 지파 중
에서 길르앗 라못과 므낫세 지파 중에서 바산 골란을 구별하였으니
9 이는 곧 이스라엘 모든 자손과 그들 중에 거류하는 거류민을 위하
여 선정된 성읍들로서 누구든지 부지중에 살인한 자가 그리로 도망
하여 그가 회중 앞에 설 때까지 피의 보복자의 손에 죽지 아니하게
하기 위함이라_수 20:6~9

도피성에서 기다려야 할 사람이 성 밖으로 나가면 피의 보복자가 그를 죽일지라도 살인죄가 적용되지 않습니다(민 35:27). 그러므로 부지중에 살인한 자는 인내하며 반드시 도피성에 머물러 있어야 합니다. 따분하다고 밖으로 나가서는 안 됩니다. 교회 오는 것이 따분하다고 '재미있는 것 없을까' 하며 세상에서 두리번대다가는 영원한 죽음만 기다리고 있을 뿐입니다.

조세형 씨도 도피성이 따분해서 나왔다가 일을 그르쳤습니다. 도벽에 빠져 자신도 남도 어둠 가운데 몰아넣던 사람이 예수님을 믿었다고 하루아침에 달라지겠습니까? 습관은 쉽게 바뀌지 않는데 말씀이 뒷받침되지 않으니까 다시 죄로 돌아갔습니다.

바람을 피워서 아들까지 낳고 살다가 돌아왔다고 합시다. 예수님을 영접하고 죄를 회개함으로 영육이 돌아왔어도 바람피워서 낳은 아들은 그대로 있습니다. 예수님을 믿었다고 그 아이가 없어집니까? 일평생 그 아이를 보면서 내 죄에 대해 아파하고 훈련 받아야 합니다.

간증 한 번 한다고 믿음이 성숙해지는 게 아닙니다. 조세형 씨도

도둑질한 자신의 죄를 죽는 날까지 회개하며 가야 하는데, 곳곳에서 간증자로 세우고 인정해 주니까 달라지기가 더 어려웠을 것입니다. 교회 친분을 발판 삼아 사업하려 하고, 간증해서 인정받아 돈을 벌려고 하고……. 이렇게 경건을 이익의 방도로 삼아서는 안 됩니다. 그러다 구원의 길을 벗어나 샛길로 빠지게 마련입니다.

요단 동편의 성읍 3개, 서편의 성읍 3개를 구별하여 도피성으로 세웁니다. 도피성이 어느 지파에게는 멀고 어느 지파에게는 가까운 것도 아닙니다. 이스라엘 전역에 골고루, 어디든 하루 만에 당도할 수 있는 거리에 있습니다. 지금도 교회 간판을 곳곳에서 볼 수 있습니다. 마음만 먹으면 당장이라도 달려갈 수 있는 구원의 도피성이 곳곳에 있습니다.

새신자인 한 분은 우리들교회가 예배당으로 사용하는 휘문고등학교 근처에 사시는데, 나이 오십에 처음 교회에 오셨다고 합니다. 참으로 가깝고도 먼 길입니다. 그래도 도피성에 들어가기만 하면 살아납니다. 죽을 것 같은 십자가를 졌어도 도피성에, 구원의 공동체에 들어가기만 하면 부활의 주님이 살려 주십니다.

개역한글판 성경으로 보면 7절에는 도피성을 "구별하였다"고 하고 8절에는 "택하였다"라고 쓰였습니다. 하지만 아무리 구별하고 택한 곳일지라도 들어가기만 하면 끝이 아닙니다. 나의 죄를 고하고 도피성에 들어갔어도 대제사장이 죽기까지 기다려야 합니다. 어느 때까지 도피성에서 기다려야 할지는 아무도 모릅니다. 오늘 들어갔는데 내일 대제사장이 죽을 수도 있습니다. 어떤 사람은 들어간 날 대제사장이 새로 부임해서 평생 살게 될 수도 있습니다. 하나님 마음입니다.

하지만 아무리 길어도 오십 년입니다. 내 기다림의 기간은 언제까지일까요? 다른 사람을 죽게 하고 피해를 준 죄에서 완전히 자유함을 얻을 때까지입니다. 그래서 내가 도망하여 나온 집으로 다시 돌아갈 수 있을 때까지입니다. 더는 그 사건에 놀라지도 두려워하지도 않고, 자책하지도 자만하지도 않고, 환경은 달라진 것 없어도 내 속에서 해석될 때까지입니다. 이때까지 도피성에 있어야 합니다. 그래서 나도 누군가에게 도피성이 돼 주어야 합니다. 내가 지나온 죄에서 자유해져서 대중 앞에 홀로서기 할 때까지, 다른 사람에게 도피성이 돼 줄 수 있을 때까지 우리는 예수 안에 잘 거해야 합니다. 우리 한 사람, 한 사람은 힘든 누군가와 함께하라고 하나님께 선택 받은 성도입니다. 구별하여 택함을 받은 성읍입니다.

또한 내가 대제사장이 되어서 죽어져야 부지중 실수로 사람을 죽인 자가 자유를 얻습니다. 내가 도피성에 들어가기도 해야 하고, 내가 도피성이 되기도 해야 하고, 다른 사람이 자유를 얻도록 내가 죽어지기도 해야 합니다. 각자의 입장에서 적용해 보십시오.

하나님은 40년 광야 훈련을 지났어도 이스라엘 백성이 언제든 살인을 저지를 수 있는 죄인임을 잘 아셨습니다. 살인죄는 고의든지, 실수이든지 반드시 형벌을 치러야 합니다. 돈으로도, 능력으로도 해결하지 못합니다. 피의 훈련, 시간의 훈련을 거쳐야 합니다.

대제사장과 살인자가 함께 거하는 곳이 도피성입니다. 대제사장과 죄인이 평생 같이 있어야 합니다. 만인 제사장 시대에 예수님을 믿는 내가 대제사장 아니겠습니까? 우리가 다 100% 죄인인데 누구를 차별하겠습니까? 누가 잘났냐, 못났냐를 따질 수 있습니까? '나는 50년 교회를 다녔다, 10년 교회를 다녔다' 이런 것으로 잘난 척할 수 있습니까?

"도피성 안에서 우리는 모두 한 가족이다!" 이러면 부자들은 가슴이 철렁하고, 가난한 자들은 희색이 만면합니다. 이것도 잘못된 것입니다. 우리는 다 도피성에 거하는 똑같은 죄인입니다. '부지중에 실수로 사람을 죽인 자'가 바로 나입니다. '피의 보복자'도 바로 나입니다.

죄책감과 스트레스로 스스로를 죽이면서 30년을 미리 늙어 버리겠습니까? 빨리 내 죄를 고백하고 도피성이신 예수님께 피하기 바랍니다. 주님이 내게 허락하신 부모, 형제, 배우자, 자녀와 함께 나의 환경에 잘 거하기 바랍니다. 힘든 가족이나 상사, 동료는 하나님이 구별하여 택해 주신 나의 도피성입니다. 나의 훈련을 위해서 내게 붙이시고 함께 있게 하셨습니다. 그러니 하나님이 사인(sign)을 보내실 때까지 내 환경에서 인내하며 살아야 합니다. 아무리 힘들어도 자살하면 죄입니다. 안락사도 죄입니다. 하나님에 대한 반역입니다. 자기 부인이 없고, 인내하기 싫고, 하나님의 사랑도 모르기에 도피성에 들어가지 못하고, 들어갔다가도 뛰쳐나와서 죽는 것입니다.

20장 1절에서 "여호와께서 여호수아에게 말씀하여 이르시되"라고 합니다. 주님은 3,500년 전부터 우리에게 말씀하셨습니다. 죄로 인해 고통 받지 말라고, 예수 안에서 피할 길이 있다고 오늘도 말씀하십니다. 내 죄를 위해 십자가에 달리신 주님은 다시 살아나셨습니다. 이 예수님께로 피하기만 하면 살길이 있습니다. 영원토록 살 수 있습니다.

- 하나님이 구별하고 택해 주신 나의 도피성은 어디(누구)입니까? 내가 도피성이 되고, 대제사장이 되어서 품어 주며 함께 거해야 할 사람은 누구입니까? 힘들고 지겹고 갑갑해도 하나님의 정하신 시간 동안 무조건 붙어 있기로 작정합니까?

내가 도피성에 들어가기도 해야 하고,
내가 도피성이 되기도 해야 하고,
다른 사람이 자유를 얻도록
내가 죽어지기도 해야 합니다.

우리들 묵상과 적용

교육열이 높은 부모님은 제가 세상에서 이기고 이기는 삶을 살기를 바라셨습니다. 제 학업을 위해 시골 마을에서 수도권으로 이사하시며 환경적 지원도 아끼지 않으셨습니다. 저도 전학 온 학교에 금세 적응했기에 이대로라면 부모님의 바람대로 세상에서 잘 풀리는 인생이 되리라고 여겼습니다. 그러나 주님은 제게 신장에 병이 생겨 고등학교를 1년 쉬는 도피성을 마련해 주셨습니다(20:2). 치열한 경쟁 속에서 세상으로 떠내려갈까 봐 저를 말씀으로 양육하시기 위함이었습니다. 병을 치료하는 동안 도피성인 교회 공동체의 기쁨을 잠시 맛보았지만, 대학에 진학하면서 허락하신 도피성을 떠나 버렸습니다. 또다시 세상의 야망을 품고 고시 공부라는 저만의 성읍으로 도망친 것입니다. 그러나 주님은 그런 저의 성읍을 깨셔야 했기에 실패를 거듭하게 하셨습니다. 계속된 실패로 하나님을 인격적으로 만났지만, 저는 여전히 주의 도피성에 온전히 들어가지 못하고 고시 공부를 계속했습니다. 급기야 뇌출혈이라는 질병의 고난을 통해 드디어 교회 공동체의 도피성으로 완전히 들어오게 되었습니다.

뇌출혈로 쓰러지기 전까지 저는 '교회에는 힘든 일이 있는 사람만 있다'고 생각하며 '나는 그들과 다르다' 여기고 교회 공동체에 깊숙이 들어가지 않으려고 했습니다. 그러나 병으로 쓰러져 몸을 제대로 가늘 수가 없게 되자 상황이 완전히 바뀌었습니다. 속으로 지질해 보인다며 무시했던 교회 지체들보다 제가 더 약한 사람이 된 것입니다. 이렇게 비천한 처지가 되고도 자존심만 살아서 도피성에 들어가기를 주저하고 있을 때, 주님은 저를 청년부 목자로 세워 주셨습니다. 그렇게도 무시했던 말씀의 공동체에서 지체들의 공감과 기도를 통해 저의 몸과 마음은 서서히 치료되었습니다(20:6).

교회 공동체라는 도피성으로 피하기까지 저는 참 많은 것들을 부지중에 죽였습니다(20:3). 주님이 여러 가지 사건을 통해 저를 교회 도피성으로 부르셨는데, 그때마다 세상 성공의 성읍으로 끊임없이 도망치며 주님의 마음을 아프게 했습니다. 또한 헛된 욕심으로 10년이 넘게 고시 공부를 하는 바람에 부지중에 시간을 죽였습니다. 공동체 지체들을 마음으로 무시하고 정죄하며 부지중에 살인하기도 했습니다(20:9). 이런 죄 많은 저를 도피성으로 받아 주신 주께 감사합니다. 이제는 음란하고 교만한 저의 죄악과 연약함을 죽는 날까지 고백하며 예수 공동체, 나의 믿음의 도피성에 잘 속해 가겠습니다(20:4).

영혼의 기도

하나님 아버지, 주님은 3,500년 전부터 오늘까지 여호수아에게, 또 우리에게 말씀하십니다. 죄로 고통 받는 우리에게 예수 그리스도라는 피할 길이 있다고 말씀하십니다. 그러나 우리는 듣지 않습니다. 도피성이신 예수님께 피하기만 하면 살길이 있는데, 사형수 동생이 사면장을 거절했듯 예수님의 초청을 거절합니다. 부지중 실수로 살인한 자, 피의 보복자가 바로 나라는 것을 모르기 때문입니다.

주님은 오늘도 문밖에서 두드리시며 "누구든지 내 음성을 듣고 문을 열면 내가 그에게로 들어가 그와 더불어 먹고 그는 나와 더불어 먹으리라"고 초청하시는데(계 3:20), 우리는 용서하지 못해서 미움에 사로잡혀서 복수만 꿈꾸며 도피성 밖에서 죽을 수밖에 없는 인생을 살아갑니다.

특별히 용서할 수 없는 부모님을 위해 기도합니다. 내 힘으로는 부모를 용서할 수 없습니다. 그러나 나를 힘들게 하고 상처를 준 부모라도 계시기에 내가 예수님을 믿게 되었습니다. 그 부모님 때문에 주님을 알게 되었습니다. 도피성에 들어가 나의 부모님을 사랑하기 원합니다. 잘 붙어 있기를 원합니다.

내게 허락하신 부모, 형제, 가족들을 떠나지 않고 하나님이 원하시는 때까지, 대제사장이 죽기까지, 모든 문제로부터 자유함을 얻기까지 도피성에 잘 거하기를 원합니다, 이 모든 환경에 잘 붙어 있도록 역사하여 주옵소서. 그리할 때 부활하신 주님께서 우리 가정을 살리시는 놀라운 역사가 일어날 줄 믿습니다. 감사합니다. 예수님 이름으로 기도하옵나이다. 아멘.

Chapter 29

자나 깨나 신경전: 주위에 안식을 주신 하나님 여호수아 21:1~45

하나님 아버지, 주위에 안식을 주시는 하나님의 이름을 송축합니다.
우리 가운데 하나님의 형상이 임하기를 소원합니다.
말씀해 주시옵소서. 듣겠습니다.

한 방송 프로그램을 보았습니다. 어느 슈퍼마켓에 주인은 보이지 않고 지키는 사람도 없습니다. 자세히 보니 한 남자가 안쪽에 누워서 가게를 지키고 있습니다. 남자는 거울을 통해 밖을 보면서 손님이 들어오면 "안녕하십니까. 어서 오세요" 인사합니다. 손님들은 스스로 물건을 고르고 값을 내고 잔돈을 거슬러 갑니다.

사연을 들어 보니 가게 주인인 남자는 교통사고를 당하여 전신이 마비된 상태였습니다. 오직 입만 움직일 수 있어서 글씨도 입으로 씁니다. 소변은 호스로 빼내고 대변은 누군가 받아 내야 합니다. 결혼한 지 1년이 채 안 됐는데 결혼하자마자 아이를 가졌는지 아들이 하나 있고 부인은 건축 현장에서 돈을 법니다.

이 남편이 라디오 방송을 통해서 아내에게 사랑의 편지를 전합니다. 아내는 방송을 듣고 "나도 사랑한다"고 남편에게 화답합니다.

"남편을 사랑하지 않는다면 변까지 받아 내면서 수발할 수 있겠어요? 사랑하니까 아기 변을 받아 내는 것같이 즐겁고 기쁩니다" 합니다. 이 남편은 비록 몸이 불편하여 누워만 있어도 돈도 벌고, 자녀도 낳고, 부인과 행복한 결혼생활도 하고 있습니다. 삶을 누리면서 기쁘게 살아갑니다. 아들도 얼마나 해맑은지 모릅니다. 부인도 남편을 기쁘게 섬깁니다. 가정 가운데 참 안식이 있습니다.

여러분은 어떻습니까? 어떤 상황에서도 안식할 수 있습니까? 교회를 다녀도 불평불만에 가득 차서 '이 세상을 갈아엎을까? 이 사람을 갈아엎을까?' 하지는 않습니까?

예배의 회복이 안식입니다

1 그때에 레위 사람의 족장들이 제사장 엘르아살과 눈의 아들 여호수
아와 이스라엘 자손의 지파 족장들에게 나아와 2 가나안 땅 실로에서
그들에게 말하여 이르되 여호와께서 모세에게 명령하사 우리가 거주
할 성읍들과 우리 가축을 위해 그 목초지들을 우리에게 주라 하셨나
이다 하매 3 이스라엘 자손이 여호와의 명령을 따라 자기의 기업에서
이 성읍들과 그 목초지들을 레위 사람에게 주니라_수 21:1~3

40년 광야 훈련을 거친 이스라엘 백성은 마침내 가나안에 들어와 땅 분배까지 마쳤습니다. 그러나 아무리 오랜 훈련을 받았어도 주

님은 그들이 얼마든지 서로를 해할 수 있는 연약한 존재라는 것을 잘 아셨습니다. 그래서 도피성 제도를 마련해 주셨습니다. 부지중에 실수로 사람을 죽여 도피성에 들어간 자는 당시 대제사장이 죽을 때까지 그곳에 머물러야 했습니다. 이때 레위 사람이 열두 지파의 땅 곳곳에 흩어져 살며 제사장 역할을 담당했습니다. 백성에게 하나님의 율법을 가르치며 거룩한 영향력을 끼쳐야 할 책임이 레위 사람에게 있었습니다.

창세기 49장에서 야곱은 누이 디나의 강간 사건을 빌미로 무자비한 살상을 저지른 시므온과 레위에게 이렇게 예언했습니다.

"시므온과 레위는 형제요 그들의 칼은 폭력의 도구로다 내 혼아 그들의 모의에 상관하지 말지어다 내 영광아 그들의 집회에 참여하지 말지어다 그들이 그들의 분노대로 사람을 죽이고 그들의 혈기대로 소의 발목 힘줄을 끊었음이로다 그 노여움이 혹독하니 저주를 받을 것이요 분기가 맹렬하니 저주를 받을 것이라 내가 그들을 야곱 중에서 나누며 이스라엘 중에서 흩으리로다"(창 49:5~7).

축복인지 저주인지 모를 예언이었지만 훗날 레위 지파는 큰 복을 받았습니다. 광야에서 아론과 백성이 금송아지를 숭배하는 죄악을 저질렀을 때 레위 지파가 하나님 편에 서서 그들을 처단하자, 하나님이 레위에게 복을 내리셔서 백성을 말씀으로 지도하는 역할을 맡기셨습니다(출 32장). "흩어져 살리라"는 예언이 저주가 아니라, 말씀대로 곳곳에 흩어져 살면서 제사장으로서 섬기는 축복이 된 것입니다. 하나님은 레위를 통해 말씀은 반드시 이루어진다는 것을, 하나님을 향한 열심에는 저주도 축복으로 바꾸는 힘이 있다는 것을 보여 주십니다. 그러므로 심판의 말씀도 잘 듣고 경고를 받는 것이 중요합니다.

그런데 우리는 어떻습니까? 모두가 축복의 말씀만 듣고 싶고, 심판이나 저주의 말씀은 듣기 싫어합니다. 천국 이야기만 듣고 싶고 지옥 이야기는 싫습니다. 제가 오랫동안 재수생 큐티 모임을 인도했는데, 모든 학생에게 "너는 대학에 반드시 붙을 거야"라고만 이야기해 준다면 어떻겠습니까? 대학에 떨어진 학생들은 누가 책임을 지겠습니까? 그래서 저는 떨어지는 이야기를 훨씬 많이 했습니다. "네가 믿음의 수준이 높아서 떨어진 거야. 붙으면 회개해야 해. 얼마나 수준이 안 되면 하나님이 붙여 주시겠니" 하면서 학생들에게 "붙으면 회개하고 떨어지면 감사하라" 늘 외쳤습니다. 그러면 불합격해도 평소 예방주사를 잘 맞았기에 이후로도 기쁘게 신앙생활을 해 가는 겁니다.

예수님도 이 땅에서 천국 이야기보다 지옥 이야기를 더 많이 하셨습니다. 십자가의 고난과 부활의 영광은 같은 것입니다. 하나님은 죄를 반드시 심판하시지만 레위 지파가 그랬듯 회개하는 자에게는 긍휼을 베푸십니다. 그러므로 모두가 회개에 이르기 위해 이 땅에서 지옥 이야기를 많이 하고, 들어야 합니다. 고난의 십자가 이야기를 많이 해야 합니다. '왜 김양재 목사는 밤낮 고난 이야기만 하는 거야' 하시는 분도 있겠지만, 여러분을 사랑해서 그렇습니다.

하나님은 레위 지파에게 "너희에게는 기업이 없다. 내가 너희의 기업이다" 반복해서 이르시고 정말 기업을 주지 않으셨습니다. 이는 하나님과 그분께 드리는 제사, 곧 예배가 얼마나 중요한지 가르치신 것입니다. 우리가 하나님과의 관계를 삶의 중심에 둘 때 안식이 옵니다. 예배가 회복되어야 안식할 수 있습니다.

태초에 하나님은 천지를 창조하시고 여섯째 날 인간을 지으신 후에 일곱째 날에 안식하셨습니다. 일곱째 날은 평강, 곧 '샬롬'을 누리는 날입니다. 예배를 통해 하나님을 경배하고 주님의 축복 속에 거하며 월요일부터는 노동에 들어가는 것입니다. 그러므로 "좋은 주말 보내세요"라는 말은 바른 인사가 아닙니다. "좋은 주일 보내세요!" 이렇게 인사해야 합니다.

그런데 우리는 거꾸로 살아갑니다. 하나님을 경배의 대상이 아니라 관리의 대상이라고 착각합니다. 그래서 예배를 가볍게 여깁니다. 빈곤국 중의 빈곤국이던 한국이 예수님을 믿은 후에 이만큼 잘살게 되었습니다. 일제강점기, 신사 참배를 거부하며 목숨을 걸고 주일을 지킨 믿음의 선배들이 있었기에 하나님이 우리나라를 이만큼 축복하셨습니다.

그런데 우리가 복음을 받아들인 지 100여 년이 지난 지금, 주 5일 근무제가 시행되면서 예배가 위기를 맞았습니다. 미국과 유럽의 기독교가 쇠퇴하기 시작한 때도 주 5일 근무제를 시행하면서부터라고 합니다. 미국과 유럽이 주일을 생명처럼 지키던 때 하나님은 그들에게 넘치는 축복을 허락하셨습니다. 그런데 주 5일 근무제가 시행되면서 주일은 어느새 노는 날로 전락해 버렸습니다. 주말이 가까워 오면 어디를 놀러 갈까 궁리하고, 유흥 비용을 마련하느라고 헌금을 아깝게 생각합니다.

그래서 저는 주 5일 근무제가 유익한 것만은 아니라고 생각합니다. 하나님께서 6일 일하고 하루 안식하라고 하셨으니까 그 말씀대로 살아야 하는데 우리가 점점 위기의 시대를 맞고 있습니다.

자유주의의 상징으로 수많은 사람에게 존경을 받은 존 F. 케네디(John Fitzgerald Kennedy) 전 대통령은 미국 공립학교의 성경 수업과 창조론 교육, 채플 시간을 폐지했습니다. 그 결과 미국에 히피 문화가 일며 사회가 어지러워지고 마피아, 마약, 총기 문제가 들끓기 시작했습니다. 요즘 미국의 많은 교회들이 텅텅 비었다고 합니다. 영국의 웨스트민스터 사원이 텅 빈 것처럼 미국 교회들도 성도가 없어 한인들이 교회를 빌려 쓸 정도랍니다. 그런데도 성도가 예배당의 3%밖에 차지 않는다고 하죠. 주 5일 근무제는 하나님의 명령을 거역하는 제도입니다. 휴양지에 교회를 세우고 주말 교회를 운영하는 것도 성경적인 것은 아닙니다.

역사적으로도 주일을 범하여 실패한 사람이 얼마나 많은지 모릅니다. 나폴레옹은 1813년 10월 17일 주일에 영국을 침략했다가 웰링턴 장군에게 패했습니다. 1950년 6월 25일 주일에 불법 남침한 김일성도 망했습니다. 일본도 주일에 미국을 침공했다가 1945년 원자폭탄 공격을 받고 항복했습니다.

주일을 지켜야만 구원 받는 것은 아닙니다. 하지만 그리스도인이라면 주일 성수로서 내가 구원 받은 표를 나타내야 합니다. 이천 년 동안 주일을 지켜 온 유럽 국가는 선진국이 됐습니다. 반면에 주일과 상관없이 살아온 많은 불교 국가는 여전히 후진국 수준에 머물러 있습니다. 서구의 나라들은 280년이나 주일을 지키며 쉬었습니다. 역사를 보아도, 주일을 지키는 가정과 국가에 주님이 복에 복을 더하셨습니다.

대통령 한 사람의 주일 성수는 국가의 미래에도 영향을 미칩니다. 미국의 조지 워싱턴 대통령은 독립전쟁 때도 주일을 지켰다고 합니다. 링컨 역시 남북전쟁 중에도 주일예배를 빠짐없이 드렸습니다. 윌슨 대통령도 1차세계대전 당시 주일 공예배를 빠지지 않았다고 합니다. 미국이 부강한 나라가 된 것은 결코 우연이 아닙니다.

스코틀랜드의 육상선수인 에릭 리들(Eric Liddle)은 1924년 파리 올림픽 출전 당시 100미터 육상경기 금메달 후보였습니다. 그런데 경기 날짜가 주일이자 그는 예배를 성수하기 위해 과감히 출전을 포기했습니다. 워낙 유력한 금메달 후보이다 보니 스코틀랜드 왕까지 나서서 그에게 경기 참여를 권고했습니다. 그러나 그는 완강히 거절했습니다. 모두 미친 사람이라고 했지만 끝내 경기에 출전하지 않았습니다. 결국 다른 나라 선수가 금메달을 차지하고 말았습니다. 그런데 주 종목인 100미터 육상경기에서는 금메달을 놓쳤지만 목요일에 열린 400미터 경주에서 당시 세계 신기록을 세우며 금메달을 차지했습니다. 기자들이 어떻게 우승할 수 있었는지 묻자, 그는 "100미터는 내 힘으로 뛰었고 나머지 300미터는 하나님이 뛰어 주셨다"라고 말했습니다. 얼마나 멋진 신앙고백입니까!

나무꾼인 두 친구가 함께 나무를 팼습니다. 한 친구는 쉬지 않고 일하고, 다른 한 친구는 틈틈이 쉬면서 일했습니다. 쉬지 않은 나무꾼은 생각했습니다.

'내가 저 친구보다 나무를 훨씬 많이 팼을 거야.'

과연 결과는 어땠을까요? 쉬어 가면서 일한 친구가 더 많은 나무를 팼습니다. 쉴 때마다 도끼의 날을 갈아 주었기 때문입니다. 아무리 쉬지 않고 일한다 해도 무딘 도끼로 얼마나 많은 나무를 팰 수 있었겠습니까. 누구에게나 안식은 꼭 필요합니다.

신호등의 파란불은 '가라', 빨간불은 '서라'는 신호입니다. 달력에 주일이 무슨 색으로 표기되어 있습니까? 빨간색입니다. 빨간불에서는 반드시 서야 합니다. 신호를 무시하고 가면 비극적인 결말을 맞습니다. 신호를 위반하면 사고를 당합니다. 주일을 어기면 위기를 맞는 겁니다. 주일에도 일하면 천만 원을 벌 수 있는데 주일을 지키느라고 백만 원밖에 못 번다고 해도 주일은 반드시 지켜야 합니다. 그가 복된 사람입니다. 영적으로 복 있는 사람입니다.

주일 성수는 해도 안 해도 되는 것이 아니라 반드시 지켜야 하는 원칙입니다. 구약의 율법에서 하나님이 가장 강조하신 것이 안식일에 관한 규정입니다. "안식일에 일하는 자는 누구든지 반드시 죽일지니라"고 하셨습니다(출 31:15). 주일은 잠깐 예배에 왔다가 놀러 가는 날이 아닙니다. 하나님을 예배하고, 말씀을 나누고, 구원을 위해 섬기는 날입니다. 영혼 구원을 위해 나의 시간을 드리는 것이 안식하는 비결입니다.

그러므로 예배가 얼마나 중요한지 모릅니다. 기업 분배까지 마치고 사명을 다한 것 같아도, 내 목숨을 걸고서 예배를 사수해야 합니다. 모든 공예배가 중요하고, 목장예배, 가정예배는 물론 개인 예배인 큐티도 중요합니다. 헌금 생활도 예배입니다. 신앙고백입니다. 헌금을 드릴 때 가족이 서로 손 붙잡고 기도하십시오. "하나님, 우리 가정을 지켜 주셔서 감사합니다" 기도하며 함께 헌금을 드리는 것도 예배입니다.

예배가 회복되면 어떤 환경에서도, 전신이 마비돼도 안식을 누릴 수 있습니다. 기가 막힌 사람이 내 옆에 있어도 안식을 누릴 수 있습니다. '우주 만물을 지으신 창조의 하나님이 내 형편을 모르시겠는가?' 하며 하나님을 신뢰하기에 어떤 환경에서도 안식을 누리는 것입니다. 하나님을 향한 이런 고백이 곧 예배입니다. 그래서 레위 지파에게는 오직 하나님만이 기업 되라고 이 땅의 기업을 주지 않으셨습니다.

- 영적인 기업 분배(가족 전도 등)를 다 마쳤는데 아직 안식이 없다면 무엇 때문입니까? 안식을 얻기 위해 반드시 기억해야 할 레위(예배, 주일 성수)가 있습니다. 개인과 가정과 직장의 모든 일에 예배와 주일 성수를 우선순위로 두고 있습니까?

말씀으로 요구할 때 풍성하게 응답하십니다

모세는 여호수아를 통해서 분깃이 없는 레위 지파를 위해서 성읍과 목초지를 줄 것을 각 지파에게 일렀습니다. 그런데 모든 땅 분배를 마칠 때까지 누구도 성읍을 주지 않았습니다. 레위 사람에게 성읍을 주어야 그들이 거기에 머물면서 제사 드리며 하나님을 섬길 텐데 누구도 선뜻 나서지 않은 것입니다. 내가 바쁘고 힘든데, 부도나고 이혼하게 생겼는데 제사장을 챙기겠습니까? 교회 일을 내 일로 생각하겠습니까? 초신자에게는 교회에 오는 것만도 큰일이니까 이것저것 하라고 강요해서는 안 됩니다. 기다려 주어야 합니다. 레위 자손도 기다렸습니다.

그러나 이제 모든 기업 분배를 마치자 레위 사람들이 나아와 '여호와께서 모세에게 명령하사' 그들에게 주라고 하신 성읍과 목초지들을 요구합니다. 잘 기다리다가 때가 되자 구합니다. 또 그냥 구한 것이 아니라 말씀에 의거해서 정확하게 구합니다. 레위 자손이 흩어진 각 지파에게 말씀을 가르치려면 머물 곳이 필요하기에 성읍과 목초지들을 요구합니다.

내가 하려는 일이 진정 주의 일이라면 주님은 반드시 응답하십니다. 내 욕심대로 구하니까 받지 못하고, 자꾸 비굴해지고 낙심하는 것입니다. 레위 자손처럼 '여호와께서 모세에게 명령하사' 하신 말씀을 붙들고 기도해야 합니다. 말씀으로 요구해야 합니다. 말씀 없이 구하는 모든 것은 내 욕심으로 구하는 것입니다. 그런 기도는 응답되어도 문제입니다. 내 감정으로 구해서는 안 됩니다. 내 느낌으로 구해서는 안 됩니다. 말씀을 붙들고 기도하십시오.

다른 지파들은 모두 땅을 분배 받는데 아무 기업도 못 얻은 레위 자손의 마음이 어땠을까요? 마지막까지 아무도 돌봐 주지 않아서 스스로 성읍을 달라고 해야 하는 그 마음이 어땠을까요? 무시 받는 것만 같고 자존심도 상하고…… 만감이 교차했을 겁니다.

하지만 레위는 스스로 요구하여 열두 지파에 흩어져 있는 48개 성읍을 받았습니다. 시시한 성읍들도 아니었습니다. 백성을 말씀으로 가르쳐야 하기에 하나님이 가장 좋은 위치에 있는 중요한 성읍들로 주셨습니다.

> 4 그핫 가족을 위하여 제비를 뽑았는데 레위 사람 중 제사장 아론의
> 자손들은 유다 지파와 시므온 지파와 베냐민 지파 중에서 제비 뽑
> 은 대로 열세 성읍을 받았고 5 그핫 자손들 중에 남은 자는 에브라임
> 지파의 가족과 단 지파와 므낫세 반 지파 중에서 제비 뽑은 대로 열
> 성읍을 받았으며 6 게르손 자손들은 잇사갈 지파의 가족들과 아셀
> 지파와 납달리 지파와 바산에 있는 므낫세 반 지파 중에서 제비 뽑
> 은 대로 열세 성읍을 받았더라 7 므라리 자손들은 그 가족대로 르우
> 벤 지파와 갓 지파와 스불론 지파 중에서 열두 성읍을 받았더라……
> 13 제사장 아론의 자손에게 준 것은 살인자의 도피성 헤브론과 그
> 목초지이요 또 립나와 그 목초지와 14 얏딜과 그 목초지와 에스드모
> 아와 그 목초지와 15 홀론과 그 목초지와 드빌과 그 목초지와 16 아
> 인과 그 목초지와 윷다와 그 목초지와 벧 세메스와 그 목초지이니 이
> 두 지파에서 아홉 성읍을 냈고 17 또 베냐민 지파 중에서는 기브온과
> 그 목초지와 게바와 그 목초지와 18 아나돗과 그 목초지와 알몬과 그

목초지 곧 네 성읍을 냈으니 19 제사장 아론 자손의 성읍은 모두 열
세 성읍과 그 목초지들이었더라 20 레위 사람인 그핫 자손 중에 남은
자들의 가족들 곧 그핫 자손에게는 제비 뽑아 에브라임 지파 중에서
그 성읍들을 주었으니 21 곧 살인자의 도피성 에브라임 산지 세겜과
그 목초지이요 또 게셀과 그 목초지와 22 깁사임과 그 목초지와 벧
호론과 그 목초지이니 네 성읍이요 23 또 단 지파 중에서 준 것은 엘
드게와 그 목초지와 깁브돈과 그 목초지와 24 아얄론과 그 목초지와
가드 림몬과 그 목초지이니 네 성읍이요 25 또 므낫세 반 지파 중에
서 준 것은 다아낙과 그 목초지와 가드 림몬과 그 목초지이니 두 성
읍이라 26 그핫 자손의 남은 가족들을 위한 성읍들은 모두 열 성읍
과 그 목초지들이었더라 27 레위 가족의 게르손 자손에게는 므낫세
반 지파 중에서 살인자의 도피성 바산 골란과 그 목초지를 주었고 또
브에스드라와 그 목초지를 주었으니 두 성읍이요 28 잇사갈 지파 중
에서는 기시온과 그 목초지와 다브랏과 그 목초지와 29 야르뭇과 그
목초지와 엔 간님과 그 목초지를 주었으니 네 성읍이요 30 아셀 지파
중에서는 미살과 그 목초지와 압돈과 그 목초지와 31 헬갓과 그 목초
지와 르홉과 그 목초지를 주었으니 네 성읍이요 32 납달리 지파 중
에서는 살인자의 도피성 갈릴리 게데스와 그 목초지를 주었고 또 함
못 돌과 그 목초지와 가르단과 그 목초지를 주었으니 세 성읍이라
33 게르손 사람이 그 가족대로 받은 성읍은 모두 열세 성읍과 그 목
초지들이었더라 34 그 남은 레위 사람 므라리 자손의 가족들에게 준
것은 스불론 지파 중에서 욕느암과 그 목초지와 가르다와 그 목초

지와 35 딤나와 그 목초지와 나할랄과 그 목초지이니 네 성읍이요
36 르우벤 지파 중에서 준 것은 베셀과 그 목초지와 야하스와 그 목
초지와 37 그데못과 그 목초지와 므바앗과 그 목초지이니 네 성읍이
요 38 갓 지파 중에서 준 것은 살인자의 도피성 길르앗 라못과 그 목
초지이요 또 마하나임과 그 목초지와 39 헤스본과 그 목초지와 야셀
과 그 목초지이니 모두 네 성읍이라 40 이는 레위 가족의 남은 자 곧
므라리 자손이 그들의 가족대로 받은 성읍이니 그들이 제비 뽑아 얻
은 성읍이 열두 성읍이었더라 41 레위 사람들이 이스라엘 자손의 기
업 중에서 받은 성읍은 모두 마흔여덟 성읍이요 또 그 목초지들이라
42 이 각 성읍의 주위에 목초지가 있었고 모든 성읍이 다 그러하였
더라 43 여호와께서 이스라엘의 조상들에게 맹세하사 주리라 하신
온 땅을 이와 같이 이스라엘에게 다 주셨으므로 그들이 그것을 차지
하여 거기에 거주하였으니 44 여호와께서 그들의 주위에 안식을 주
셨으되 그 조상들에게 맹세하신 대로 하셨으므로 그들의 모든 원수
들 중에 그들과 맞선 자가 하나도 없었으니 이는 여호와께서 그들의
모든 원수들을 그들의 손에 넘겨 주셨음이니라 45 여호와께서 이스
라엘 족속에게 말씀하신 선한 말씀이 하나도 남음이 없이 다 응하였
더라_수 21:4~7, 13~45

레위 자손에게 성읍이 할당되고 나니까 '이스라엘의 조상들에게 맹세하사 주리라 하신 온 땅'을 이스라엘에게 다 주셨다고 합니다. 여호와께서 이스라엘 족속에게 말씀하신 선한 말씀이 하나도 남음이 없

이 다 응하였다고 합니다. 선한 일에 반드시 응하시는 하나님입니다.

창세기 12장에서, 가나안 땅 상수리나무에 이른 아브라함에게 하나님이 찾아오셔서 "이 땅을 네 자손에게 주리라"고 약속해 주셨습니다(창 12:7). 그리고 시간이 흘러 마침내 그 약속이 성취되었습니다.

우리도 하나님의 약속을 알아야 믿고 기다릴 수 있지 않겠습니까? 하나님이 아브라함에게 '가나안 땅을 주리라'고 약속해 주시고 그것이 이루어지기까지 얼마나 수많은 세월이 지났습니까. 약속이 성취되기까지 400년 노예 생활에 40년 광야 생활을 거쳤습니다. 그러면서 사랑하는 사람이 죽기도 하고, 적에게 속기도 하며 영적·육적으로 정말 수많은 전쟁을 치렀습니다. 이 끝이 없어 보이는 전쟁들을 내 힘으로 어찌 치를 수 있겠습니까? 약속의 말씀을 알아야 전쟁을 치르고 마침내 전쟁이 그쳐 안식할 수 있습니다. 말씀을 깨닫고 실행하고, 기도하며 가는 인생에게 진정한 안식이 있습니다.

안식은 원어로 '노동하지 않는 상태, 움직이지 않는 상태'를 의미합니다. 예수님을 믿는 자는 수많은 전쟁을 거치며 점차 요동하지 않게 됩니다. 설령 망한다고 해도 요동하지 않습니다. 하나님을 신뢰하기 때문입니다. 하나님을 의지함으로 두려움이 사라지기에 주위에 안식이 있습니다(21:44). 예수님이 부활하신 후 가장 먼저 주신 것도 '평강'입니다(요 20:19). 주위 어디를 보아도 내게 주님이 주신 안식이 있는 것이 평강입니다.

힘든 사건과 사람을 겪으면서 우리는 날마다 두렵지만, 하나님은 "그들을 두려워하지 말라 내가 그들을 네 손에 넘겨주었으니 그들

중에서 한 사람도 너를 당할 자가 없으리라" 약속해 주셨습니다(10:8). 사실 이스라엘 백성이 자기 힘으로 이긴 것입니까? 탐심에 빠져 아이성 싸움에서 패하고, 자만하여 기브온 족속에게도 홀랑 속아 넘어간 그들입니다. 40년 광야 생활을 거치면서 이스라엘이 수없이 아파하고 날마다 무너진 것을 백성 자신도 알고, 우리도 보았습니다. 그러나 죽을 것같이 힘들 때마다 구원자 하나님이 그들을 살려 주셨습니다.

내가 살아 낸 것이 아닙니다. 나는 날마다 주님을 의심하고 부인하며 도망갑니다. 주님이 옆에 서 계셔도 그저 울고 있습니다. 그런데도 주님은 때로는 부드럽게 내 이름을 불러 주시고, 때로는 "네가 어느 때까지 지체하겠느냐" 엄하게 경고도 해 주십니다.

나는 날마다 넘어졌는데 주님은 "너를 당할 자가 한 사람도 없다"라고 말씀해 주십니다. 도마처럼 의심하고, 베드로처럼 부인하고, 가룟 유다처럼 팔아먹었는데 주님은 "네가 대적을 다 이겼다"라고 하십니다. 이런 수지맞은 인생이 어디 있습니까!

나는 매일 넘어지지만, 무너질 수밖에 없지만 그럼에도 말씀에 의거해서 기도하면 풍성하게 응답하시는 하나님입니다. 우리가 풍성한 삶을 누리지 못하는 것은 말씀을 따라 구하지 않기 때문입니다. 정당한 하나님의 약속에 의거해서 구하면 누르고 흔들어 넘치도록 주시는 하나님입니다. 하나님의 때에 정확하게 주십니다.

- 나의 기도는 말씀에 근거한 것입니까? 성경을 모르기에 하나님이 주신 약속도 모르고 엉뚱한 것만 구하고 있지는 않습니까? 요즘 기도 제목과

그동안 응답되지 않은 기도 제목들을 적어 보십시오. 그것은 어떤 말씀과 약속에 근거한 것입니까?

인생은 나그넷길임을 아는 것이 안식입니다

3 이스라엘 자손이 여호와의 명령을 따라 자기의 기업에서 이 성읍
들과 그 목초지들을 레위 사람에게 주니라…… 8 여호와께서 모세
에게 명령하신 대로 이스라엘 자손이 제비 뽑아 레위 사람에게 준
성읍들과 그 목초지들이 이러하니라 9 유다 자손의 지파와 시므온
자손의 지파 중에서는 이 아래에 기명한 성읍들을 주었는데 10 레
위 자손 중 그핫 가족들에 속한 아론 자손이 첫째로 제비 뽑혔으므
로 11 아낙의 아버지 아르바의 성읍 유다 산지 기럇 아르바 곧 헤브
론과 그 주위의 목초지를 그들에게 주었고 12 그 성읍의 밭과 그 촌
락들은 여분네의 아들 갈렙에게 주어 소유가 되게 하였더라 13 제
사장 아론의 자손에게 준 것은 살인자의 도피성 헤브론과 그 목초
지이요 또 립나와 그 목초지와_수 21:3,8~13

이 땅에서 레위 자손의 역할은 나그네의 삶을 보여 주는 것입니다. 신명기 18장에 보면 "이스라엘 온 땅 어떤 성읍에든지 거주하는 레위인이 간절한 소원이 있어 그가 사는 곳을 떠날지라도 여호와께서 택하신 곳에 이르면 여호와 앞에 선 그의 모든 형제 레위인과 같이 그의

하나님 여호와의 이름으로 섬길 수 있나니"라고 합니다(신 18:6~7). 여기서 '사는 곳'이라는 말을 원어로 보면 '머문다'라는 동사가 사용되었습니다. 이 땅은 잠시 머물다가 떠날 곳입니다. 영원히 살 곳이 아닙니다. 그것을 몸소 보여 주라고 레위 자손들을 모델로 삼으신 것입니다.

레위는 땅이 없으니 뿌리내릴 수 없습니다. 내게 주어진 것은 오직 머물 성읍 하나이고, 그나마도 열두 지파의 지역에 흩어져서 살아야 합니다. 율법을 가르치기 위해서는 백성에게 가까이 가야 하기에 반드시 흩어져야 합니다. 마찬가지로 우리도 복음을 전하기 위해 빈 들이라도, 산속이라도 가야 합니다. 세상 속으로 들어가고, 세상 끝까지 나아가야 합니다. 레위가 흩어져서 곳곳으로 뻗어 나가야만 열두 지파에게 안식이 있습니다.

하나님은 레위 자손에게도 가족대로 성읍을 주셨습니다. 그러므로 가족을 중요하게 여겨야 하지만 반드시 흩어져서 살아야 하는 것이 레위의 숙명입니다. 주님의 공동체를 위해서 땅끝까지 가야 하는데 가족끼리 붙어 있으면 어찌 사명을 감당할 수 있겠습니까. 가족을 사랑해도 주님이 부르시면 가족과 흩어질 수 있어야 합니다. 주님이 명하시는 대로 가야 합니다.

끼리끼리 살라고 주님이 우리를 구원해 주신 것이 아닙니다. 우리도 레위처럼 흩어져야 합니다. 온 마음이 배우자와 자식에게 머물러 있어서 아무것도 못 합니까? 다른 영혼들을 돌아봐야 합니다. 천국에서 우리가 남편과 아내, 부모와 자식으로 만나는 게 아닙니다. 오직 구원 받은 사람만 만납니다. 그래서 인생은 나그넷길입니다.

예배를 위해서 특별히 부름 받은 자가 있기에 우리에게 안식이 있습니다. 제가 말씀을 통해 우리들교회 도피성에 오는 분들을 도우니까 많은 성도가 안식을 누립니다. 말씀으로 삶이 해석되기에 그렇습니다. 우리 각자가 이런 역할을 해야 합니다.

레위 자손에게 주신 48개 성읍은 유다 지파의 120개 성읍보다, 어떤 지파의 성읍보다도 자세히 언급됩니다. 많은 지면을 할애하여 기록되었습니다. 레위 지파 한 사람, 한 사람이 매우 중요하기 때문입니다. 또한 이것은 레위에게 주어진 일이 얼마나 영광스러운 사명인지를 나타내기도 합니다. 이 땅에서 보여 줄 것 없는 인생이라고 주의 일에 헌신하는 제사장들을 우습게 본다면 큰 오산입니다. 만인 제사장 시대에 우리가 풍성한 삶을 누리지 못하는 것은 믿는 나조차 보이지 않는 하나님의 영광을 깨닫지 못하기 때문입니다. 보이는 것이 전부라고 여기는 이 세상에서 보이지 않는 하나님을 보여 주는 모델이 바로 레위 자손들입니다.

그러므로 월급이 성공의 기준이어서는 안 됩니다. 대기업 직원들은 평균 연봉이 수천만 원입니다. 임원 연봉은 수억 원대입니다. 이들과 비교하면 내 인생이 참 초라하지요? 그러나 우리가 하나님 나라의 레위로, 제사장으로 부름 받았는데 아직도 그런 것에만 매여서야 되겠습니까.

감리교 창시자인 존 웨슬리(John Wesley) 목사님이 설교 중에 이런 이야기를 했습니다.

"첫째, 우리는 돈을 많이 벌어야 합니다!"

그러자 한 교인이 고개를 끄덕이며 크게 은혜를 받은 표정을 지었습니다.

"둘째, 우리는 절약하고 저축해야 합니다"라고 하자, 이번에는 그 교인이 옆 사람의 옆구리를 쿡쿡 찌르면서 "설교 너무 잘하시죠!" 라고 목사님을 크게 칭찬했습니다. 웨슬리 목사님은 이어서 "셋째, 우리는 그렇게 벌고 모은 돈을 선하게 사용해야 합니다!"라고 외쳤습니다. 그랬더니 여태 은혜 받은 표정이던 그 교인이 갑자기 혀를 끌끌 차면서 "아까운 설교 다 망쳐버렸네……" 했다는 겁니다.

요한복음 13장에 보면, '예수께서 자기가 하나님께로부터 오셨다가 하나님께로 돌아가실 것을 아시고 세상에 있는 자기 사람들을 사랑하시되 끝까지 사랑하셨다'고 합니다(요 13:1, 3). 사람들은 자신이 어디에서 와서 어디로 가는지를 몰라 방탕하고 좌절하고 낙심하며 함부로 살아갑니다. 또 천년만년 살 것처럼 착각하며 교만합니다. 그러나 다윗은 "우리는 우리 조상들과 같이 주님 앞에서 이방 나그네와 거류민들이라 세상에 있는 날이 그림자 같아서 희망이 없나이다"라고 고백했습니다(대상 29:15). 나그네와 거류민은 '세(貰) 들어 사는 자' 입니다. 언젠가는 떠나야 하는 자입니다.

인생이 나그넷길임을 알았다면 하나님의 말씀을 따라 레위인에게 성읍을 나누어 주어야 합니다. 내 땅의 성읍을 내주기가 너무 아까워도 하나님이 "주라" 명령하시면 주어야 합니다. 그런데 화장실 들어갈 때와 나올 때 마음이 다르다고, 함께 요단강을 건널 때는 다 줄 것 같았는데 강을 건너 입시 전쟁, 입사 전쟁, 승진 전쟁에서 성공하고 나니까 모두 내 성읍 주기를 꺼립니다. 이럴 때 누가 제일 먼저 나섭니까?

우리의 갈렙이 또 등장합니다. 헤브론이 어떤 곳입니까? 갈렙이 생명을 걸고 얻은 아낙 사람의 산지입니다. "여호와께서 나와 함께하시면 내가 그들을 쫓아내리이다!" 갈렙이 자청하여 정복한 땅입니다. 이 땅을 얼마나 힘들게 얻었는지, 11절을 보면 '아낙의 아버지 아르바의 성읍 유다 산지 기럇 아르바 곧 헤브론'이라고 길게 설명하면서 강조합니다. 이 헤브론이 아론에게 줄 첫 번째 성읍으로 뽑혔습니다.

내가 일평생 시어머니 병을 수발하고 순종하여 마침내 시어머니가 예수님을 믿고 변화됐습니다. 그런데 있는 줄도 몰랐던 시어머니의 재산이 다른 며느리에게 돌아가게 됐습니다. 이 얼마나 억울한 일입니까! '나는 되는 일이 없어. 지지리도 박복해. 고생해서 헤브론을 얻었는데 그걸 주라고? 돈하고 원수라도 졌나? 왜 돈이 오다가도 가는 거야!' 이러지 않겠습니까.

하지만 갈렙은 군소리 없이 내주었습니다. 게다가 12절을 보니 그 성읍의 밭과 촌락들은 갈렙의 소유라고 합니다. 이것이 무슨 뜻입니까? 레위 성읍의 밭과 촌락에서 아론을 섬기는 일을 갈렙이 도맡겠다는 것입니다. 갈렙은 섬기는 데 일등입니다. 이인자의 삶을 이토록 기쁘게 살아간다는 것이 어찌 쉽습니까?

저는 갈렙이야말로 안식의 사람이라고 생각합니다. 시기도, 질투도 할 줄 모릅니다.

"제가 재정을 비롯해 모든 것에서 섬길 테니까 아론 목사님은 설교만 하세요. 우리, 헤브론 목회를 함께해 갑시다!"

이 얼마나 멋있습니까! 밭과 촌락에 있으면서 성읍 제사장들에게 필요한 것을 전부 공급하겠다는 겁니다. 갈렙은 언제나 궂은일은 자신이 맡겠다며 나섭니다. 갈렙을 묵상하며 하나님을 위해 내 모든 것이 남김없이 쓰이는 게 얼마나 기쁜 일인지 깨닫기 바랍니다.

하나님이 헤브론을 첫 번째로 뽑으신 것도 갈렙에게 감당할 만한 믿음이 있었기 때문입니다. 하나님이 제비 뽑으신 것을 우리가 어찌하겠습니까. 그보다 모든 레위 지파 중에서 아론에게 나의 성읍을 주게 되었다는 사실이 중요합니다. 내게 분배된 성읍이 대제사장이 쓸 성읍으로 뽑혔습니다. 하나님이 내 수준을 높게 보신 것입니다.

하나님은 갈렙을 인정하셨습니다. 그래서 여호수아에게 속한 자가 아니라 갈렙의 사위 옷니엘을 이스라엘의 초대 사사로 세워 주셨습니다(삿 3:9~10). 또 갈렙이 속한 유다 지파에서 예수님이 오셨으니 이 얼마나 큰 상급입니까! 대제사장 아론보다도 더 큰 영광을 얻었습니다. 주님 때문에 내가 무엇을 기쁘게 포기하면 하나님이 반드시 기억하시고 최고의 것으로 채워 주십니다.

우리들교회 청년부의 한 형제가 교회 홈페이지에 글을 올렸습니다. 회사의 한 프로젝트를 맡아서 98% 가까이 완수했는데 갑자기 다른 부서로 발령이 났다는 겁니다. 형제는 거의 완성된 일을 동료에게 인계하면서 '왜 이런 일이 왔을까' 생각했습니다. 그런데 글쎄, 얼마 되지 않아서 인계를 받은 동료가 그 일로 회장님께 표창을 받았다는 소식이 들렸습니다. 여러분이라면 분해서 살 수 있겠습니까? 입사한

지 얼마 안 된 젊은 사원에게 표창 하나가 얼마나 큰 성과입니까.

그런데 큐티를 통해 꾸준히 말씀을 묵상해 오던 형제이기에 이런 실족할 위기에서도 살아났습니다. 형제는 그리스도인이라면 남이 보든지, 보지 않든지 성실해야 한다는 생각에 여전한 방식으로 주어진 일을 했습니다. 그랬더니 그것을 지켜본 한 상사가 중요한 프로젝트에 자신을 추천했다는 겁니다. 자신을 내세우지 않고 묵묵히 사명을 다하는 자를 사람도 지켜보는데 하나님이 모르실 것 같습니까? 하나님이 다 아십니다. 우리는 기다리기만 하면 됩니다.

특별히 교회에 갈렙 같은 성도가 넘쳐 나기를 바랍니다. 많은 성도가 직분 때문에 얼마나 시험에 드는지 모릅니다. 성숙한 성도라면 갈렙처럼 뒤에서 섬겨야 합니다. 제가 평신도 서리집사로서 사역을 했다고 구원을 못 전했습니까? 직분이 없어서 일을 못 했습니까? 직분을 주지 않는다고 교회를 떠났습니까? 직분은 중요하지 않습니다. 교회 안에서 배우든지, 가르치든지 이 둘 중에 하나만 하면 됩니다.

제사장으로 섬겨야 할 아론의 자손에게 배당된 13개의 성읍은 유다와 시므온, 베냐민 지파의 기업 중에서 뽑혔습니다(21:10~19). 이 지역은 훗날 예루살렘 성전이 세워진 곳입니다. 대제사장 직분을 이어 가야 하니까 예루살렘에서 가장 가까운 성읍을 배당하신 것이죠. 그러니 '나는 왜 중심부야, 나는 왜 변두리야' 할 것이 없습니다. 대제사장이기에 성전에 가까이 살도록 하나님이 미리 역사하신 것입니다. 이처럼 하나님은 나보다 앞서 행하시는 분입니다. 우리가 매사 하나님께 맡기고 순종하면 하나님이 갈렙처럼 최고의 것으로 보답해 주실 것입니다. 하나님을 믿으시기 바랍니다.

제가 고등학교 때 친정아버지의 사업이 부도났습니다. 그때부터 제가 소녀 가장이 되어서 대학교 공부는 장학금을 받아서 하고 아르바이트를 하여 집에 생활비까지 보탰습니다. 어쩔 수 없이 섬기는 자리로 내려가야 했습니다. 그러나 하나님이 저의 이런 섬김을 기억해 주셔서 얼마나 최고의 것으로 채워 주셨는지 모릅니다.

개인적인 섬김의 시간을 지나 이제는 제가 교회를 섬기게 되었습니다. 우리들교회 절기 헌금은 북한 주민 돕기, 장애인 사역, 교도소 사역, 성경 번역 사역, 선교 헌금 등에 쓰입니다. 구원을 위해 각지에 사용되고 있습니다. 하나님이 우리들교회의 지경을 넓히고 계십니다. 이런 일을 하라고 저를 목회의 자리로 불러 주셨습니다. 더 큰 섬김으로 나아가라고 저로 치사한 것들을 경험하게 하신 것입니다. 비록 지금 눈앞에 보이는 것 없어도 마지막에 기업을 받는 자가 정말 복된 자입니다.

어느 책에서 본 예화입니다. 나폴레옹 황제가 평민 차림을 하고 부관과 함께 어느 시골 여관에 묵었습니다. 여관 식당에서 저녁 식사를 마치자 웨이터가 계산서를 가져왔습니다. 그런데 나폴레옹도, 부관도 지갑을 방에 두고 온 게 아닙니까. 정중히 사과하고 한 시간 뒤에 돈을 가져오겠다고 하자 웨이터는 이해해 주었지만, 여관 주인은 "당장 돈을 내놓으라"며 성화했습니다. 웨이터가 믿어 보자고 설득해도 주인은 더욱 성을 냈습니다. 할 수 없이 웨이터가 자신의 돈으로 14프랑을 계산했습니다.

한 시간 뒤, 부관이 돌아와 웨이터에게 14프랑을 주었습니다. 그리고 여관 주인에게 "이 여관은 얼마요?" 물었습니다. 주인이 얼마 전에 3만 프랑을 주고 샀다면서 왜 묻느냐고 되묻자, 부관은 그 자리에서 3만 프랑을 내주며 여관을 사겠다고 했습니다. 거래를 마친 후 여관 매매증서를 받은 부관은 그것을 웨이터에게 주었습니다. 그리고 나폴레옹이 쓴 쪽지를 건넸습니다.

"오늘부터 당신이 이 여관의 주인입니다. 당신은 나를 믿어 주었습니다. 그것으로 나는 이만큼 기뻤습니다."

나폴레옹은 웨이터가 자신을 믿어 준 것이 3만 프랑만큼 기뻤다고 합니다. 우리가 하나님을 믿으면 하나님은 온 우주만큼 기뻐하십니다. 주님은 우리를 위해 오셨습니다. 우리에게 '나를 믿어 달라'고 말씀하십니다. 믿음에 안식이 있습니다. 하나님의 말씀에 순종하면 안식이 찾아옵니다. 매사 내 힘으로 하려니까 두려운 것입니다.

인생은 나그넷길입니다. 잠시 머무르다 가는 길입니다. 안식을 누리는 최고의 비결은 갈렙처럼 끝없이 나눠 주는 것입니다. 우주 만물의 주인이신 하나님을 신뢰함으로 내 것을 나눌 때, 주께서 나의 잔에 누르고 흔들고 넘치도록 축복을 채워 주실 것입니다.

- 교회의 레위, 사역자들의 형편을 돌아봅니까? 만인 제사장 시대에 가정의 레위로서 갈렙처럼 나누어 주는 본을 보이고 있습니까? 하나님이 나누라고 하시는데도 포기하지 못하는 그것 때문에 나에게 안식이 없다는 것을 인정합니까?

우리들 묵상과 적용

저는 친정이 망하자 의사인 남편을 소개 받고, 밝은 성격인 척하며 남편을 속여 결혼했습니다. 하지만 원래 내성적이고 사람에게 무관심한 저의 본색은 곧 드러났습니다. 그런 제게 남편은 불만이 많았습니다. 완벽한 성향의 남편 앞에서 저는 쩔쩔매고, 남편이 벌어다 주는 돈 앞에 주눅이 들었습니다. 당시는 결혼생활이 주님이 제비 뽑아 주신 성읍이라는 말씀을 몰랐기에 남편을 원망하기만 했습니다.

그러다 말씀의 공동체로 인도되어 예배를 드리고 말씀으로 양육을 받으며, 남편을 원망하는 제 마음의 근원에는 '망한 집 딸'이라는 열등감과 피해의식이 있음을 깨달았습니다. 상처가 있으니 남편이 "반찬에 신경 좀 써라"는 말 한마디에 안색이 변하고 속을 끙끙 앓았습니다. 목장 지체들은 남편에 대한 불만을 말하는 제게 "남편도 퇴근해서 집에 오면 피곤한데, 아내가 표정이 싸늘하면 너무 힘들겠다"며 남편의 입장을 알려 주었습니다. 그동안 제 상처만 보느라 남편도 힘들 수 있다는 생각을 못 했던 것이 인정되었습니다. 그리고 남편에게 "나랑 사느라 힘들었겠다"라고 진심으로 사과했습니다. 이후 남편과 같이 예배드리고 부부 목장에도 참석하면서 관계가 회복되니 약속하신 온 땅을 차지한 것 같았습니다(21:43).

얼마 전 남편의 병원에 가서 제가 도와야 할 일이 생겼습니다. 경기가 안 좋아지면서 1년 전 두 명이던 간호사를 한 명으로 줄였는데 감기가 돌아 환자가 몰렸기 때문입니다. 병원에 나가서 일을 돕다 보니 제가 본격적으로 출근해서 남편을 도우면 환자가 많이 늘 것 같다는 생각이 들었습니다. 무엇보다도 돈 버는 아내로서 남편에게 당당하고 싶었습니다. 여호와께서 이스라엘의 조상들에게 맹세하사 주신 땅을 제게도 주셨지만, 여전히 '돈 벌며 남편에게 큰소리치고 사는 것'에서 아직도 벗어나지 못한 저였습니다. 이렇게 저는 사소한 일에도 욕심으로 마음이 요동합니다.

언젠가 남편이 제게 "네가 편하게 살고 싶어 하니 나는 앵벌이처럼 일만 한다"고 푸념했습니다. 저는 그 말을 대수롭지 않게 여기며 "아~ 그래? 계속 앵벌이 해서 나 먹여 살려 줘"라며 웃어넘겼습니다. 오늘 말씀에 여호와께서 이스라엘의 주위에 안식을 주셨고 이는 여호와께서 모든 원수를 그들의 손에 넘겨주셨기 때문이라고 하십니다(21:44). 제가 여전히 이기적이고 돈을 좋아하는 제 안의 원수를 붙잡고, 갈렙처럼 다른 사람에게 구원을 나누어 주지 못하니 안식이 되어주지 못하는 아내라고 책망하시는 것 같습니다(21:10~12). 저의 이런 죄를 고백하며 주위에 안식을 주시는 주님을 경험할 수 있기를 기도합니다.

영혼의 기도

아버지 하나님, 또 한 번 갈렙을 묵상했습니다. 예수를 믿지 않는 사람은 죽었다가 깨어나도 못 할 적용을 갈렙이 했습니다. 남이 보기에는 강요당하는 것처럼 보였을 수 있지만 갈렙에게 얼마나 큰 안식이 있었으면 끝까지 이런 역할을 감당했을까 생각합니다. 그런 갈렙의 안식이 저에게는 없음을 주님 앞에 고백합니다. 아직도 어떤 이야기를 들을 때 마음이 요동하며 두려움이 있는 것은 저의 욕심 때문임을 고백합니다.

마지막까지 땅을 분배 받지 못한 레위에게 성읍이 주어졌을 때 안식이 왔다고 하십니다. 하나님이 나의 왕 되시고 내가 하나님의 이름을 송축할 때, 주께서 주위에 안식을 주실 줄 믿습니다. 주님을 사랑한다고 하면서도 우리는 날마다 넘어지고 의심합니다. 주님이 내 앞에 서 계셔도 그저 우는 것밖에 할 수 있는 게 없습니다. 하지만 하나님이 "내가 그들을 네 손에 넘겨주었으니 그들 중에서 한 사람도 너를 당할 자가 없으리라"고 약속해 주십니다. 이 약속의 말씀을 믿고 살고 누리는 인생을 살기 원합니다. 어떤 환경에서도 주위에 안식을 누리는 우리가 되기를 원합니다.

인생은 나그넷길, 머물다 가는 길입니다. 그러나 영원히 뿌리박고 살 것처럼 내려놓지 못하는 욕심들이 우리에게 얼마나 많은지요.

주님, 용서하여 주시고 하나님만이 상급이 되게 하옵소서. 떡고물을 바라지 않게 하옵소서. 내게 주신 모든 것이 하나님이 제비 뽑아 주신 놀라운 축복이라는 것을 다시 한 번 우리 입으로 시인하기를 원합니다. 그래서 우리 모두가 하나님의 축복의 통로가 되기를 간절히 소원합니다. 우리에게 주신 모든 것이 하나님의 형상을 이루기 위한 세팅임을 알고, 이 환경을 오늘도 누리기 원합니다. 우리 주위에 안식을 주시는 하나님을 찬양합니다. 예수님 이름으로 기도하옵나이다. 아멘.

Chapter 30

아쉽다 이별애전: 하나가 된다는 것

여호수아 22:1~34

하나님 아버지, 우리가 왕이신 주의 이름을 높이며
하나가 되기를 원합니다. 주님과 하나 되고 부부가, 부모 자식이 주 안에서
하나 되기 원합니다. 말씀해 주시옵소서. 듣겠습니다.

수년 전 각 교파를 대표하는 원로 목사님들이 모여서 "제가 잘못했습니다"라는 주제로 회개하는 시간을 가졌습니다. 교회조차 진보와 보수로, 친미와 반미로 나뉘어 서로를 탓하니 우리 사회의 모든 불협화음을 개신교가 지고 회개하겠다는 의미로 기도회가 열린 것입니다. 한 목사님은 "나는 90년 가까이 교회와 사회의 소통을 위해서 힘썼는데 지금 생각해 보니 기독교계가 하나 되는 것을 위해서는 기도하지 못했다" 하면서 회개하셨습니다.

가나안 땅에 들어와서 힘들게 이방 족속을 물리치고 드디어 주위에 안식이 찾아왔습니다. 그런데 이때 동서 지파가 갈라질 위기에 처합니다. 내부에 문제가 생겼습니다. 우리 주위에도 온전한 안식을 방해하는 사람이 있습니다. 오해를 잘하고, 오해할 일을 만드는 사람이 꼭 있지요.

하나님이 안식을 주셔도 우리가 누리지 못하면 공동체가 하나 되기 어렵습니다. 예수님의 제자였던 가룟 유다도 안식을 누리지 못했습니다. 주님의 제자도 그러한데 우리는 더하지 않겠습니까? 아무리 말씀을 들어도 안식이 없는 사람이 있습니다. 그래서 가정, 교회, 회사 등 어느 공동체든지 갈등 구조에 놓입니다. 그렇다면 우리가 하나 되기 위해 갈등을 어떻게 풀어야 할까요?

떠나는 사람을 축복하십시오

1 그때에 여호수아가 르우벤 사람과 갓 사람과 므낫세 반 지파를 불
러서 2 그들에게 이르되 여호와의 종 모세가 너희에게 명령한 것을
너희가 다 지키며 또 내가 너희에게 명령한 모든 일에 너희가 내 말
을 순종하여 3 오늘까지 날이 오래도록 너희가 너희 형제를 떠나지
아니하고 오직 너희의 하나님 여호와께서 명령하신 그 책임을 지키
도다_수 22:1~3

모든 땅 분배를 마치고 레위 자손에게도 성읍과 목초지가 할당되자 하나님께서 주위에 안식을 주셨습니다(21:44). 이제 르우벤, 갓, 므낫세 반 지파, 즉 요단 동편 지파들이 떠나야 할 때입니다. 지금까지 하나님의 명령에 순종하여 함께해 왔지만 모든 정복 전쟁이 끝나고 자기 땅으로 돌아가야 할 때가 온 것입니다. 그런데 이들을 돌려보내

자니 염려가 앞섭니다.

르우벤 지파의 조상인 르우벤은 야곱의 장자입니다. 부모라면 같은 자녀라도 장남·장녀가 더 예수 잘 믿고, 세상에서도 더 잘되기를 원하지 않겠습니까? 그러나 야곱은 르우벤을 향해 이렇게 예언했습니다.

"르우벤아 너는 내 장자요 내 능력이요 내 기력의 시작이라 위풍이 월등하고 권능이 탁월하다마는 물의 끓음 같았은즉 너는 탁월하지 못하리니 네가 아버지의 침상에 올라 더럽혔음이로다 그가 내 침상에 올랐었도다"(창 49:3~4).

야곱은 자신의 첩 빌하와 동침한 르우벤을 향해 '물의 끓음 같다'라고 표현합니다. 그런데 유다 역시 며느리 다말과 동침한 부끄러운 죄를 짓지 않았습니까? 르우벤과 유다의 차이가 무엇입니까? 유다는 며느리 다말이 대를 잇고자 자신을 속여 동침한 것을 알고는 "그는 나보다 옳도다" 고백하며 자신의 죄를 인정했습니다(창 38:26). 하지만 르우벤은 자기 음욕을 따라 아버지의 첩과 동침하고도 애통해했다는 기록이 없습니다. 르우벤이 탁월하지 못하게 된 이유가 여기에 있습니다. 똑같은 죄를 지었어도 애통하고 회개하면 유다와 같이 탁월한 예수님의 조상이 되는데, 회개하지 않으면 아무리 장자라도 영원히 탁월하지 못한 자가 되는 것입니다. 물론 그도 역할 모델로 쓰임 받은 것입니다. 마지막에 르우벤 지파도 이스라엘의 열두 지파로서 하나님 나라에 똑같이 들어갑니다(계 7:5).

광야 생활을 마치고 가나안에 들어가기 직전, 르우벤 지파는 요단 동편의 좋은 목초지를 보고서 그 땅을 달라고 떼를 썼습니다. 아마도 "우리가 맏아들 지파 아니냐" 하면서 고집을 부렸겠죠. 이때 모세가 이렇게 이야기합니다.

"너희가 어찌하여 이스라엘 자손에게 낙심하게 하여서 여호와께서 그들에게 주신 땅으로 건너갈 수 없게 하려 하느냐 너희 조상들도 내가 가데스바네아에서 그 땅을 보라고 보냈을 때에 그리하였었나니…… 여호와께서 이스라엘에게 진노하사 그들에게 사십 년 동안 광야에 방황하게 하셨으므로 여호와의 목전에 악을 행한 그 세대가 마침내는 다 끊어졌느니라"(민 32:7~13).

여기서 '너희 조상들도 그리하였다'라는 것은 모세가 열두 정탐꾼을 가나안에 보냈을 때 열 명의 정탐꾼이 그 땅의 아낙 자손을 보고 두려워하여 "우리는 그들에 비하면 메뚜기 같다"라고 보고한 일을 말합니다. 그 결과 백성이 낙심하여 가나안으로 들어가기를 거부하는 불순종을 저지르고 말죠(민 13~14장). 다시 말해 정탐꾼들의 불신앙 때문에 이스라엘이 광야에서 40년을 방황했는데, 그 죄와 르우벤이 동편의 목초지를 구하는 죄가 똑같다는 것입니다. 모세는 "너희가 만일 돌이켜 여호와를 떠나면 여호와께서 다시 이 백성을 광야에 버리시리니 그리하면 너희가 이 모든 백성을 멸망시키리라!" 엄중히 권면하고 경고합니다(민 32:15).

그런데 이런 이야기를 다 듣고도 르우벤, 갓, 므낫세 반 지파는 "요단 서편에서 전쟁할 때 우리가 무장하고 앞에서 가겠다. 그러니 요단 동편을 달라"고 합니다(민 32:16~19). 모세가 아무리 권면해도 포기하지 않습니다. 결국 떼 부리는 기도를 응답 받아 그들은 요단 동편 땅을 분배 받습니다. 그러나 요단 동편은 하나님이 약속하신 땅이 아니기에 '여호와께서 주셨다' 하지 않고 '모세가 주었다'라고 기록했습니다(민 32:33). 비록 하나님이 허락하셨지만, 달라고 떼 부려서는 안 되는 땅이었습니다.

므낫세에게도 상처가 있습니다. 그는 요셉의 장자였지만 장자의 명분은 동생 에브라임이 받았습니다. 갓 역시 야곱의 첩 실바의 소생입니다. 이렇듯 상처 있는 사람들끼리 회막이 있는 실로를 떠나 요단을 건너 동편으로 가 버린다고 하니까 믿음의 공동체로서 어찌 염려가 안 되겠습니까. 그렇다고 "너희가 가는 게 너무 걱정돼" 하면, 열등감 있는 사람들이 더 비뚤어질 수 있으니까 여호수아는 떠나는 그들을 칭찬하고 격려하며 말씀으로 축복합니다.

사실 르우벤을 비롯한 동편 지파들은 동편 땅에 기업을 미리 분배 받고도 형제들을 위해 책임을 다했습니다. 좋은 땅을 이미 받았는데도 아녀자와 아이들을 그곳에 두고서 서편에 건너와 7년 동안 선봉에서 정복 전쟁을 치렀습니다. 얼마나 대단한 헌신입니까. 제 생각에 동편 땅의 비옥함을 생각하면 힘이 불끈불끈 솟았을 것 같습니다. 다른 지파들은 아직 땅이 없는데 자신이 받은 비옥한 목초지를 떠올리면 자다가도 싸울 힘이 나지 않았겠습니까.

그러나 이것은 갈렙이 헤브론 산지를 달라고 자원한 것과는 차원이 다른 헌신입니다. 이미 땅을 얻고서 치른 전쟁이기 때문입니다. 다른 지파와 달리 동편 지파들은 배부르고 등 따뜻한 환경 가운데 있습니다. 그러니 7년을 같이 보내면서도 동편 지파들만 보면 여호수아가 늘 불안하지 않았겠습니까? 물론 요단 동편도 하나님이 허락하셔서 얻은 땅입니다. 하지만 하나님의 자녀라면 주님이 약속하신 땅에 거해야 하지 않겠습니까? 회막이 있는 실로에 거해야 하는 것 아닙니까? 앞으로 예루살렘 성전이 들어설 요단 서편 땅을 기업으로 받아야 하지 않겠습니까?

> 4 이제는 너희의 하나님 여호와께서 이미 말씀하신 대로 너희 형제
> 에게 안식을 주셨으니 그런즉 이제 너희는 여호와의 종 모세가 요
> 단 저쪽에서 너희에게 준 소유지로 가서 너희의 장막으로 돌아가되
> 5 오직 여호와의 종 모세가 너희에게 명령한 명령과 율법을 반드시
> 행하여 너희의 하나님 여호와를 사랑하고 그의 모든 길로 행하며
> 그의 계명을 지켜 그에게 친근히 하고 너희의 마음을 다하며 성품
> 을 다하여 그를 섬길지니라 하고 6 여호수아가 그들에게 축복하여
> 보내매 그들이 자기 장막으로 갔더라_수 22:4~6

정복 전쟁이 끝나고 이스라엘에 안식이 찾아왔습니다. 여호수아는 이제 떠나는 동편 지파 사람들을 향해 육적 안식도 좋지만 "진정한 안식을 누리라"고 권면합니다. 그런데 본문을 개역한글판 성경으로 보면 5절 앞에 '크게 삼가' 여호와의 종 모세가 명령한 명령과 율법을 행하라고 합니다. 요단 동편에서도 하나님의 안식을 누리려면 크게 삼가야 할 것이 있다는 겁니다. '트랜스 요르단'으로 불리는 요단 동편

은 매우 비옥하여 누구나 군침을 흘리는 땅이었습니다. 그래서 열강의 각축장이 되곤 했습니다. 내 눈에 보기 좋은 것은 세상 사람 눈에도 보기 좋지 않겠습니까?

그러니까 그냥 삼가는 것도 아니고 '크게' 삼가야 합니다. 내 의지로는 삼갈 수 없습니다. 오직 여호와를 사랑하므로 하나님의 명령과 율법을 자원해서 행해야 삼갈 수 있습니다. "술 끊어! 담배 끊어!" 상대를 윽박지른다고 끊어지는 것이 아니라는 말입니다. 하나님을 사랑하면 자연스레 삼가게 됩니다. 그러므로 먼저 주님을 만나도록 도와야 합니다.

여러분은 주일예배 후에 무엇을 하며 시간을 보냅니까? 어떤 분은 바쁜 일이 있는 사람처럼 부랴부랴 예배를 빠져나가서는 집에 가서 TV만 본답니다. 오후 예배도 드리고 지체들과 교제도 하고, 새벽예배, 수요예배, 목장예배, 양육훈련 등등 늘 예배의 자리를 지키며 1년을 교회 안에서 알차게 보내면 성경을 많이 깨달을 텐데, 그저 TV 보고 놀고 자는 데 시간을 허비하는 사람이 얼마나 많은지 모릅니다. 그러니 삼가야 할 것도 삼가지 못합니다. 술도, 담배도 못 끊습니다. 하나님과 친근해져야 하나님의 명령을 지킬 수 있는데 교회에 다녀도 하나님과 데면데면하니 어떻게 끊겠습니까.

하나님을 친근히 사랑하면 뭐든지 저절로 됩니다. 그것이 진정한 축복입니다. 이 세상에서 사랑하고 사랑 받는 것보다 더한 기쁨은 없습니다. 사람에게 사랑 받는 것도 인생 최고의 축복이라고 하는데 하물며 하나님께 사랑 받는 자는 어떻겠습니까. 주 안에서 사랑하고 사랑 받는 것이 얼마나 안식인지는 경험해 본 자만 압니다. 힘든 배우자, 속썩이는 자녀 때문에 날마다 고난을 겪어도 하나님의 사랑을 알고 나면 어떤 문제든 아무것도 아님을 알게 됩니다.

부모와 자녀도 언젠가는 헤어져야 합니다. 자녀를 군대나 해외에 보내기도 하고, 결혼하여 출가시키기도 합니다. 그러면 내 품을 떠나는 자녀를 어떻게 축복해야 할까요?

미국에 영적 각성을 불러일으킨 신학자이자 목회자 조나단 에드워즈(Jonathan Edwards)가 먼 여행길을 떠나는 딸 메리와 사위에게 이런 편지를 썼습니다.

> 나의 사랑하는 딸에게
> 교제할 수 없는 아주 먼 곳으로 떠나는 자식에게 부모로서 마음이 가는 것을 당연히 생각할지도 모르겠구나. 그곳에서 네가 죽을 수도 있고, 위험한 병을 얻을 수도 있을 것이다. 또한 우리가 너에 관한 소식을 듣기도 전에 네가 무덤에 있을 수도 있을 것이다. 그러나 내가 가장 관심을 기울이는 것은 네 영혼이란다. 비록 네가 우리와 멀리 떨어져 있을지라도 하나님은 어디에나 계시단다. 너는 우리의 도움이 미치지 못하는 먼 곳에 있지만 매 순간 하나님의 손안에 있단다. 우리는 비록 너를 보지 못하지만, 하나님이 항상 너를 보고 계신다는 것으로 만족하고 있단다. 네가 하나님의 인도하심에 늘 귀 기울이고 하나님의 은혜 안에 거한다면 너와 멀리 떨어져 있는 것은 문제가 되지 않는단다. 나는 네가 우리와 함께 있지만 하나님과 멀리 떨어져 사는 것보

다 차라리 네가 수백 마일 떨어져 있더라도 성령에 붙들려 하나님께 가까이 가는 것을 항상 원한단다. 혹시 훗날 네가 죽었다는 슬픈 소식을 접하게 되더라도 네가 주님 안에서 죽었다면 우리에게는 큰 희망이 될 것이다.

여러분은 외지로 떠나는 딸에게 이런 편지를 쓸 수 있습니까? 딸이 무덤에 있다는 소식을 들을 각오도 한다니…… 우리는 무서워서 무덤의 '무' 자도 못 꺼낼 텐데 말이죠. 그러나 설령 위험이 기다리고 있더라도 그가 하나님 안에 거하기를 기도하는 것이 떠나는 자에게 빌어 줄 수 있는 최고의 축복입니다. 내가 열심히 양육했어도 떠나는 사람이 있다면, 그를 더욱 사랑해 주고, 비교하지 않으며, 인정하고, 축복하고, 격려해 주십시오. "이리 봐도 저리 봐도 예쁜 너, 너 때문에 내가 산다" 하며 보내 주십시오.

7 므낫세 반 지파에게는 모세가 바산에서 기업을 주었고 그 남은 반
지파에게는 여호수아가 요단 이쪽 서쪽에서 그들의 형제들과 함께
기업을 준지라 여호수아가 그들을 그들의 장막으로 돌려보낼 때에
그들에게 축복하고 8 말하여 이르되 너희는 많은 재산과 심히 많은
가축과 은과 금과 구리와 쇠와 심히 많은 의복을 가지고 너희의 장
막으로 돌아가서 너희의 원수들에게서 탈취한 것을 너희의 형제와
나눌지니라 하매_수 22:7~8

다른 지파에게는 심히 많은 가축과 의복을 주었다는 말이 없었습니다. 그런데 떠나는 지파에게는 '심히 많은' 가축과 '심히 많은' 의복을 주었다고 강조합니다. 동편 지파에게는 특별히 아낌없이 나누어 줍니다. 나누는 것이 참 안식이기 때문입니다. 우리에게는 전리품이 심히 많고 그들에게는 동편 땅에서 기다리는 연약한 아녀자들이 있습니다. 7년 동안 선봉에 서서 전쟁을 치르느라 그 가족을 제대로 돌볼 수나 있었겠습니까? 그러니 이제는 돌아가 구원의 선물을 나누어 주라는 것이죠.

우리도 나누어 주는 인생을 살아야 합니다. 나에게는 어떤 전리품이 있습니까? 우리가 날마다 영적 전쟁을 치르며 얻는 전리품이 참 많습니다. 우리들교회 홈페이지만 보아도 많은 전리품이 쏟아집니다. 한 목장 보고서를 보니, 어떤 성도님은 우리들교회의 예배를 가리켜 '목욕탕 예배'라고 표현합니다. 나의 수치까지 내어놓으며 다 발가벗고 만난다고요. 목자는 '때밀이'라고 합니다.

또 다른 목장은 스스로 별칭을 붙이기를 '수정 목장'이라고 합니다. 날마다 생명이 탄생하기 때문입니다. 이런 창조적인 언어가 주일마다 탄생합니다. 참 재미있습니다. 홈페이지에 올라온 목장 보고서만 읽어도 이렇게 살맛이 나는데 자살할 생각을 왜 합니까? 남편, 부인, 자식 미워하느라고 왜 시간을 보냅니까? 돈이 있거나 없거나 상관이 없습니다. 목장 모임에 가고, 홈페이지의 나눔을 읽는 것만으로도 시간이 잘 갑니다.

• 가정과 교회 공동체에 동편 지파와 같은 사람이 있습니까? 보장된 삶이 있어서 쉽게 떠나는 그들을 어떤 마음으로, 어떤 말로 축복합니까? 그들을 사랑으로 염려한다면 나의 어떤 것을 나누어 주며 보내야 할까요?

> 르우벤 자손과 갓 자손과 므낫세 반 지파가 가나안 땅 실로에서 이스라엘 자손을 떠나 여호와께서 모세에게 명령하신 대로 받은 땅 곧 그들의 소유지 길르앗으로 가니라_수 22:9

르우벤과 갓, 므나세 반 지파가 '그들의 소유지'로 갔다고 합니다. 약속의 땅을 떠나 자기의 소유지로 갔습니다. 그러나 아무리 "하나님과 친밀하라" 그들을 권면하고, 전리품을 나누어 주면서 축복하여 보냈어도 여호수아 입장에서는 걱정이 앞서지 않겠습니까? 회막은 실로에 있는데, 교회가 없는 동편 땅에서 홀로 신앙생활 해야 하는데 어찌 염려하지 않을 수 있습니까. 처음에는 잘할 것 같아도 누구나 노예근성이 있기에 곁에서 끌고 당겨 주지 않으면 금세 세상으로 가고 맙니다.

서편 지파들은 이스라엘 자손이라고 명명하지만 요단 동편 지파들 향해서는 이스라엘 자손이라고 부르지 않습니다. 르우벤, 갓, 므낫세 반 지파라고 늘 지파 이름으로 기록합니다. 하나님이 허락하셔서 요단 동편 땅을 먼저 주기는 했지만, 7년을 같이 싸우면서 '저들이 달라지겠지. 동편으로 가기 싫어지겠지' 하는 마음이 여호수아에게 있었을 것입니다. 그러나 동편 지파들은 자기 뜻을 굳건히 하며 가나안 땅 실로를 떠나 그들의 소유지로 갑니다. 7년 동안 동편 지파가 형제들과 함께 열심히 헌신하는 모습을 보면서 '마음이 바뀌려나' 했는데, 그들은 전혀 바뀌지 않았습니다. 하나님의 뜻을 알고도 비옥한 땅에 마음이 팔려 꿈쩍하지 않는 겁니다.

> 르우벤 자손과 갓 자손과 므낫세 반 지파가 가나안 땅 요단 언덕 가에 이르자 거기서 요단 가에 제단을 쌓았는데 보기에 큰 제단이었더라_수 22:10

그러더니 결국 문제를 일으키고 말았습니다. 약속의 땅이 아닌 곳에 보기에 큰 제단을 쌓은 것입니다. 바울 사도는 "만일 음식이 내 형제를 실족하게 한다면 나는 영원히 고기를 먹지 아니하여 내 형제를 실족하지 않게 하리라"고 했습니다(고전 8:13). 아무리 그 뜻이 선하더라도 누군가에게 오해를 살 만한 일이라면 삼가는 것이 성숙한 신앙인의 태도입니다. 그런데 동편 지파는 어떻게 떠나자마자 큰 제단을 쌓을 수 있습니까? 그렇게 권면을 받았는데도 말이죠. 안 그래도 서편 지파들은 동편 지파에 선입견을 품고 있을 텐데 이렇게 오해 받을 행동을 하니 얼마나 어리석습니까.

그러면서 자신들은 하나님을 거역하려는 것이 아니라고 합니다. 요단을 건넌 후 열두 돌을 세워 기념했듯이, 자신들도 하나님과 언약을 맺은 백성임을 후손에게 알리고자 제단을 쌓았다고 합니다(22:27). 하지만 그렇다고 해도 여호수아와 제사장, 서편 지파들과 먼저 의논했어야 합니다. 마음대로 제단을 쌓은 것은 분명히 경솔한 행동입니다.

신명기에서 하나님은 모세를 통해 "너는 삼가서 네게 보이는 아무 곳에서나 번제를 드리지 말고 오직 너희의 한 지파 중에 여호와께서 택하실 그곳에서 번제를 드리고 또 내가 네게 명령하는 모든 것을 거기서 행할지니라"고 분명히 명령하셨습니다(신 12:13~14). 이 말씀을 원어로 보면 '여호와께서 선택하신 한곳에서만 번제를 드리라'는 의미입니다. 그러니 동편 지파가 오해할 행동을 했습니다.

"내가 몰라서 그랬다!" 이 얼마나 어리석은 말입니까. 불륜 관계를 맺고도 "나는 유부남인 줄 몰랐다, 유부녀인 줄 몰랐다" 하면 면죄부가 됩니까? 어리석은 변명일 뿐입니다.

르우벤 지파는 아무것도 모르는 초신자가 아니라 전쟁을 겪을 대로 겪은 직분자입니다. 안 그래도 약속의 땅을 벗어나서 우려의 시선을 받고 있는데 이렇게 또 오해 살 만한 행동을 해서야 되겠습니까. "내가 몰라서 그랬다"고 하면서 남을 괴롭히는 사람들이 참 많습니다. 우리가 성경을 깊게 묵상하지 않으면 아무리 열심히 교회를 다녀도 생각이 요단 동편에 가 있기에 제대로 적용할 수가 없습니다.

- 신앙적으로 오해를 받고 있습니까? 나는 열심히 큐티하는데 다른 사람들은 인정하지 않을 때 그들이 몰라서 그런다고 생각합니까? 내 열심이 공동체의 조직과 형식에서 벗어난 것은 아닌지, 공동체의 흐름을 깨뜨리고 있지는 않은지 돌아봅시다.

필요한 오해는 해야 합니다

11 이스라엘 자손이 들은즉 이르기를 르우벤 자손과 갓 자손과 므
낫세 반 지파가 가나안 땅의 맨 앞쪽 요단 언덕 가 이스라엘 자손에
게 속한 쪽에 제단을 쌓았다 하는지라 12 이스라엘 자손이 이를 듣
자 곧 이스라엘 자손의 온 회중이 실로에 모여서 그들과 싸우러 가
려 하니라 13 이스라엘 자손이 제사장 엘르아살의 아들 비느하스를
길르앗 땅으로 보내어 르우벤 자손과 갓 자손과 므낫세 반 지파를
보게 하되 14 이스라엘 각 지파에서 한 지도자씩 열 지도자들을 그
와 함께하게 하니 그들은 각기 그들의 조상들의 가문의 수령으로서
이스라엘 중에서 천부장들이라_수 22:11~14

서편 지파가 동편 지파를 같은 지체로 생각하기에 화를 냅니다. 서편 지파가 믿음이 부족해서 이러는 것이 아닙니다. 이 본문을 두고 '서편 지파가 오해한 것이다. 형제를 사랑해야 하지 않느냐'라고 말하는 사람도 있습니다. 그러나 문맥을 따라서 볼 때 서편 지파가 화를 내는 것이 마땅하다고 생각합니다. 하나님이 명하지 않으신 장소에 제단을 쌓았기 때문에, 사랑으로 감쌀 일이 아닙니다. 전쟁을 해야 할 때는 해야 합니다.

아모스 3장에서 아모스 선지자는 이스라엘에 멸망을 선포하며 "사자가 부르짖은즉 누가 두려워하지 아니하겠느냐 주 여호와께서 말씀하신즉 누가 예언하지 아니하겠느냐!" 외칩니다(암 3:8). 마치 사

자가 포효하듯 멸망의 예언을 부르짖겠다는 말입니다. 생각해 보세요. 내 백성이 망하게 생겼는데 교양 있게 "얘, 너 그러다가 망해" 하면 되겠습니까? 그래서 서편 지파도 싸우고자 일어났습니다. 하나님 나라 때문에 의분(義憤)을 일으킨 것입니다. 그렇다고 그들이 무작정 "싸우자!" 하며 밀고 나간 것은 아닙니다. 그들은 먼저 비느하스와 열 명의 진상 조사단을 파견하여 동편 지파를 엄중히 견책합니다(22:13~14).

> 15 그들이 길르앗 땅에 이르러 르우벤 자손과 갓 자손과 므낫세 반
> 지파에게 나아가서 그들에게 말하여 이르되 16 여호와의 온 회중이
> 말하기를 너희가 어찌하여 이스라엘 하나님께 범죄하여 오늘 여호
> 와를 따르는 데서 돌아서서 너희를 위하여 제단을 쌓아 너희가 오늘
> 여호와께 거역하고자 하느냐 17 브올의 죄악으로 말미암아 여호와
> 의 회중에 재앙이 내렸으나 오늘까지 우리가 그 죄에서 정결함을 받
> 지 못하였거늘 그 죄악이 우리에게 부족하여서 18 오늘 너희가 돌이
> 켜 여호와를 따르지 아니하려고 하느냐 너희가 오늘 여호와를 배역
> 하면 내일은 그가 이스라엘 온 회중에게 진노하시리라_수 22:15~18

서편 지파가 바르게 권면했습니다. '동편 지파가 행여 하나님께 범죄하지는 않을까' 하는 염려로 강력하게 촉구한 것입니다. 그러므로 지나친 오해가 아닙니다. 우리도 십자가의 길에서 떠나지 않도록 날마다 서로 격려하고 촉구해야 합니다. "만일 네 눈이 너를 범죄하게 하거든 빼버리라 한 눈으로 하나님의 나라에 들어가는 것이 두 눈을

가지고 지옥에 던져지는 것보다 나으니라"는 말씀처럼, 죄는 싹부터 잘라 버리는 단호함이 필요합니다(막 9:47).

제가 교회를 개척할 때 한 분이 잘못된 여자관계에 빠져 있기에 "그 관계를 정리하기 전에는 직분을 드릴 수 없어요"라고 단호히 말씀드렸습니다. 세상에서 유력한 분이었는데 그분의 구원을 위해서 정말 직분을 드리지 않았습니다. 결국 그분은 관계를 정리하셨지만, 그 과정에서 얼마나 오해가 많았는지 모릅니다. 한참이나 서로 불편했습니다.

'좋은 게 좋은 거지. 이런 분이 개척 교회에 와 주기만 해도 얼마나 감사한 일인데, 게다가 교회를 착실히 섬기기까지 하시니 어떻게 직분을 안 주겠어?' 할 수도 있었겠지요. 그러나 제가 몰랐으면 몰라도 그분이 죄에 빠져 있는 것을 알면서 어떻게 직분을 주겠습니까. 사랑하기에 의분을 내야 할 때가 있습니다. 그 사람이 미워서가 아니라 죄를 잘라 내는 단호함이 필요하기 때문입니다. 그것이 교회를 교회답게 보존하는 길입니다.

비록 오해였어도 한편으로 서편 지파가 오해하는 것이 당연하지 않습니까? 서편 지파의 이야기는 이렇습니다.

"우리가 모압의 우상인 브올을 숭배하다가 2만 4천 명이 염병으로 죽은 지 얼마 되지 않았다. 또 아간의 외투 사건으로 아이 성 싸움에서 패한 지도 얼마 안 됐다. 너희는 남이 아니라 우리와 같은 민족이니까 너희가 지은 죄는 곧 하나님 나라와 연결된다"(22:17~20).

같은 공동체라고 생각하기에 길게 설명하며 권면합니다. 이때 동편 지파가 "나만 잘 믿으면 되지, 남들이 어떻게 보든 무슨 상관이야!" 해서는 안 됩니다. 성경에 리더십의 원리, 경영의 원리가 다 나와 있습니다. 항상 말씀에 민감하면 이럴 때 "아, 말씀에서 하나님이 택하지 않으신 곳에 제단을 세우지 말라고 하셨지!" 깨달아야 합니다. 그리고 요단강을 건너와 실로에서 예배드려야 합니다.

요즘 바쁘다고, 불편하다고, 방송이나 인터넷으로 예배를 드리는 사람이 있습니다. 그러나 같은 예배라도 한곳, 즉 주께서 정하신 곳에서 드리는 예배와는 천지 차이입니다. 인터넷이나 방송으로 예배를 드려 보십시오. 도무지 예배에 집중할 수가 없습니다. 전화가 오면 받아야 하고, 밥을 먹어 가면서 예배를 드리고…… 자세나 태도가 흐트러지게 마련입니다. 또 차에서 설교 방송을 듣다가 목적지에 도착하면 그길로 설교는 나 몰라라 하지 않습니까? 그러니 예배를 제대로 드릴 수나 있겠습니까? 그런데 예배당에 와서 앉아 있으면 싫어도 끝까지 듣습니다. 정해진 한곳에서 드리는 예배가 얼마나 중요한지 모릅니다.

- 형식보다는 내용이 중요하다고 외치면서 정해진 예배 시간과 장소, 주일 성수를 어기고 있지는 않습니까? 이스라엘 서편 지파의 입장이 되어서 단호하게 대처해야 할 일이 있습니까? 괜히 나서기 싫고, 싫은 소리 하기 싫어서 공동체에서 어긋나고 있는 지체를 방관하고 있습니까?

사랑은 오해를 넘어섭니다

19 그런데 너희의 소유지가 만일 깨끗하지 아니하거든 여호와의 성
막이 있는 여호와의 소유지로 건너와 우리 중에서 소유지를 나누어
가질 것이니라 오직 우리 하나님 여호와의 제단 외에 다른 제단을
쌓음으로 여호와를 거역하지 말며 우리에게도 거역하지 말라 20 세
라의 아들 아간이 온전히 바친 물건에 대하여 범죄하므로 이스라엘
온 회중에 진노가 임하지 아니하였느냐 그의 죄악으로 멸망한 자가
그 한 사람만이 아니었느니라 하니라_수 22:19~20

서편 지파는 "너희 소유지에 가 보고 만일 그곳이 깨끗하지 않으면 서편으로 와서 같이 살자"고 합니다. 엄격히 말하면 그곳은 하나님이 약속하신 땅이 아니기에 '너희 소유지'라고 표현합니다. 그리고 '여호와의 소유지'로 건너오라고 합니다. '깨끗하지 않다'는 것은 '더럽다, 오염되다'라는 사전적인 의미가 아니라 '하나님께 예배드리기에 부적합하다'라는 뜻입니다.

아무리 명문 학교, 좋은 직장에 들어갔다고 해도 예배드리기에 부적합한 환경이라면 다시 생각해 봐야 합니다. 이때 르우벤을 비롯한 동편 지파들이 다시 서편 땅으로 건너갔더라면 자손들에게 훨씬 유익이 됐을 것입니다. 이후로 요단 동편 지파는 끊임없이 침략을 당하고, 음란하게 이방 신을 섬기면서 하나님 앞에 범죄했습니다. 그러다 앗수르에 의해 끝내 멸망하고 말았죠.

하나님이 야곱을 택하시고 야곱이 변하여 이스라엘이 됐습니다. 주께서 그 이스라엘의 하나님이 되어 주셨습니다. 그러므로 이스라엘 자손으로 불려야지 르우벤 자손이라고 불리면 좋겠습니까? 이스라엘이 아닌 내 이름으로 돌아가서는 안 됩니다. 그런데 "낙타가 바늘귀로 들어가는 것이 부자가 하나님의 나라에 들어가는 것보다 쉬우니라" 하신 말씀처럼(마 19:24), 자꾸 내 재산을 확보하고 나서 믿으려고 하니까 르우벤이 7년이나 앞장서 헌신했어도 눈 하나 깜짝하지 않고 옛날로 돌아갑니다.

비느하스는 이스라엘 자손이 모압 여인과 음행하여 염병으로 죽어 갈 때, 막사에서 음행하던 남녀의 배를 창으로 꿰뚫어 죽인 자입니다. 그의 의로운 적용으로 마침내 이스라엘에 염병이 그쳤습니다(민 25:7~8). 그가 형제들의 구원에 관심이 없었다면 어떻게 이런 적용을 할 수 있었겠습니까! 이것이 진정한 형제 사랑입니다.

우리는 교만해서, 마음이 건강하지 못해서 타인에게 무관심합니다. 영육이 병들어서 죽어 가는 사람이 주변에 허다한데, 누가 그들에게 "하나님을 거역하지 말라!"고 부르짖겠습니까. 비느하스가 잔소리한다고 생각할지 모르지만, 형제를 사랑하므로 당연히 할 말을 한 것입니다. 이런 사람이 하나님의 사람입니다.

21 르우벤 자손과 갓 자손과 므낫세 반 지파가 이스라엘 천천의 수
령들에게 대답하여 이르되 22 전능하신 자 하나님 여호와, 전능하
신 자 하나님 여호와께서 아시나니 이스라엘도 장차 알리라 이 일

이 만일 여호와를 거역함이거나 범죄함이거든 주께서는 오늘 우리
를 구원하지 마시옵소서 23 우리가 제단을 쌓은 것이 돌이켜 여호
와를 따르지 아니하려 함이거나 또는 그 위에 번제나 소제를 드리
려 함이거나 또는 화목제물을 드리려 함이거든 여호와는 친히 벌
하시옵소서 24 우리가 목적이 있어서 주의하고 이같이 하였노라
곧 생각하기를 후일에 너희의 자손이 우리 자손에게 말하여 이르
기를 너희가 이스라엘 하나님 여호와와 무슨 상관이 있느냐 25 너
희 르우벤 자손 갓 자손아 여호와께서 우리와 너희 사이에 요단으
로 경계를 삼으셨나니 너희는 여호와께 받을 분깃이 없느니라 하여
너희의 자손이 우리 자손에게 여호와 경외하기를 그치게 할까 하
여 26 우리가 말하기를 우리가 이제 한 제단 쌓기를 준비하자 하였
노니 이는 번제를 위함도 아니요 다른 제사를 위함도 아니라 27 우
리가 여호와 앞에서 우리의 번제와 우리의 다른 제사와 우리의 화
목제로 섬기는 것을 우리와 너희 사이와 우리의 후대 사이에 증거
가 되게 할 뿐으로서 너희 자손들이 후일에 우리 자손들에게 이르
기를 너희는 여호와께 받을 분깃이 없다 하지 못하게 하려 함이라
28 우리가 말하였거니와 만일 그들이 후일에 우리에게나 우리 후
대에게 이같이 말하면 우리가 말하기를 우리 조상이 지은 여호와
의 제단 모형을 보라 이는 번제를 위한 것도 아니요 다른 제사를 위
한 것도 아니라 오직 우리와 너희 사이에 증거만 되게 할 뿐이라
29 우리가 번제나 소제나 다른 제사를 위하여 우리 하나님 여호와
의 성막 앞에 있는 제단 외에 제단을 쌓음으로 여호와를 거역하고

오늘 여호와를 따르는 데에서 돌아서려는 것은 결단코 아니라 하리라_수 22:21~29

동편 지파들도 나름대로 목적이 있어서 제단을 쌓았습니다(22:24). 후일에 서편 지파들이 "너희와 우리가 무슨 상관이냐", "너희가 이스라엘 하나님과 무슨 상관이냐" 할까 봐 제단을 쌓았다고 합니다. 좋은 땅을 차지하고서 안 해도 될 걱정을 합니다. 하나님이 원하지 않으시는 땅에 굳이 가서는 걱정이 태산입니다.

항상 목적이 중요한데 그것이 하나님의 목표인가 내 목표인가 생각해 봐야 합니다. 내 마음대로 목표를 세우니까 문제입니다. 목적이 없이 사는 사람이 어디 있겠습니까. 북한도 목적을 가지고 천리마 운동을 하고 히틀러도 나름대로 목적을 가지고 유대인을 학살했습니다. 그러나 하나님을 사랑하지 않으면 바른 목표를 세울 수 없습니다.

내 목표는 공동체를 위한 것이어야 합니다. 모두가 공감하는 목표여야 합니다. 담임 목사의 목표도 성도가 공감하는 것이어야 합니다. 독불장군처럼 '내가 좋으면 됐지' 이래서는 안 됩니다. 내 목표와 계획대로만 밀고 나가다 보면 교회가 수렁에 빠지고 맙니다.

여호수아 4장에서 이스라엘 온 백성이 요단을 건너자 하나님은 열두 돌을 취해 길갈에 기념비를 세우게 하셨습니다. 동편 지파들이 이것을 흉내 냅니다. 하나님이 수치가 떠나가게 하신 그 일을 겉으로 흉내 내면서 경건의 모양을 취하는 것입니다. 그래서 우리는 겉모습만 보고 판단해서는 안 됩니다.

내가 먼저 십자가의 삶을 살지 않으면 성경책에, 성구 액자에, 신앙 서적에 그 무엇을 남겨 준다고 한들 후대에 증거가 안 됩니다. 베드로의 묘지 위에 세워졌다고 알려진 바티칸의 성 베드로 성당은 매년 수많은 사람이 다녀갑니다. 그러니 예수님의 머리카락 한 올이라도 어딘가에 남아 있다면 전 세계 사람들이 경배하러 가지 않겠습니까? 그래서 주님은 자신에 관한 육적 증거를 남기지 않으셨습니다. 모세도 묘지가 없습니다. 그런 것 찾아다니지 말라고 하나님이 시신을 안 남기셨습니다.

2005년 교황 요한 바오로 2세의 장례식이 전 세계에 중계되었는데, 그 예전(例典)이 얼마나 화려했는지 모릅니다. 그러나 교황의 권위가 아무리 대단하면 뭐 합니까? 유럽 천주교 신자 대부분이 일생에 딱 세 번 미사에 참석한다고 합니다. 태어났을 때, 결혼할 때, 장례 때만 미사를 드린답니다. 제가 유럽에 가 보니 정말 성당이 텅텅 비었더군요. 유럽 어디를 가나 성당이 멋들어지게 지어져 있지만 그 외관과 믿음이 일치하지는 않았습니다. 아무리 큰 제단을 쌓아도 목적이 나를 위한 것이면 그것은 그저 조형물에 불과합니다.

그러나 동편 지파들이 비록 방법은 미숙해도 하나님과 멀어지지 않기 위해서 진심으로 제단을 쌓았습니다. 결단코 그곳에서 제사 드리지 않았고 앞으로도 그러지 않겠다고 약속합니다. 반드시 회막이 있는 실로에 가서 예배를 드리겠다고, 겸손한 태도로 반복해서 설명하고 설득합니다. 동편 지파가 "우리가 서편과 하나 되기 위해서, 하나님의 자녀인 것을 기념하기 위해서 제단을 쌓았다!" 설명하자 비느하스가 좋게 여기고 받아들입니다. 만일 이때 동편 지파가 겸손히 해명하지 않았다면 형제간에 큰 전쟁이 일어났을 것입니다.

우리에게는 대화가 필요합니다. 오해가 생겼을 때 허심탄회하게 대화하면서 상대를 설득할 수 있어야 합니다. 사랑이 오해를 넘어섭니다. 사랑해서 오해했다면 대화를 통해 금세 오해가 풀리게 마련입니다.

목회자들이 모인 '회개의 기도회'에서 여의도 순복음교회의 원로이신 고(故) 조용기 목사님이 이렇게 고백하셨습니다.

"제가 수년간 목회를 했는데 돌아보니 값싼 은혜를 가지고 살아왔습니다. 옳은 것을 옳다고 말하지 못하고, 나쁜 것을 나쁘다고 지적하지 못하면서 사회악에 침묵했습니다. 바울의 고백처럼 죄인 중에 내가 괴수라고 할 수밖에 없습니다. 지금이라도 사회악을 교정하는 데 앞서고 진실한 은혜를 실천하면서 살겠습니다. 예수님은 인류와 자연, 온 우주를 위해 십자가를 지셨는데 저는 사람만 사랑했습니다."

충현교회의 고(故) 김창인 원로 목사님도 눈물의 고백을 하셨습니다.

"광복 직후 평양과 부산에서 몇몇이 모여 재건 교회를 할 때 제가 신사 참배를 한 교회들을 향해 함부로 입을 열어 저주했습니다. 교만해지면서 판단력이 어두워지고 사랑을 잃어서 생각이 다른 사람과는 밥도 같이 먹지 않으며 마귀당이라고 공격했습니다. 제가 선택한 후계자가 총회에서 거절당한 일로 총회를 뒤흔든 일도 있었습니다.

하늘나라는 회개한 자만 가는데 이런 저를 용서해 주시고 축복해 주시기를 바랍니다."

이 기도회에 이어서 다음 달에는 소장파 목사님들이 모여서 "아닙니다. 우리가 잘못했습니다"라는 주제로 기도회를 열었습니다. 이런 회개가 계속 이어져 교계가 오해를 넘어서 하나가 되었으면 좋겠습니다. 참 감사한 일입니다.

아무리 교회 공동체라도 날마다 "할렐루야, 아멘!" 외치면서 천사 같은 얼굴만 할 수는 없습니다. 지금은 성가대가 없지만, 수년 전에(?) 우리들교회 음향팀과 성가대 사이에 오해가 생긴 일이 있었습니다. 그래서 본문 말씀처럼 우리도 서로 모여서 해명하는 시간을 가졌습니다. 성가대 측에서는 불만을 토로했습니다.

"음향팀의 실수로 음향효과가 안 나올 때가 너무 많아요!"

그러자 음향실에서 봉사하시는 집사님도 고충을 이야기했습니다.

"자꾸 음향 '팀'이라고 하는데 음향 담당이 저 한 사람밖에 더 있습니까?"

당시는 우리들교회가 생긴 지 얼마 안 된 때라 한 분이 모든 예배의 음향을 맡아서 섬겼습니다. 그러다 보니 서로 손발이 안 맞는 일도 생기고 오해가 쌓여서, "음향팀이 일부러 그러는 것 아니야?"는 말까지 들렸습니다.

'그런 일을 꼭 말해야 아는가?' 하지만 서편과 동편 지파들도 오래 토론하지 않았습니까? 저희도 정말 오래 대화를 나누었습니다. 긴 시간 대화하고 난 후 비로소 오해가 풀어졌죠. 서로 진심이고 말씀과 생명의 공동체 안에 있으니까 꼬인 매듭이 쉽게 풀렸습니다.

'말 안 해도 알겠지' 지레짐작할 것이 아니라 우리는 서로 말할 필요가 있는 연약한 공동체라는 것을 이때 제가 깨달았습니다. 그때그때 우리에게 말씀이 있기에 오해를 하고 받아도 잘 풀어집니다. 말씀이 없다면 사소한 데서부터 오해가 시작되고, 잘 풀어지지도 않아서 골이 깊어집니다. 그래서 사탄의 밥이 되고, 아무것도 아닌 일로 분열되는 것입니다. 서편과 동편 지파도 정말 오랫동안 대화했습니다. 우리는 대화해야 합니다.

- 오해를 받을 때 최선을 다해 내 입장을 해명합니까? 자존심 때문에 죽어도 해명은 못 한다고, 하나님만 알아주시면 된다고 마음을 굳게 닫고 있습니까? 내가 오해를 한 입장이라면 상대의 진심을 헤아리고 사과합니까? 먼저 오해를 받게 행동했다면서 상대방을 탓하지는 않습니까?

30 제사장 비느하스와 그와 함께 한 회중의 지도자들 곧 이스라엘
천천의 수령들이 르우벤 자손과 갓 자손과 므낫세 자손의 말을 듣
고 좋게 여긴지라 31 제사장 엘르아살의 아들 비느하스가 르우벤
자손과 갓 자손과 므낫세 자손에게 이르되 우리가 오늘 여호와께
서 우리 중에 계신 줄을 아노니 이는 너희가 이 죄를 여호와께 범하
지 아니하였음이니라 너희가 이제 이스라엘 자손을 여호와의 손에
서 건져내었느니라 하고 32 제사장 엘르아살의 아들 비느하스와 지
도자들이 르우벤 자손과 갓 자손을 떠나 길르앗 땅에서 가나안 땅

이스라엘 자손에게 돌아와 그들에게 보고하매 33 그 일이 이스라
엘 자손을 즐겁게 한지라 이스라엘 자손이 하나님을 찬송하고 르우
벤 자손과 갓 자손이 거주하는 땅에 가서 싸워 그것을 멸하자 하는
말을 다시는 하지 아니하였더라 34 르우벤 자손과 갓 자손이 그 제
단을 엣이라 불렀으니 우리 사이에 이 제단은 여호와께서 하나님이
되시는 증거라 함이었더라_수 22:30~34

'멸하자 하는 말을 다시는 하지 아니하였더라'고 한 걸 보니까 처음에는 서편 지파들이 "끝내자! 없애 버려!" 이랬는가 봅니다. 교회에서도 "끝내 버려. 다시는 안 나와!" 이런 소리가 나오지 않습니까? 그러니까 그런 말이 안 나오도록 하나님이 처방을 내려 주셨습니다.

결론은 우리에게 하나님을 믿는 증거가 있어야 한다는 것입니다. 오직 여호와가 하나님 되신다는 것입니다. 툭 치면 '여호와가 하나님 되신다' 이렇게 증거하라는 것입니다. 그래서 그 제단을 기념해 '엣'이라고 칭했습니다.

필요한 오해는 해야 합니다. 내 식구들이 사망의 길로 가는데 어떻게 가만히 있겠습니까? 사랑으로 오해를 넘어서고 진실한 해명을 해야 합니다. "그까짓 것 말해야 아나?" 이럴 것이 아니라, 말해야만 압니다. 그러므로 겸손하게, 반복해서 말해야 합니다. 누군가가 나를 오해했다면 내 삶의 결론이라고 생각하고 자신을 돌아보십시오. 그냥 묻어 둔다고 하나가 되는 것이 아니라 오해를 드러내고 서로 진심으로 대화하고 기도할 때 하나가 되는 놀라운 축복이 임합니다.

- 내가 속한 공동체 안에 하나님의 증거가 있습니까? 나의 믿음과 사랑과 헌신으로 하나님의 증거를 나타내는 것이 가정, 교회, 직장 공동체가 하나 되는 길임을 깨닫고 있습니까? 구체적으로 어떻게 하나님의 증거를 나타낼까요? 실천할 일들을 적어 봅시다.

필요한 오해는 해야 합니다.
내 식구들이 사망의 길로 가는데
어떻게 가만히 있겠습니까?
사랑으로 오해를 넘어서고
진실한 해명을 해야 합니다.

우리들 묵상과 적용

13살 무렵, 아버지는 제게 "혼자 도시에 가서 공부할 수 있겠냐"고 물으셨습니다. 두렵긴 했지만, 시골의 삶과 초라한 집이 싫고 세상에서 이기고 또 이기는 삶을 동경했기에, "할 수 있다"고 자신 있게 대답했습니다. 아버지는 도시의 친척 집에 저를 두고 가시면서 눈물을 흘리셨지만 저는 내심 기뻤습니다. 그러나 가족과 떨어져 사는 동안 너무 어린 나이에 세상의 모든 관계의 끝에 돈이 있음을 알아 버린 저는 상처와 열등감에 사로잡혀 혹독한 학창시절을 보냈습니다.

청소년기를 지나면서는 제 안에 누구에게도 허락하지 않는 폐쇄된 영역이 생겼습니다. '그 누구의 말도 듣지 않고 묻지도 않으며, 스스로 결정하고 해결해야 한다'라는 생각입니다. 제가 사법시험을 준비할 때도 모두가 반대했지만, 제 뜻대로 시작하여 합격했습니다. 변호사로 일하면서도 늘 다른 사람의 시시비비를 따지며 저의 소견에 옳은 대로만 살았습니다. 그러다가 직장에서 한계상황에 부딪히는 일이 생기면서, 아내를 통해 교회에 나가게 되었습니다. 말씀의 공동체에서 양육을 받으며 고단한 제 삶이 하나님이 '이미 말씀하신 대로 제게 안식을 주시기 위한' 것이었음을 깨달았습니다(22:4). 그동안 교만함으로 제가 하나님의 자리에 앉았던 것을 회개했습니다.

그럼에도 저는 하나님을 사랑하고 그의 모든 길로 행하며 계명을 온전히 지켜 마음과 성품을 다해 하나님을 섬기지 못했습니다(22:5). 목자로 부름 받은 제게 "목장예배에서 세세하게 나누고 물으라"고 말하는 아내의 권면에 화가 났습니다. "그렇게까지 할 필요가 뭐가 있냐! 주께 회개하면 됐지, 왜 사람에게 말해야 하냐!"고 대답했습니다. 또 세상 염려를 내려놓지 못하고, 제게 허락하신 변호사라는 직업의 사명을 잊고 살았습니다. 그저 돈 벌기에 급급하니 결국은 주님이 원하지 않으시는 일을 하고야 말았습니다. 몇 년 전 믿지 않는 지인들과 동업으로 건물을 경매 받은 것입니다. 아내가 목장예배에서 말하라고 했지만, 저는 화만 냈습니다. 그런데 경매 받은 건물은 임대도 나가지 않고 경비만 많이 나가고 있습니다.

지난 몇 년 동안 이 건물로 인해 많은 것을 깨닫게 되었습니다. 목장 지체들에게는 늘 "나누어라, 물으라"고 권면했으면서 정작 저는 그렇게 행하지를 못했기에 그 건물로 속을 끓이는 것은 당연했습니다. 제가 여호와를 거역했고 공동체 지체들을 거역하여, 제 뜻대로 선택했음을 잘 직면하기 원합니다(22:19). 여호와의 온전한 성막, 여호와의 소유지로 건너가는 적용으로 저의 이런 실상을 잘 나누고 가길 기도합니다(22:19).

영혼의 기도

아버지 하나님, 우리가 주 안에서 하나 되지 못하는 여러 가지 사건을 통해서 하나님 앞에 나왔습니다. 부부간에, 부모 자식 간에, 직장에서, 나라에서, 교회에서 하나가 되지 못합니다. 내가 열심히 양육해도 끝내 떠나는 사람들이 있습니다. 말씀에서 떠나고, 공동체에서 떠나고, 기도에서 떠나는 그들을 내 힘으로는 어찌할 수 없습니다. 그들이 하나님께서 내게 주신 영혼이라면, 그들을 잃지 않기 위해서 떠나보내는 것도 잘 할 수 있도록 인도해 주시옵소서. 그들을 격려하고 축복하며 보내게 하옵소서.

떠나는 그들을 내가 어떻게 할 수 없지만, 그들이 하나님을 사랑하고 하나님과 친근할 때 저절로 크게 삼갈 줄 믿습니다. 떠날 수밖에 없는 내 식구, 내 자녀들을 향하여서 "네가 떠났어도 하나님 앞에서 주님을 사랑하고 갔노라"는 말을 할 수 있다면 그보다 더한 행복이 없을 것입니다. 그것이 떠나는 자를 향한 최고의 축복인 것을 알았습니다. 나의 자녀가, 나의 식구들이 미성숙해도 기다려 주며, 그들을 사랑하는 마음이 변하지 않게 하옵소서.

동편 지파가 7년을 함께했어도 공동체를 떠나자마자 제단을 쌓으며 오해를 받았습니다. 우리가 필요한 오해는 하기 원합니다. 나의 지체들을 향해 하나님을 거역해서는 안 된다고, 이제라도 여호와의 소유지로 돌아오라고 외칠 수 있기를 원합니다. 또 오해를 받았다면 진실하게, 겸손하게, 반복적으로 해명하며 풀게 하옵소서. 그래서 우리가 하나님의 선하심을 따라가는 한 목적을 가지게 하옵소서. 내가 말씀을 삶으로 살아 내지 못하는데 아무리 자녀에게 성경 구절을 남겨 준다고 한들 무슨 소용이 있겠습니까? 삶으로 믿음을 보이기 원합니다.

르우벤 지파의 결론을 생각하면서 우리가 합리화하지 않고 힘들어도 하나님이 약속하신 서편 땅에 있게 하옵소서. 하나님의 말씀이 있고 진정한 예배가 있는 곳에 붙어 있을 수 있도록 역사하여 주옵소서. 우리 가운데 진정한 회개의 대화로 막힌 벽이 무너지게 하옵소서. 툭 치기만 해도 '여호와는 나의 하나님이라'고 신앙고백을 할 수 있게 하옵소서. 주 안에서 하나가 되게 하옵소서. 예수님 이름으로 기도하옵나이다. 아멘.

Chapter 31

회복전:
아름다운 땅을 회복하기 위해 여호수아 23:1~16

하나님 아버지, 왕이신 하나님의 이름을 영원히 송축하겠다고
고백하면서 하나님께서 주신 아름다운 땅을 우리가 자꾸 더럽힙니다.
아름다운 땅을 회복할 수 있도록 말씀해 주시옵소서. 듣겠습니다.

2005년 3월, 브라이언 니콜스라는 흑인 남성이 애틀랜타의 한 법정에서 재판을 받던 중 총기를 난사하고 도주하여 미국 전역을 공포로 몰아넣었습니다. 이 사건으로 살기 좋은 땅, 아름다운 땅이라고 불리던 애틀랜타가 순식간에 공포의 땅으로 변하고 말았습니다.

영국 청교도들이 신앙 회복을 위해 목숨을 걸고 향한 땅이 지금의 미국입니다. 수많은 전쟁을 통해서 미국은 강대국이 되었습니다. 그러나 하루가 멀다고 총격 사건이 일어나고 마약과 동성애가 난무하는 오늘날 미국을 보면, 대적의 손에 그 땅이 넘어가는 것 같아 안타깝습니다. 이런 미국을 누가 아름다운 땅으로 바꿀 수 있을까요? 영국 청교도들이 세운 하버드대학교 출신들이 과연 미국을 변화시킬 수 있을까요?

본래 이 땅은 원수들의 세상이 아니었습니다. 하나님께서 모든

원수들을 멸하시고 쉬게 하신 땅입니다. 하나님이 아름답게 지으신 후 "보기에 좋다" 하셨던 땅입니다. 누구든지 행복하게 살아가도록 설계된 땅이었습니다. 그런데 지금 여러분은 어떻습니까? 원수의 손에 넘어가고 있습니까? 주님 안에서 쉼을 누립니까? 내가 아름다운 땅으로 회복되기 위해서 해야 할 일은 무엇일까요?

믿음의 조상이 되어야 합니다

여호와께서 주위의 모든 원수들로부터 이스라엘을 쉬게 하신 지 오랜 후에 여호수아가 나이 많아 늙은지라_수 23:1

지난 13장에서 하나님은 '여호수아가 나이가 많아 늙으매' 땅을 분배하라고 명령하셨습니다. 그런데 23장까지 오도록 여호수아에게 일을 더 하게 하셨습니다. 늙었다고 주의 일을 못 하는 것은 아닙니다. 갈렙처럼 여든다섯 살이 되어도 얼마든지 사명을 감당할 수 있습니다. 하지만 이제는 천국을 사모하면서 정리해야 할 때가 왔습니다. 이제 여호수아는 늙었습니다.

우리들교회의 말씀 묵상 운동은 당대에 끝날 사명이 아닙니다. 예수님이 재림하실 때까지 계속되어야 합니다. 복음에 관한 모든 사역이 마찬가지입니다. 그래서 우리는 사람을 길러 내야 합니다. 각 분야에서 하나님의 사람들을 키워 내야 합니다.

미국의 경제학자인 피터 드러커(Peter Ferdinand Drucker)는 "아무리 최고의 기업이라고 할지라도 미래를 위한 창조의 노력을 하지 않는다면 언젠가는 반드시 곤경에 빠지게 될 것"이라고 말했습니다. 어떤 교회든지, 어떤 기업이든지 개혁을 하지 않으면 도태될 수밖에 없습니다. 여호수아가 늙었으니 이제 다음 세대들이 대를 이어 사명을 감당해야 합니다. 이때 여호수아는 어떻게 일을 맡깁니까?

> 여호수아가 온 이스라엘 곧 그들의 장로들과 수령들과 재판장들과 관리들을 불러다가 그들에게 이르되 나는 나이가 많아 늙었도다 _수 23:2

노인이 될수록 자신이 늙었다는 것을 말로만 강조하지 진심으로 인정하지는 않습니다. 사명을 이어 가기 위해서는 우선 내가 나이가 많아 늙었다는 것을 객관적으로 인정해야 합니다.

여호수아는 온 이스라엘 장로들과 수령들, 재판장들, 관리들을 불러 이야기합니다. 그중에는 갈렙과 비느하스와 같이 여호수아와 동일한 믿음을 가진 사람도 있고, 더 가르쳐야 할 사람도 있었을 것입니다. 또 그동안 여호수아를 통해 수없이 말씀을 들었기에 이미 아는 내용일 수도 있습니다. 그러나 지도자일수록 말씀 듣는 일에 더 열심을 내야 합니다. 모세나 여호수아가 "모이라"고 하면 이스라엘 지도자들이 언제나 딱 모이는 걸 보십시오. 갈렙이 얼마나 대단한 믿음의 용사입니까. 자신이 말씀을 전해도 될 정도인데 그런 갈렙도 평생 말씀을 듣기만 하다가 갔습니다.

> 너희의 하나님 여호와께서 너희를 위하여 이 모든 나라에 행하신 일을 너희가 다 보았거니와 너희의 하나님 여호와 그는 너희를 위하여 싸우신 이시니라_수 23:3

'너희가 다 보았거니와' 이것이 중요합니다. 여호수아는 온 이스라엘과 함께 싸웠기에 '보여 준 싸움'이 있는 인생입니다. 여러분도 부모로서 자녀들에게 '보여 준 싸움'이 있습니까? 그런데 여호수아는 내가 싸운 것이 아니라고 합니다. "너희의 하나님 여호와께서 너희를 위하여 싸우셨다"고 합니다.

> 보라 내가 요단에서부터 해 지는 쪽 대해까지의 남아 있는 나라들과 이미 멸한 모든 나라를 내가 너희를 위하여 제비 뽑아 너희의 지파에게 기업이 되게 하였느니라_수 23:4

1장에서 하나님은 여호수아에게 소명을 주시면서, "내가 모세에게 말한 바와 같이 너희 발바닥으로 밟는 곳은 모두 내가 너희에게 주겠다"고 약속하셨습니다(1:3). 그 약속대로 하나님은 요단에서부터 해 지는 쪽 대해까지의 남아 있는 나라들과 이미 멸한 모든 나라가 이스라엘의 기업이 되게 하셨습니다. 전쟁을 통해 얻은 수많은 땅을 여호수아가 이스라엘 자손들에게 분배해 주었습니다. 수많은 영적 전쟁을 거쳐 인생의 마지막 날, 내 자녀들에게 전리품을 나누고 떠날 수 있다면 그보다 복된 인생이 어디 있겠습니까.

그런데 "이미 멸한 나라"가 있고 아직도 정복하지 못한 "남아 있는 나라들"이 있다고 합니다. 이제 내가 떠나야 하는데 아직 믿지 않은 자녀가 있고, 믿어도 성령 세례를 받지 못한 자녀, 주님을 인격적으로 만나지 못한 자녀가 있습니다. 여호수아도 온전히 내려놓지 못한 욕심이 있었을 것입니다. 하지만 이미 멸한 나라, 이루어진 나라도 있습니다. 내가 삶으로 인내와 지혜, 포기와 헌신을 보여 주었다면 그것이 남은 자녀에게 기업이 될 것입니다.

우리가 사랑과 희락과 화평과 오래 참음과 자비와 양선과 충성과 온유와 절제의 기업을 자녀들에게 골고루 나누어 주고 갔으면 좋겠습니다(갈 5:22~23). "내가 예수님 때문에 인내한 것, 포기한 것을 너희가 보았거니와!" 유언할 수 있었으면 좋겠습니다. "평생 나를 힘들게 한 너희 아버지를 내가 용서했다", "내 돈을 다 들어먹은 시동생을 용서했다" 보여 주고 떠났으면 좋겠습니다. 하늘나라 가면서 "어디에 얼마가 있는데…… 앞마당을 파 보아라" 이러지 말고요.

- 자녀들에게 "너희가 보았거니와"라고 말할 수 있는 믿음의 싸움이 있습니까? 하나님 때문에 포기하고, 참고, 용서함으로 승리한 싸움이 있습니까? 먼저 믿은 자로서 어떤 기업을 나눠 줄 수 있을까요?

너희의 하나님 여호와 그가 너희 앞에서 그들을 쫓아내사 너희 목전에서 그들을 떠나게 하시리니 너희의 하나님 여호와께서 너희에게 말씀하신 대로 너희가 그 땅을 차지할 것이라_수 23:5

지금까지 여호수아는 하나님 여호와께서 백성을 위해 싸워 주시는 것을 자신의 삶으로 몸소 보였습니다. 그러나 이제 떠날 때가 되었습니다. 더는 내 삶으로 보여 줄 수 없습니다. 그래서 마지막으로 이야기합니다.

"하나님은 전지전능하시단다. 너희가 무엇을 보고 하나님을 알겠니? 돈이 많다고 하나님을 알게 되는 것이 아니야. 여호와 하나님께서 너희 앞에서 원수들을 쫓아 주실 거란다. 그래서 하나님 여호와께서 말씀하신 대로 너희가 아름다운 땅을 차지하게 될 거야."

이것이 여호수아의 유언입니다. 과거에 나는 아무것도 할 수 없었지만 하나님이 원수들을 떠나게 하사 많은 땅을 차지하게 하셨듯, '너희 하나님 여호와께서 말씀하신 대로' 너희도 땅을 차지하게 되리라고 합니다.

너희 목전에서 원수들을 떠나게 하시는 것이 구체적으로 무엇입니까? 우리가 영혼 구원을 위해 힘든 가족과 영적 전쟁을 치를 때 '너희 목전에서 원수들을 떠나게 하시는' 하나님을 경험합니다. 일례로 오직 예수님 때문에, 구원 때문에 힘든 배우자를 잘 섬기면 내 자녀가 그것을 보고 복음의 능력을 깨닫지 않겠습니까? 이것이야말로 자녀 목전에서 원수가 떠나가는 일입니다. 내가 예수님을 사랑하므로 부모님과 배우자에게 순종하는 모습을 자녀들에게 보여 주는 것이 원수들이 떠나가는 비결입니다. 자녀들이 나의 그런 적용을 '목전에서' 보고 믿음의 계보를 이어 가게 될 것입니다. 이렇게 믿음의 대를 이어 가라고 하나님이 내 속의 혈기와 모든 원수를 떠나가게 하십니다.

브라이언 니콜스가 법정에서 총기를 난사한 뒤 도주하자 미국 전역이 충격에 빠졌습니다. 그날 새벽 니콜스는 애슐리 스미스라는 한 백인 여성 집에 침입하여 그녀를 결박하고 인질로 삼았습니다. 애슐리는 총을 들이대며 위협하는 니콜스에게 간절히 호소했습니다.

"나를 죽이지 말아 주세요. 내게는 다섯 살 된 딸이 있습니다. 아이 아빠도 없는데 내가 죽는다면 딸아이는 고아가 되지 않겠습니까."

그날 밤 그녀는 자그마치 7시간을 살인범과 함께 보냈습니다. 그런데 그 후 기적 같은 일이 일어났습니다. 니콜스가 하얀 손수건을 흔들며 스스로 경찰에 투항한 것입니다. 그뿐만 아니라 "애슐리는 하나님이 나에게 보내 주신 천사"라고 고백했습니다. 도대체 애슐리가 어떤 여인이기에 이런 기적을 일으킨 건지, 사건이 보도되자 온 미국이 들썩였습니다.

애슐리는 십 대 시절부터 절도, 음주운전, 폭행 사건에 휘말리며 어둠의 길을 걸었습니다. 교육도 제대로 받지 못하고 가난에 찌든 그녀의 인생은 그야말로 아름답지 못한 땅이었습니다. 결혼 후 행복을 꿈꾸었지만 4년 전 남편이 칼에 찔려 사망한 후 홀로 딸을 키우다가 그만 술에 빠져서 부적격 부모로 판정 받고 딸은 위탁 시설에 보내졌습니다.

그런데 그녀가 예수님을 영접하고 인생이 달라졌습니다. 니콜스가 집에 침입한 날, 그녀는 릭 워렌(Rick Warren) 목사님의 책 『목적이 이끄는 삶』 33장을 읽고 있었습니다. 33장은 '진실한 종의 행동 지침'이라는 주제로, "진실한 종은 다른 사람의 필요를 돌아보고, 모든 일에 헌신하며, 차별 없이 모든 사람에게 낮은 자세를 유지해야 한다"라는 내용이었습니다.

누가 살인범 니콜스를 변화시킬 수 있겠습니까? 그런데 애슐리가 "나도 불우한 가정에서 자랐고 알코올중독자이며 남편은 살해당했다"라고 자신의 이야기를 털어놓자 니콜스의 마음이 열렸습니다. 만일 애슐리가 하버드대학교 출신에다 부족한 것 없이 살았다면 살인범의 마음을 열 수 있었을까요?

그녀가 자신의 험난한 인생 이야기를 나누자 니콜스의 표정이 부드러워지더니 그녀의 말을 경청하기 시작하더랍니다. 그는 애슐리의 결박을 풀어 주고, 애슐리는 그를 위해 음식을 만들고 책을 읽어 주었습니다. 마음이 한결 열린 니콜스는 "나도 이런 살인범의 삶을 원치 않는다"면서 괴로워했습니다. 그 모습을 지켜보던 애슐리는 "당신도 그리스도 안에서 형제가 될 수 있다"고 복음을 전했습니다.

"교도소에 가서 하나님을 전하며 살아가세요. 나처럼 이렇게 내가 만난 하나님을 있는 그대로 전하면 됩니다."

그랬더니 니콜스가 책을 다시 읽어 달라고 했답니다. 다음 날 아침, 애슐리가 "오늘은 한 달에 한 번 딸을 만나러 가는 날이니 보내 달라"고 부탁하자, 니콜스는 그녀를 놓아주며 돈과 휴대폰까지 주었습니다. 집을 빠져나온 애슐리는 곧장 경찰에 신고했고, 니콜스는 아무런 저항도 하지 않고 스스로 나와서 붙잡혔습니다. 자신을 신고했는데도 애슐리를 가리켜 "하나님이 보내신 천사"라고 불렀습니다. 애슐리의 참사랑을 니콜라스가 받아들인 것입니다. 할렐루야! 복음을 확실히 전했습니다.

이처럼 나는 할 수 없지만 하나님이 나의 두려움과 연약함을 쫓아 주십니다. 예일대, 하버드대 출신이라고 이 땅을 살리는 것이 아닙니다. 애슐리처럼 '말씀이 있는 자'가 이 땅을 아름답게 바꿉니다.

- 하나님이 나의 대적을 쫓아 주신 사건은 어떤 것인가요? 고난으로, 때로는 형통함으로 승리하게 하신 모든 간증이 다른 사람을 살리고 변화시키는 데 쓰이고 있습니까?

멸한 땅도, 남은 땅도 아름다운 땅이 되어야 합니다

환경 앞에 장사가 없습니다. 여호수아가 죽음을 앞둔 때에도 여전히 물리치지 못한 가나안 족속이 일곱이나 있었습니다. 그것이 이스라엘 자손에게 어떤 유혹이 될지 모르고 남겨 두고 떠나야 하니 여호수아가 얼마나 안타깝겠습니까. 400년 노예 생활, 40년 광야 훈련, 여리고 성·아이 성 전투를 거치면서 성자(聖者)가 되면 좋으련만 우리는 인생의 종점에서도 실패할 수 있습니다. 암 투병하다가 예수님을 저주하면서 죽는 교인도 보았습니다. 누구나 그럴 수 있기에 우리는 마지막까지 긴장해야 합니다. 그러므로 여호수아도 백성에게 하지 말아야 할 것과 해야 할 것을 경고합니다.

> 그러므로 너희는 크게 힘써 모세의 율법 책에 기록된 것을 다 지켜 행하라 그것을 떠나 우로나 좌로나 치우치지 말라_수 23:6

우리가 하지 말아야 할 첫 번째는 '우로나 좌로나 치우치는 것'입니다. 여호수아도 치우친 일이 있었습니다. 아이 성 싸움에서 하나님께 묻지 않고 먼저 행했다가 실패하고, 자기 마음에 치우쳐 기브온 주민에게 속아서 화친을 맺었습니다. 늘 균형을 잃는 것이 문제입니다. 하나님은 우리에게 건강을 약속하셨습니다. 물질적인 축복도 약속하셨습니다. 그런데 우리가 그것에만 너무 치우쳐 있기에 주지 않으시는 것입니다. 하나님이 알맞게 건강도, 물질도 주시는데 내가 치우쳐서 구하기 때문입니다.

- 나는 어떤 것에 치우쳐 있습니까? 잘못된 결정을 하고 후회를 반복하는 것이 내가 치우쳐 있기 때문임을 인정합니까? 치우치지 않기 위해서 날마다 힘써 기도하고, 큐티하고, 예배드리고 있습니까?

> 너희 중에 남아 있는 이 민족들 중에 들어가지 말라 그들의 신들의 이름을 부르지 말라 그것들을 가리켜 맹세하지 말라 또 그것을 섬겨서 그것들에게 절하지 말라_수 23:7

들어가지 말라, 부르지 말라, 맹세하지 말라, 섬겨서 절하지 말라…… 하지 말라는 것이 많습니다. 우리가 일순간에 땅을 차지하고, 사업이 잘되고, 대학에 합격하면, 나를 유혹하는 것이 얼마나 많은지 모릅니다. 환경이 좋아지면 들어가고 싶고, 부르고 싶고, 섬겨 절하고 싶은 것도 많아집니다. 더 좋은 스펙을 섬기면서 절하고 싶고, 명품과 성형수술을 부르고 싶습니다.

요즘은 내신 성적이 중요하니까 시험 기간만 되면 중고등부 예배 참석 인원이 확 줄어듭니다. '대학교에 가서 잘 믿겠다' 하지만, 대학생이 되면 술·담배, 미남·미녀를 부르며 섬기고 숭배합니다. 그동안 돈이 없어서, 시간이 없어서 못 즐겼을 뿐인데 내가 믿음으로 살았다고 착각한 것이죠. 특별히 여호수아는 "그들의 신들의 이름을 부르지 말라"고 합니다.

투르크메니스탄의 초대 대통령인 사파르무라트 니야조프는 자신을 신이라 칭하면서 각종 기행을 자행한 독재자입니다. 그는 나라의 모든 종교 활동을 금하며 자신을 숭배하라고 강요했습니다. 또 자녀들을 외국에 보내면 자아의식이 고취되어 잘난 척만 한다면서 유학도 금했습니다. 실은 자기 자리가 위협 받을까 봐 두려웠던 것이죠. 책을 읽는 것도 금지하고 도서관은 전부 폐쇄해 버렸습니다. 매사 자기 멋대로였습니다.

한번은 이런 일도 있었습니다. 니야조프가 자신을 칭송하는 한 소녀의 시 낭송을 기분 좋게 듣고 있는데, 그를 향해 씩 웃어 보이는 소녀의 입속에서 금니가 '반짝'하고 빛났습니다. 그러자 그는 그것이

꼴 보기 싫다면서 "금니를 당장 뽑아 버리라"는 황당한 명령을 내렸습니다. 소녀뿐만 아니라 온 국민에게 금니를 뽑으라는 말도 안 되는 공표를 했다고 합니다. 그런데도 온 국민이 "신이시여!" 하면서 그를 숭배했다는 겁니다. 정말 김일성보다도 더한 독재자 아닙니까.

과거 독일 국민도 히틀러에게 얼마나 열광했습니까. 당시 독일의 복음주의 교회들도 나치즘을 지지하면서 "히틀러가 하나님의 손에 들려 권력을 잡았다. 이것은 하나님의 선물이자 기적이다"라고 떠들어 댔다고 합니다. 이처럼 경제적 번영을 가져다주는 자가 구세주로 추앙을 받는 시대를 우리가 살아가고 있습니다.

또 부모들은 유명하다는 모 학원이나 어학연수를 안 보내면 내 자식만 도태될 것 같아서 각종 사교육을 부르짖습니다. 부모 마음속에 해결되지 않은 문제가 많아서 자녀에게 자기 뜻을 강요하는 것입니다. 그러나 늘 공허하기만 합니다. 이 세상에서 부르고 싶은, 부르다가 죽을 이름이 이렇게 많습니다.

이 땅의 원수는 아깝게 여기면서 쫓아내는 것이 아니라 '마땅히' 쫓아내야 할 대상입니다. 내가 예수 이름으로 원수들을 마땅히 쫓아낼 때 주님이 용기를 더하여 주십니다. 내가 용감해지는 만큼 온유할 수 있습니다. 그러나 우리는 원수를 쫓아내기 힘드니까 "큐티는 싫어!" 하면서 싸우는 것조차 포기합니다. 힘들어도 쫓아내야 합니다. 들어가지도, 부르지도, 섬기지도 말아야 할 것들을 날마다 말씀으로 쫓아내는 것, 이것이 큐티입니다.

내게 세상적 능력이 있어도 예수님의 능력만 의지할 때 우리는 십자가로 처리된 온유함으로 나아갈 수 있습니다. 내게 능력이 많은데 그것을 숨기고 싶은 사람이 어디 있겠습니까? 아무리 숨기려 해도 나도 모르게 새어 나오는 것이 내 자랑입니다.

연세대학교 의료원 소속인 세브란스병원은 미국 선교사이자 의사인 알렌(Horace N. Allen)이 세운 제중원에서 시작된 병원입니다. 1900년 미국의 사업가인 루이스 헨리 세브란스(Louis Henry Severance)가 55,000달러를 기부하여 제중원을 현대식 건물로 짓고, 1904년 그 세브란스의 이름을 따서 '세브란스병원'이라고 명명한 것이죠. 당시 그가 기부한 돈을 현재 가치로 계산하면 약 오천억 원에 해당한다고 합니다.

그런데 이후로도 매년 누군가가 익명으로 세브란스병원에 기부금을 보내왔습니다. 2000년에 보내온 16만 달러까지 50년 동안 빠지지 않고 거액의 기부금을 보내오자, 병원 측에서 조사위원회까지 만들어 기부자를 찾아 나섰습니다. 그 결과 루이스 세브란스의 아들인 존 롱 세브란스(John Long Severance)가 숨은 주인공이라는 사실이 드러났습니다. 아버지의 유지(遺旨)를 받들어서 매년 기부금을 보낸 것이었습니다. 정체가 밝혀진 후에도 그는 죽을 때까지 기부를 이어 갔습니다. 직계 자손이 없어서 그만둘 만도 한데 유산에서 기금을 마련하여 지금까지도 후원이 이어지고 있다고 합니다. 정말 기독교 나라의 저력을 실감하는 일화입니다.

수년간 이름 없이 헌신한 세브란스 일가를 보며 저는 갈렙을 생각했습니다. 정말 갈렙만큼이나 주의 일을 열심히 한 사람들인데 하나님이 자손을 주지 않으셨습니다. 세상에서는 대가 끊기면 저주를 받았다고 치부하지만, 예수님도 자손이 없고 바울도 자녀에 대한 언급이 일절 없었습니다. 그것을 기억하기 바랍니다. 육적 자손이 없다고 저주 받은 인생은 아닙니다. 비록 육적 후손은 끊겼지만 세브란스 일가는 누구보다도 많은 영적 후손을 낳고 있습니다.

• 내가 끊임없이 부르고, 섬기고, 절하고 있는 것은 무엇(누구)일까요? 종일 머릿속에서 떠나지 않는 것이 있습니까? 종일 자식, 남편, 재산 자랑을 늘어놓지는 않습니까? 그것들을 끊기 위해 날마다 말씀으로 마음과 몸을 채웁니까?

아름다운 땅을 지키기 위한 경고, 불신 결혼은 안 됩니다

6 그러므로 너희는 크게 힘써 모세의 율법 책에 기록된 것을 다 지
켜 행하라 그것을 떠나 우로나 좌로나 치우치지 말라…… 8 오직 너
희의 하나님 여호와께 가까이하기를 오늘까지 행한 것같이 하라
9 이는 여호와께서 강대한 나라들을 너희의 앞에서 쫓아내셨으므
로 오늘까지 너희에게 맞선 자가 하나도 없었느니라 10 너희 중 한
사람이 천 명을 쫓으리니 이는 너희의 하나님 여호와 그가 너희에
게 말씀하신 것같이 너희를 위하여 싸우심이라 11 그러므로 스스로

조심하여 너희의 하나님 여호와를 사랑하라 12 너희가 만일 돌아서
서 너희 중에 남아 있는 이 민족들을 가까이하여 더불어 혼인하며
서로 왕래하면_수 23:6, 8~12

"율법 책에 기록된 것을 다 지켜 행하라", "하나님을 가까이하라"고 합니다. 여기서 '가까이하라'는 말은 남자가 부모를 떠나서 아내와 연합하는 것과 같은 의미입니다. 조금의 틈도 없이 착 달라붙는다는 뜻으로, 확고히 머무는 것, 굳게 결합하는 것, 힘써 좇아가는 것을 의미합니다. 이처럼 하나님을 가까이하며 율법을 지켜 행하는 자는 "남아 있는 민족들 중에 들어가지 말라, 그들의 신들의 이름을 부르지도 말고 섬기지도 말라"는 주님의 명령에도 저절로 순종하게 됩니다. 반면에 하나님을 멀리하는 자는 이 민족들, 곧 가나안 족속과 가까이하고 더불어 혼인하고 서로 왕래하며 살아갑니다. 하나님 대신에 세상 것을 가까이하며 하나님이 아닌 우상에게 찰싹 달라붙게 되는 것입니다. 누구도 예외가 없습니다. 그러므로 아름다운 땅을 지키기 위해서 우리는 하나님께 꼭 붙어 있어야 합니다. 그러면 하나님께서 어떤 강한 원수도 쫓아 주십니다.

하나님께 꼭 붙어 있지 않으면 믿음의 틈이 생기고 맙니다. 부부간에도 틈이 벌어지면 남보다도 못한 사이가 되지 않습니까? 최초의 틈이 없어야 합니다. 그래서 부부간에 분방하지 말라는 것입니다. 하나님께서 "서로 분방하지 말라" 하셨으니 말씀대로 순종하는 것이 하나님을 가까이하는 길입니다(고전 7:5). 한 치의 틈도 허락해서는 안 됩

니다.

하나님을 가까이하지 않을 때 우리가 가장 쉽게 타협하는 부분이 바로 혼인입니다. 사랑을 핑계로 "지금까지 못 해 본 사랑" 운운하면서 분별없이 빠져들고, 너무나 쉽게 가나안 이방인과 혼인을 합니다. 그러나 혼인하면 가족으로 맺어지기에 그들과의 관계를 영원히 끊을 수 없게 됩니다.

베드로후서 2장 18절에 보면 "그들이 허탄한 자랑의 말을 토하며 그릇되게 행하는 사람들에게서 겨우 피한 자들을 음란으로써 육체의 정욕 중에서 유혹하는도다"라고 합니다. 우리가 예수를 믿어도 그렇습니다. 믿음의 청년들도 예외가 없습니다. 예쁘고 잘생긴 외모에 다 넘어갑니다. 돈에 홀랑 넘어갑니다. 교회를 다니면서도 가나안 우상을 섬기고 절하며 그들의 신들의 이름을 부르는 것입니다.

그러나 그렇게 상대의 외모와 재력에 넘어가서 불신 결혼을 하면 지금까지 쌓은 것이 원점으로 돌아가고 맙니다. 다시 세상과 왕래하게 되었으니, 400년 애굽 노예 생활, 40년 광야 생활, 여리고 전투와 남북연합군 싸움을 처음부터 다시 치러야 하는 것입니다. 불신 결혼이 얼마나 믿음의 퇴보를 가져오는지 모릅니다. 불신 결혼은 곧 믿음이 후퇴하는 지름길입니다. "신 결혼을 했더라면 지금쯤 주의 일을 열심히 하고 있을 텐데 불신 결혼을 해서 이것도 저것도 못 한다"며 우는 성도가 한둘이 아닙니다.

• 결혼, 입시, 취업 등 인생에서 큰일을 선택할 때 하나님을 가까이하며 말

씀의 인도를 받습니까? 하나님께 가까이하기 위해 당장 시작해야 할 일은 무엇입니까? 큐티, 기도, 전도 등등 생각만 하고 실천하지 못했던 일들에 순종해 봅시다.

13 확실히 알라 너희의 하나님 여호와께서 이 민족들을 너희 목전에
서 다시는 쫓아내지 아니하시리니 그들이 너희에게 올무가 되며 덫
이 되며 너희의 옆구리에 채찍이 되며 너희의 눈에 가시가 되어서 너
희가 마침내 너희의 하나님 여호와께서 너희에게 주신 이 아름다운
땅에서 멸하리라 14 보라 나는 오늘 온 세상이 가는 길로 가려니와
너희의 하나님 여호와께서 너희에게 대하여 말씀하신 모든 선한 말
씀이 하나도 틀리지 아니하고 다 너희에게 응하여 그중에 하나도 어
김이 없음을 너희 모든 사람은 마음과 뜻으로 아는 바라 15 너희의
하나님 여호와께서 너희에게 말씀하신 모든 선한 말씀이 너희에게
임한 것같이 여호와께서 모든 불길한 말씀도 너희에게 임하게 하사
너희의 하나님 여호와께서 너희에게 주신 이 아름다운 땅에서 너희
를 멸절하기까지 하실 것이라 16 만일 너희가 너희의 하나님 여호와
께서 너희에게 명령하신 언약을 범하고 가서 다른 신들을 섬겨 그들
에게 절하면 여호와의 진노가 너희에게 미치리니 너희에게 주신 아
름다운 땅에서 너희가 속히 멸망하리라 하니라_수 23:13~16

주님의 마음을 알고도, 주님의 사랑을 맛보고도 이스라엘이 가나안 족속과 결혼한다면 그때는 하나님이 침묵하겠다고 하십니다.

그들과의 혼인이 올무와 덫이 되어서 아름다운 땅에서 끊어지게 되리라고 하십니다. 앞서 3절에서 여호수아는 "너희의 하나님 여호와 그는 너희를 위하여 싸우신 이시니라"고 했습니다(23:3). 그러므로 하나님이 능력을 거두시면 우리는 모든 싸움에서 패할 수밖에 없습니다.

올무와 덫은 먹이로 위장하고 있어서 겉으로는 그 정체를 알아챌 수 없습니다. 우리도 불신 결혼이, 내가 쫓아내지 못한 이방 세력이 내게 어떠한 악영향을 끼칠지 모르기에 해로운 것으로 여기지 않습니다. 하지만 올무나 덫에 한번 걸리면 빠져나올 수 없습니다. 결국 사냥꾼에게 붙잡혀 생명을 잃고 맙니다. 공포를 넘어 내 옆구리에 채찍이 되고 내 눈에 가시가 됩니다. 실제적인 고통이 수반되는 것입니다.

그러므로 아무리 최고의 조건을 갖췄더라도 하나님을 온전히 섬기지 않는 자는 멸망할 땅과 같습니다. 그들과 혼인해서 좋은 집에 살고 비싼 차를 타며 호화를 누린다고 해도 그 땅은 지옥입니다. 그런데 우리는 "믿음이 밥 먹여 주냐"면서 돈, 학벌, 스펙, 미모만을 최고로 여깁니다. 이렇게 우리가 영적인 아름다움을 멸시하니까 하나님이 "너희가 아름답다 여기는 육적 땅에서 멸하겠다!" 하시는 겁니다.

결혼은 육체의 결합일 뿐만 아니라 영적인 연합이기에 불신 결혼은 심각한 배교 행위입니다. 아름다운 땅에서 멸절될 수 있는 중대한 악입니다(23:15). 단지 고난과 핍박이 따르기 때문에 믿지 않는 사람과 결혼하지 말라는 것은 아닙니다. 불신 결혼은 우리가 영원한 생명을 얻는 길, 곧 우리의 구원 행보를 훼방하는 결정적인 걸림돌입니다.

"멸하리라, 멸절하리라, 멸망하리라……." 여호수아는 마지막 유언을 전하면서 축복의 말씀보다 진노와 경고의 말씀을 더 많이 했습니다. 여호수아가 이렇게 강조에, 강조를 했어도 이후 이스라엘 백성은 가나안의 우상을 음란히 섬겼습니다.

불신자와 결혼했어도 별문제 없이 그럭저럭 잘 살고 있습니까? 그것은 축복이 아니라 저주입니다. 그 자체로 망하는 인생입니다. 불신 결혼이 모든 문제의 근원입니다. 이방인과의 결혼은 수많은 이방 우상을 우리 가정에 들이는 것과 다름없습니다. 돈, 학벌, 명예가 우상인 불신자를 따라 나도 세상 우상들을 섬기게 되는 것입니다.

여호수아는 마지막으로 "남아 있는 민족들 중에 들어가지 말라, 그들의 신들의 이름을 부르지도 섬기지도 말고 우상에게 절하지 말라, 모세의 율법을 지켜 행하고 하나님께 가까이하라" 당부하며 백성이 해야 할 것과 하지 말아야 할 것을 모두 이야기해 주었습니다. 그중에서 실례를 들어 구체적으로 경고한 한 가지가 바로 '불신 결혼'입니다. 이것이 여호수아가 죽기 직전에 남긴 '유언'이라는 것을 기억하십시오. 즉, 우리가 죽기 직전 부모로서 자녀에게 남겨야 할 말도 "불신 결혼은 하지 말라, 시키지도 말라!"라는 겁니다. 이것이 여호수아서의 가장 큰 주제입니다.

아무리 강조해도 지나치지 않은 주제가 "불신 결혼은 안 된다!"입니다. 마지막까지 애타게 경고하고 당부하는 여호수아의 마음이 깨달아집니까? 제가 한 이야기가 아닙니다. 여호수아서에 이렇게 나와 있는데도 "다른 교회에서는 안 그러는데 김양재 목사만 불신 결혼을 반대하더라" 하는 분도 있습니다.

여호수아는 왜 마지막까지 불신 결혼은 하지 말라고 이토록 강조할까요? 바로 백성을 사랑하기 때문입니다. 불신 결혼이 올무가 되고, 덫이 되고, 채찍이 되고, 가시가 되어서 백성을 괴롭게 할 것을 너무 잘 알았기 때문입니다. 그러나 아무리 강조해도 연약한 우리는 육신의 정욕, 안목의 정욕, 이생의 자랑에 넘어가지요. 그래서 채찍과 가시를 통해서라도 이 땅에서 하나님의 진노를 경험하는 것이 그나마 망하지 않는 길입니다. 고난을 통해 내 죄를 깨닫는 것이 큰 축복입니다. 내가 평생 하나님의 진노 속에서 비참한 모습으로 살았더라도, 마지막 모습이 예수의 신부 된 자라면 천국 시민으로 하늘나라에 입성하게 됩니다.

가나안의 모든 권력과 세력을 가지고도 망한 사람이 많습니다. 그러나 믿음으로 결혼하면 장애인 부부라고 할지라도 얼마나 행복하게 사는지 모릅니다.

뇌성마비 1급 장애인 아내가 소아마비 1급 장애인 남편을 만나 결혼했습니다. 이 남편은 자신보다 몸이 더 불편한 신부를 대신해 1인 3역을 합니다. 살림을 도맡아 하고, 아내를 간병해 주면서 신문 기자 일까지 하고 있습니다. 아내는 시집와서 그토록 바라던 자유와 사랑을 한꺼번에 얻으니 꿈을 꾸는 것만 같았습니다. 그러면서 자연스레 '시댁 식구들을 위해 내가 무엇을 해야 할까?' 고민이 되었습니다. 시어머니를 보면서는 '아들 몸이 불편한 것도 속상하실 텐데 휠체어를 탄 며느리가 들어왔으니 얼마나 안타까우실까?'라는 걱정도 들었습니다.

결혼 후 얼마 지나지 않아 시어머니의 생신날 온 가족이 함께 외식을 했습니다. 아내는 떨리는 마음으로 참석했습니다. 그러나 기우와는 달리 시어머니부터, 시누이와 시아주버님까지 모두 따뜻하게 대해 주어서 몸 둘 바를 몰랐습니다. 식사를 마치고 시어머니와 단둘이 가까운 할인매장에 가서 선물을 사 드렸는데, 시어머니가 너무 좋아하시자 아내는 세상을 다 가진 것처럼 행복했습니다. 그 후 그녀는 무엇이든 생기면 시어머니께 먼저 드리고 싶었습니다. 시어머니도 관절염 때문에 불편한 다리를 이끌고 아들네에 찾아오셔서 맛있는 것을 챙겨 주시곤 했습니다.

세 아들이 있어도 시어머니는 손수 진지를 해 드셨습니다. 첫째 며느리는 없고, 둘째 며느리는 몸이 불편하고, 막내며느리는 먼 곳에 살아서 아무도 시어머니에게 밥을 해 드릴 수가 없었습니다. 그러니 명절 때는 어떻겠습니까. 기독교 가정이기에 간소하게 준비하지만 모든 음식을 시어머니가 손수 만들고, 차리고, 치워야 했습니다.

어느 해 추석, 아내는 개량 한복을 곱게 차려입고 갔는데, 어머니 댁 앞 계단을 올라가지 못해서 밖에서 인사만 하고 돌아왔습니다. "명절이라고 밥 한 끼 못 차려 준 것이 너무 가슴 아프다. 내가 힘만 있어도 너를 업고 들어갔을 텐데……" 하시는 어머니의 말씀을 듣고 마음이 아프고 뭉클했습니다. 그런데 이듬해 설에는 전동 휠체어를 이용해 어머니 댁에 들어갈 수 있게 됐습니다. 흙 묻은 바퀴로 집에 들어가기가 죄송했지만 시어머니가 어찌나 반겨 주시는지, 아내는 구부정한 허리로 주방에서 일하시는 어머니를 보며 염치없는 마음과 감사함이 엇갈렸습니다. 자식들이 많아 속 썩으셔도 언제나 자기 자리를 지키시는 시어머니를 보면서 아내는 그 모습을 꼭 닮고 싶다는 생각이 들었습니다.

이 시어머니야말로 여호수아처럼 보여 준 것이 있는 인생입니다. 비록 장애가 있을지라도 얼마나 행복한 가정입니까. 이런 가정이 바로 천국이 아닌가 싶습니다. 하나님은 우리가 아름다운 땅에서 살기를 원하십니다. 예수 믿고 비로소 아름다운 땅에 들어왔는데 망하는 자가 돼서는 안 됩니다. 아름답게 사는 자가 되어야 합니다. 그것이 우리를 향한 주님의 뜻입니다.

- 내 결혼은 믿음의 결혼이었습니까? 자녀는 어떤 결혼을 하기 원합니까? 불신 결혼으로 하나님과 멀어지고 채찍과 가시의 수고를 했음에도 자녀의 결혼에서 여전히 재력, 학벌, 가문의 이방신과 타협하고 싶습니까?

우리들 묵상과 적용

주일 저녁 아내가 5학년인 큰아이에게 오늘 교회에서 어떤 설교 말씀을 들었는지 물었습니다. 그러자 큰아이는 "목사님이 예레미야 말씀을 하시면서 '세상을 멀리하고 하나님을 가까이하며, 세상 가운데 있는 사람들을 위해서 울어 주어야 한다'고 하셨다"라고 말했습니다. 제가 "그러면 말씀을 들은 너의 적용은 무엇이니?" 물으니, 큰아이는 "저는 교회도 잘 다니고 세상을 멀리하니까 아무 문제가 없는 것 같아요"라고 하는 것입니다. 저는 "뭐라고? 너는 가요 부르고, 춤추며 세상을 가까이하지 않냐. 너 때문에 글도 모르는 막내까지 매일 가요를 부른다. 네가 얼마나 세상적인 줄 아냐?"라고 비난했습니다. 그러자 듣고 있던 아내는 "그러는 당신은 어떠냐?"고 물으며 아들과 저의 열띤 대화를 중재했습니다. 아이가 제 말에 상심할까 봐 염려했던 것 같습니다. 이에 저는 "나는…… 나도 어쩔 수 없는 죄인이지……" 하며 할 말이 없어 머쓱하게 대화를 끝내 버렸습니다.

제가 아직 정복하지 못하고 남아 있는 땅은 아이들을 못마땅해하는 마음입니다(23:4). 아이들과 어떤 문제에 맞닥뜨리면 지적과 비난이 제 입에서 난무합니다. 그럴 때마다 아내는 "어머님은 당신을 그렇게 칭찬하면서 키웠는데, 왜 당신은 아이들에게 지적질과 야단만 치냐? 어머님처럼만 아이를 키워도 아이들이 자존감을 갖고 살겠다"

라고 말했습니다.

어린 시절 저는 가난한 환경에서 빚쟁이 어른들과 학교 친구들, 그리고 형에게 기가 눌려서 살았습니다. 많은 부분에서 위축이 되었던 저는 '힘없고 약한 사람'으로 살 수밖에 없다고 생각했습니다. 무릎이 불편하신 어머니는 제게 심부름을 자주 시키셨는데, 어머니께 칭찬을 듣기 위해 하루에도 수십 번을 시키시면 그 수십 번을 다 해냈습니다. 그것이 저의 의로움이 되어 스스로 '착한 아이'라며 저도 속고 남도 속이는 모습으로 사춘기도 없이 자랐습니다. 그런 제가 어른이 되니 아이들을 볼 때마다 저의 어린 시절과 비교가 되어 늘 못마땅했습니다. 저처럼 살아야 한다는 듯이 제 방식을 강요했고, 아이들을 억압하는 괴물이 되어 가고 있었습니다.

제가 아이들에게 비난하고 화내는 날이면 아내는 밤마다 큐티책을 펼쳐 기도하며 눈물을 흘리곤 합니다. 아마도 아내는 이런 환경에서 아이들이 믿음을 잃지 않기를 간절히 기도하는 것 같습니다(23:13). 남들에게는 잘 공감하면서, 제 아이들에게만 공감하지 못하는 치우침의 죄를 회개합니다(23:6). 이런 저를 불쌍히 여겨 주시고 믿음의 유산을 이어받을 아이들에게 여호수아의 마지막 고백처럼 보여 줄 것이 있는 삶을 살기를 소망합니다(23:3).

영혼의 기도

아버지 하나님, 우리에게 믿음이라는 아름다운 땅을 주셔서 감사합니다. 대를 이어 이 아름다운 땅을 보존하기 위해서는 "너희가 다 보았거니와" 할 수 있는 싸움을 싸워야 하지 않겠습니까. 과거에도 인도해 주셨고 앞으로도 우리를 인도해 주실 주님, 말씀으로 대적을 쫓아 주신 주님, 감사합니다. 무서운 흉악범 니콜스를 누가 변화시킬 수 있었겠습니까. 남편은 죽고, 가난하고, 알코올중독에 빠져서 험악한 인생을 살았지만, 주님을 만나 거듭난 애슐리 한 사람이 니콜스를 변하게 했습니다. 주님을 만난 그 한 사람이 집안과 나라와 온 세계를 구할 줄 믿습니다. 그러니 주님, 우리도 주님을 만나게 해 주옵소서. 주님을 인격적으로 만나서 말씀이 내 안에 들어오면 어떤 대적도 다 도망갈 줄 믿습니다. 믿음이라는 아름다운 땅을 대를 이어 지켜 가기 위해 내가 믿음의 조상이 되게 하옵소서.

"너희 중에 남아 있는 이 민족들 중에 들어가지 말라 그들의 신들의 이름을 부르지 말라 그것들을 가리켜 맹세하지 말라 또 그것을 섬겨서 그것들에게 절하지 말라"고 하셨지만, 우리는 연약하기에 실천하기가 어렵습니다. 사랑이라는 미명 아래 가나안 이방인들과 손잡고 타협하고 싶습니다. 주님, 이런 우리를 용서하여 주옵소서. 하나님께 가까이하기를 원합니다. 말씀을 지켜 행하기를 원합니다. 여호수아가 마지막으로 "불신 결혼을 하지 말라"는 유언을 남긴 것을 우리가 기억하기 원합니다. 불신 결혼은 우리에게 올무가 되고, 덫이 되고, 채찍이 되고, 가시가 될 것이라 하십니다. 하나둘 세상 세력을 허용하다 보면 결국 아름다운 땅에서 멸절되리라고 하십니다. 이제라도 우리가 깨닫고 돌이킬 수 있도록 역사하여 주옵소서. 사람의 행복이 돈과 미모와 우상에게 있는 것이 아니라 오직 하나님께 있는 것을 알게 해 주옵소서.

한 명이 천 명을 쫓는 놀라운 능력이 애슐리에게서 나온 것처럼 우리도 놀라운 믿음의 사람이 되게 하옵소서. 그러기 위해 믿음의 배우자를 얻기를 소망합니다. 우리의 자녀들이 신 결혼을 하기를 원합니다. 무엇보다 내가 먼저 믿음으로 세워질 수 있도록 역사하여 주옵소서. 우리 모두 아름다운 땅을 선물로 받고 싶습니다. 아름다운 땅에 거하고 싶습니다. 도와주옵소서. 역사하여 주옵소서. 예수님 이름으로 기도하옵나이다. 아멘.

Chapter 32

과거를 기억하라 상기전: 여호수아의 마지막 고백 여호수아 24:1~15

하나님 아버지, 우리가 여호와를 섬길 이유를 알기 원합니다.
주님의 이름을 참으로 송축하기 원합니다.
말씀해 주시옵소서. 듣겠습니다.

20세기 말 영국 BBC 제4라디오(BBC Radio 4)에서 영국 지도층 인사 1,000명을 대상으로 기독교 신앙의 현주소를 파악하고자 여론조사를 실시했습니다. 그 결과 지도층 성직자 대부분이 "성경과 창조론을 믿지 않는다"라고 응답했다고 합니다. 영국 성공회, 가톨릭, 개신교, 감리교 지도자 103명 중에서 '하나님이 6일 동안 세상을 창조하셨다'는 성경 말씀을 그대로 믿는 사람은 단 3명이고 80명은 "믿지 않는다", 나머지는 "모른다"라고 응답했습니다. 아담과 하와가 실제로 존재했다고 믿는 성직자는 13명에 그쳤습니다. 오히려 정치인들보다도 더 낮은 믿음을 보인 것입니다. 처녀 마리아가 성령으로 잉태했다는 말씀을 믿는 사람도 4분의 1에 불과했습니다.

영국이 어떤 나라입니까? 빅토리아 여왕은 "4억의 인도는 잃어도 성경은 내 손에서 잠시도 떨어뜨릴 수 없다"라고 고백할 만큼 성경을 사랑했습니다. 그런 빅토리아 시대에 영국은 이른바 '해가 지지 않는 나라'로 불리며 가장 큰 번성을 이루었습니다.

현대 선교의 아버지라 불리는 윌리암 캐리(William Carrey), 감리교의 창시자인 존 웨슬리(John Wesley) 역시 영국 출신입니다. 또한 마틴 로이드 존스(David Martyn Lloyd Jones)나 존 스토트 (John Stott)와 같은 걸출한 설교가를 배출한 나라이기도 합니다. 그런 영국이 이제는 성직자들조차 성경을 하나님의 말씀으로 믿지 않는다는 것입니다.

비단 영국만의 일이겠습니까. 김요석 목사님은 한센병 환자들과 생사고락을 함께하며 평생 한센병 환자들을 위한 사역에 헌신하신 분입니다. 김 목사님이 독일에서 유학하던 시절의 이야기입니다.

한 교수님이 수업 중에 성경을 들고서 "이 성경이 살아 있는 하나님의 말씀이라고 믿는 사람은 손 들어 보라"고 했답니다. 그런데 1,500명의 학생 중에서 오직 한 명, 김 목사님만 손을 들었다는 겁니다. 교수는 목사님에게 어디에서 왔는지 묻더니, "한국은 아직도 샤머니즘에 젖어서 성경을 믿는 모양인데, 여기서 신학을 잘 배우면 믿을 게 하나도 없다는 걸 알게 될 것이다" 하더랍니다. 의아해진 목사님은 다른 학생들에게 물었습니다.

"성경을 믿지도 않는데 신학교는 왜 왔습니까?"

돌아온 대답은 더 절망적이었습니다.

"직업이 좋잖아요."

하나님이 유럽의 나라들을 그토록 축복하셨건만 어찌 이럴 수 있습니까? 여호수아서의 마지막 장인 24장은 이스라엘이 젖과 꿀이 흐르는 가나안 땅에 들어간 후 이제 여호수아가 죽음을 앞둔 때입니다. 여호수아는 이스라엘 백성이 하나님이 베풀어 주신 은혜를 잊을까 봐 마지막까지 "이방 신을 섬기지 말고 오직 여호와 하나님만 경외하라"고 반복해서 당부합니다.

기독교 역사가 100년 남짓밖에 안 된 우리나라도 영국처럼 세기말적 신앙 증상이 나타나는 것 같습니다. 어쩌다 이렇게 되었을까 돌아보며 우리가 여호와 하나님만을 섬겨야 하는 이유를 여호수아의 안타까운 유언을 통해서 알아보겠습니다.

조상 때부터 인도하신 하나님

1 여호수아가 이스라엘 모든 지파를 세겜에 모으고 이스라엘 장로
들과 그들의 수령들과 재판장들과 관리들을 부르매 그들이 하나님
앞에 나와 선지라 2 여호수아가 모든 백성에게 이르되 이스라엘의
하나님 여호와께서 이같이 말씀하시기를 옛적에 너희의 조상들 곧
아브라함의 아버지, 나홀의 아버지 데라가 강 저쪽에 거주하여 다
른 신들을 섬겼으나_수 24:1~2

여호수아가 모든 지도자를 불러 모아서 "이스라엘의 하나님 여호와께서 이같이 말씀하시기를……" 하며 이야기를 시작합니다. 목

회자는 이처럼 하나님의 말씀을 대독하는 사람입니다. 성경의 역사를 통해 내 인생의 구속사를 알게 되기에 여호와의 말씀, 설교 말씀을 듣는 것이 정말 중요합니다.

그런데 왜 여호수아는 실로도 길갈도 아닌 '세겜'에 모이라고 했을까요? 가나안 땅에 들어온 이스라엘 백성이 에발산과 그리심산에 나뉘어 서서 복과 저주를 선포한 곳이 바로 세겜입니다. 또한 아브라함이 갈대아인의 우르를 떠나 가나안에 들어와서 여호와께 제단을 쌓고 첫 예배를 드린 곳이기도 합니다(창 12:6~7). 아브라함의 아버지 데라는 '다른 신', 곧 월신(月神)을 섬기던 사람입니다. 그런데도 하나님이 아브라함과 그 가족을 불러 주시고 믿음의 조상으로 세워 주셨습니다. 그러므로 여호수아가 세겜으로 모이게 한 것은 '조상의 하나님을 기억하라'는 의미입니다. 하나님과 상관없이 살던 내가 어쩌다 예수 믿는 축복을 받았는지, 말도 안 되는 이방 신을 섬기던 과거를 돌아보며 다시금 신앙을 재정비하라는 것이죠.

제가 4대째 모태신앙인이니 제 고조할아버지도 다른 신을 섬겼을 텐데 하나님은 아브라함과 마찬가지로 저희 가족도 우상으로부터 이끌어 내셨습니다. 그러나 안타깝게도 저는 우리 집안의 신앙 역사에 대해 아는 것이 별로 없습니다. 제가 대학교 1학년 때 어머니가 돌아가셨는데, 당시는 우리 자매들이 주님을 인격적으로 만나기 전이라 아무도 믿음의 이야기에 관심이 없었습니다. 어머니가 살아 계셨을 때도 어머니는 혼자 새벽기도 다니시느라 교회 궂은일을 도맡아 하느라 바쁘시고, 우리 자매들도 각자 공부하느라 피아노 치느라 바빴습니다. 가족이 둘러앉아 믿음의 이야기를 나누는 것이 얼마나 축복인지 그때는 몰랐습니다. 너무 아쉽습니다.

또한 저는 어려서부터 제사를 지낸 적이 없습니다. 시댁도 제사를 지내지 않았습니다. 제가 사십여 년 전에 결혼했는데 양가가 믿는 집안이다 보니 폐백도 하지 않았습니다. 당시 문화를 생각하면 정말 축복인데 저는 이 모든 것이 당연한 줄만 알았습니다. 그런데 이후로 많은 사람을 주님께로 인도하면서 집안의 제사를 폐하지 못해 힘들어하는 성도가 정말 많다는 것을 알았습니다. 제사를 폐하는 것이 얼마나 큰일인지를 보았습니다.

예수님이 부활하고 승천하신 후 이스라엘 기독교인들은 로마의 지배 아래 카타콤이라는 지하 무덤에서 숨어 살았습니다. 그런데 당시 로마 사회의 음란과 방탕이 극에 달하자 로마의 고관들은 로마 여인이 아닌 순결한 히브리 처녀들을 데려다 아내로 삼았습니다. 그 히브리 여인들이 자녀들에게 복음과 이스라엘의 역사를 끊임없이 가르친 결과, 300년 후 로마가 복음에 무너진 것입니다.

여러분 중에도 집안에서 홀로 예수를 믿는 분이 있을 것입니다. 집안의 신앙 조상으로서 첫발을 내딛는 분이 있을 테죠. 이제 막 믿기 시작했으니 얼마나 수많은 영적 싸움이 기다리고 있겠습니까. 집안의 제사를 폐하기까지 오랜 시간 싸우며, 말할 수 없는 값을 치러야 할 것입니다. 또 제사를 폐하더라도 집안 대대로 흐르는 유교적·불교적 가치관이 바뀌기까지 엄청난 시간이 걸립니다.

조금씩 달라지는 추세이긴 하지만 여전히 우리나라에는 유교적

사상이 팽배합니다. 그래서 체면을 중시하고 외식(外飾)에 사로잡혀 돈과 시간을 낭비합니다. 반면에 비록 지금은 믿음을 잃어 가지만 기독교 사상이 뿌리 깊게 내린 유럽은 시간관념이 철저해서 대체로 근면하고 약속을 칼같이 지킵니다. 유럽은 대단하고 우리나라는 형편없다는 이야기가 아닙니다. 각자가 내가 예수를 믿기 전에 어떠했는지, 돈, 명예, 학벌 등등 내가 얼마나 많은 이방 신을 부르짖다가 예수를 만났는지 돌아보라는 것입니다. 그때를 생각하며 인생의 목적이 거룩임을 다시금 깨닫고 초심으로 돌아가자는 것입니다.

하나님이 그동안 우리 집안에 어떤 은혜를 베푸셨는지 추억할 세겜이 있다면, 가족이 함께 모여 조상 때부터 인도하신 하나님께 감사하는 시간을 마땅히 가져야 합니다. 어떤 부모는 장로님, 권사님이어도 자기 집안이 창피해서 자녀들에게 지난 이야기를 하지 않습니다. 구멍가게를 했던 과거가 창피하다고 이야기를 안 합니다. 그게 왜 창피합니까? 불신자도 아니고 장로님, 권사님이 과거를 부끄러워한다면 문제 아닙니까? 내가 옛날에 고생스러운 장사를 하고, 삯바느질하고, 하다못해 기생 빨래를 했기로서니 뭐가 창피합니까. 지금은 예수 믿게 됐는데요.

하나님이 갑자기 나를 택하신 것이 아닙니다. 아브라함은 육적 아버지인 데라를 섬겼습니다. 아버지 데라는 월신을 섬기고 아브라함은 그런 아버지를 섬겼습니다. 예수를 믿지 않는 부모는 다른 신을 섬길 수밖에 없습니다. 그럼에도 하나님은 아브라함을 택하셨듯 나도, 우리도 만세 전부터 택하셨습니다. 그때부터 나와 내 집안에 관심을 가지시고 구원의 일을 시작하셨습니다.

내가 스무 살 때부터 예수를 믿었다고 해도, 하나님은 지구를 만드시기도 전에 이미 나를 아시고 택하셨습니다. 그러므로 우리 모두는 믿음의 조상 아브라함의 후손들입니다. 믿음의 몇 대인 것이 중요하지 않다는 말입니다. 4대째 모태신앙인이라고 잘난 척할 것도 없고, 당대신앙인이라고 낙심할 것도 없습니다. 조상이 잘 믿었다고 나태해져서도 안 되고, 당대신앙이라고 방방 뛰거나 위축되어서도 안 됩니다. 우리는 다 하나님의 동일한 관심 속에 택함을 받은 하나님의 자녀입니다.

- 나의 신앙의 첫사랑, 세겜은 어디(어떤 사건)입니까? 주님이 어떤 월신(月神), 돈과 쾌락과 건강의 신에서 나를 건져내 주셨습니까? 형통할 때나 힘들 때나 그 세겜을 기억하며 하나님께 붙잡힌 인생에 감사합니까?

이제 가나안 정복이 거의 끝나 가고 여호수아는 이 세상을 떠나기 직전입니다. 그런데 이스라엘 백성이 너무나 연약합니다. 아무리 '하나님께 가까이하고, 남아 있는 민족들 중에 들어가지 말고, 그들과 혼인하지도 말고, 이방 신을 부르지도 섬기지도 말고, 이방 신에게 절하지도 말라'고 당부해도 100% 죄인인 인생은 세상과 연합할 수밖에 없는 연약한 본성을 지녔습니다. 그래서 쉽게 포기하고, 쉽게 타락하고, 쉽게 세상을 기웃거립니다.

하나님이 긍휼히 여기셔서 잠시 재물을 주고 건강을 주시면 매

너리즘에 빠져서 예배의 감격마저 식어 버립니다. 형식적이고 무감각한 예배를 드립니다. "하나님 앞에 나와 선지라"는 1절 말씀처럼 하나님 앞으로 나와야 하는데 사람에게 보이고자 교회에 옵니다. 사람을 의식해서 교회에 오니까 나보다 못한 사람은 무시하고 대단한 사람에게는 아첨합니다. 다른 성도들보다 멋진 옷을 못 입어서 속상해하고, 배우자와 자녀, 집안을 서로 비교하면서 속상해합니다. 조금 갖추었다 싶으면 으스대면서 자랑하고 싶어 안달합니다. 타성에 젖어서 예배를 드려도 감동이 없고, 다른 성도의 아픔에도 관심 없고, 공동체 안에서 상처와 오해만 쌓입니다. 내가 입버릇처럼 "상처 받았어" 말한다면 예배의 감격이 사라졌기 때문입니다.

이럴 때 첫사랑을 생각해야 합니다. 나의 세겜을 기억해야 합니다. 내가 얼마나 죽을 것 같은 상황에서 하나님 때문에, 말씀 때문에 살아났는지를 상기해 보십시오. 그것만 생각하면 "교회 건물이 낡고, 냉난방도 안 되고……" 이런 이야기가 쏙 들어갈 것입니다. 예배의 감격이 살아날 것입니다.

개항기인 1800년대 말 평안북도 정주에 백사겸이라는 맹인이 살았습니다. 그는 한때 무당 일을 하며 먹고살다가 선교사에게 복음을 전해 듣고 하나님 앞에 돌아온 사람입니다. 회심 후 그는 온 마음을 다해 예수님을 섬겼습니다. 당시 정주 땅에 선교사가 교회당을 짓고 있었는데 재정이 부족해서 공사가 중단되자 자신의 땅 천 평을 팔아서 건축헌금을 드렸습니다. 선교사는 그런 백사겸을 교회의 사찰로 삼고, 그 아들을 데려다 공부를 시켰습니다.

백사겸의 아들은 선교사의 도움으로 미국 유학까지 하여 파크대학교를 졸업하고 프린스턴 신학교를 거쳐 예일대학교 대학원에서 철학박사 학위를 받았습니다. 이후 그는 귀국하여 연세대학교의 전신인 연희전문학교 교수직을 지내고, 일제강점기 속에서도 국학 연구에 힘쓰며 조선기독교청년회 이사를 지내기도 했습니다. 그가 바로 연세대학교 초대 총장이자 전 문교부 장관인 한국 기독교의 거장 백낙준 박사입니다.

그러나 백낙준 박사가 아무리 명문 대학을 나오고 대단한 업적을 남겼어도 맹인에 교회 사찰이던 아버지 백사겸을 잊어서는 안 됩니다. 우리나라에 복음이 막 전해지던 시절, 성도 대부분이 노비, 백정, 농부 출신이었습니다. 양반들은 찾아보기 어려웠습니다. 하지만 오늘날 백낙준 씨 가족은 그야말로 로열패밀리가 되지 않았습니까? 모두가 부러워하는 집안이 됐습니다. 예수 믿으면 우리 가족도 로열패밀리입니다.

과거를 잊어서는 안 됩니다. 대한민국이 얼마나 가난한 나라였습니까. 선교사들이 들어와 학교와 병원을 세운 덕분에 지금의 발전을 이룰 수 있었습니다. 그런데 감히 교회에서 다른 사람을 외모로 차별하고, 시대에 뒤떨어졌다는 소리를 할 수 있습니까?

1절 말씀처럼 우리도 예배에 와서 "하나님 앞에" 서야 합니다. 과거를 상기하면서 내가 예배드릴 수 있는 것이 얼마나 큰 특권인가 생각해 보십시오. 제가 설교한다고 성도들이 제 앞에 서는 것입니까? 하나님 앞에 서는 것입니다. 하나님 앞에 나아오는 성도들을 결코 소홀히 해서는 안 되기에 목회자들도 두려움과 떨림으로 단상에 서야 합니다. 천국에 이르는 그날까지 하나님 앞에 서는 삶, 두려움과 떨림으로 구원을 이루어 가는 삶이 계속되기를 바랍니다.

- 나의 예배는 하나님 앞에 보이고 있습니까? 예배에 걸림돌이 되는 인간적인 것은 무엇입니까? 어떤 마음으로 예배에 갑니까? 사람을 의식하며 옷차림과 치장에만 신경을 쓰지는 않습니까?

선한 목적으로, 온갖 방법으로 인도하시는 하나님

미국의 철학자 조지 산타야나(George Santayana)는 "과거를 기억하지 못하면 역사는 반복되고 되풀이해서 벌을 받는다. 과거에 집착하는 자는 애꾸가 되고, 과거를 잊어버리는 자는 맹인이 될 것이다"라고 말했습니다.

미래를 잘 준비하기 위해서는 과거에 대한 올바른 견해를 가져야 합니다. 그런데 나를 죄에서 구원해 주신 주님의 은혜를 우리가 잊어버리면 매사 올바로 생각할 수 없습니다. 진로와 결혼 등 인생에서 중대한 선택도 올바로 결정할 수 없습니다.

인생의 목적을 모르면, 사명을 깨닫지 못하면 모든 것이 춤을 춥니다. 이성이 춤추고, 감정이 춤춥니다. 그래서 회사생활에도, 결혼생활에도 정착하지 못하고 여기저기 기웃거립니다. 사명이 분명하지 않기에 매사 참지도 못합니다. 본문에서 여호수아가 백성에게 과거를 다시 돌아보게 하는 이유가 바로 여기에 있습니다.

> 내가 너희의 조상 아브라함을 강 저쪽에서 이끌어 내어 가나안 온 땅에 두루 행하게 하고 그의 씨를 번성하게 하려고 그에게 이삭을 주었으며_수 24:3

'내가', 즉 하나님이 하십니다. 하나님이 아브라함을 이끌어 내셔서 그의 씨가 번성하게 하셨습니다. 약속의 자손을 하늘의 별과 같이 번성하게 하시고자 고난 속에서 이삭을 주시고, 야곱을 주셨습니다. 이처럼 나를 통해 씨를 번성하게 하시는 것이 하나님의 목적입니다.

저 한 사람의 고난을 통해 수많은 영적 자손이 생겨났습니다. 집안 식구들의 구원도 중요하지만 하나님은 거기서 멈추지 않으시고 저의 지경을 더욱 넓혀 주셨습니다. 만일 제가 고난을 겪지 않고 평범하게 살았다면 이만큼 영적 자손이 번성했을까요? 하나님은 우리의 부르짖음을 들으시고, 그 씨가 번성하도록 인도하십니다. 그러기 위해 흑암도 사용하시고 바다를 이끌어 내기도 하십니다(24:7).

> 이삭에게는 야곱과 에서를 주었고 에서에게는 세일산을 소유로 주었으나 야곱과 그의 자손들은 애굽으로 내려갔으므로_수 24:4

그의 씨를 번성하게 하시려고 아브라함과 사라에게 불임이라는 고난 속에서 이삭을 주셨습니다. 그리고 이삭에게는 야곱과 에서를 주셨습니다. 에서는 약속의 자손이 아니기에 한 줄로 짧게 설명하고 지나갑니다. "세일산을 소유로 주었다", 즉 "배부르고 등 따듯하게 살았다"가 전부입니다. 그러므로 자녀가 달라는 대로 돈과 재산을 주는 부모는 자녀를 진정으로 사랑한다고 말할 수 없습니다.

많은 재물을 받은 에서는 야곱에게 약속의 땅을 내주고는 떠나 버렸습니다. 말도 많고 탈도 많은 야곱을 보면서 "예수 믿는 사람들은 왜 저렇게 복잡하게 사는 거야" 하고는 보기 싫다고 떠나지 않았겠습니까. 이 땅에서 배부르고 등 따듯한데 무슨 천국을 바라보겠습니까.

반면에 약속의 씨인 야곱은 험난한 인생을 살았습니다. 아버지와 형을 속이고 장자의 명분을 가로챈 야곱은 분노한 형을 피해서 외삼촌 라반이 사는 하란으로 도망갑니다. 그곳에서는 되레 외삼촌에게 속아서 호되게 당하죠. 야곱은 라헬을 사랑하지만 라반의 꾀에 빠져 레아를 부인 삼습니다. 이후에 바라던 대로 라헬을 얻지만 그 대가로 라반 아래서 수년을 섬겨야 했습니다.

그런데 20년이 지나 야곱이 라반을 떠날 때는 하나님이 라반에게 "너는 삼가 야곱에게 선악간에 말하지 말라!" 하시며 야곱이 쉬이 가도록 인도해 주십니다. 생각해 보세요. 그 전에 얼마든지 인도해 주실 수도 있었는데 왜 하나님은 야곱이 거듭 고생하도록 내버려 두신 것입니까? 다른 뜻이 없습니다. '속이는 자' 야곱을 훈련하시기 위함입니다. 20년 동안 야곱을 라반 아래 두어 연단하시고, 이제는 훈련이 끝났다고 생각하셔서 떠나도록 허락하신 것이죠. 그러므로 내 곁에 누군가 때문에 힘들다면 내가 받아야 할 훈련이 아직 남았기 때문입니다. 20년 훈련 기간이 딱 끝나니까 그 악한 라반도 야곱을 그냥 보내 주지 않습니까?

그러나 야곱의 훈련은 여기서 끝나지 않았습니다. 20년이 모자랐는지 남은 인생도 그야말로 고난의 연속이었습니다. 아들들이 형제 요셉을 시기해서 팔아먹고, 딸이 강간을 당하고, 두 아들은 살인을 저지르고, 기근이 들어서 애굽으로 내려가고……. 이렇듯 험난한 인생을 살며 야곱은 하나님만을 사모할 수밖에 없었습니다.

십여 년 전 제 딸이 밤중에 친구를 데려다주다가 빗길에 3중 추돌사고를 당했습니다. 딸은 신호를 잘 지켰는데 뒤에 차들이 신호를 무시하고 달리다가 사고를 낸 것입니다. 휴대폰을 두고 가서 집에 연락도 못 하고, 사고를 낸 사람이 보험 처리를 절대 안 하겠다고 해서 딸은 경찰서까지 가게 되었습니다. 행여 제가 걱정할까 봐 당일에는 별말 없다가 다음 날 딸이 제게 사고 난 이야기를 꺼내더군요. 저는 일단 다친 데는 없는지 살피고 "잘못한 것도 없는데 왜 경찰서에는 갔느냐?"고 물었습니다.

"그런 일은 보험회사에서 알아서 처리하게 해야지, 왜 밤중에 혼자 경찰서에 갔니? 연락은 왜 안 했니?" 저대로 걱정이 돼서 저도 모르게 딸을 다그쳤나 봅니다. 그러자 딸이 "엄마, 그러시는 게 아니에요! '다친 데는 없니, 수고했다' 이렇게 교양 있게 위로만 해 주시면 안 돼요?" 하면서 기분 나빠하는 겁니다.

제가 딸을 사랑하지 않아서 그랬겠습니까? 딸이 너무 몰라서 그러는 거죠. 하나님도 우리가 너무 모르니까 기근도 주시고, 고난도 주십니다. 제가 남입니까? 자식이 곤란을 겪었다는데 "아유~ 잘했구나. 수고했다" 이럴 수 있겠습니까? 교양 있게 대한다고 사랑이 아니죠.

우리도 똑같습니다. 하나님이 고난을 주지 않으시면 우리는 무엇이 사랑인지, 저주인지를 모릅니다. 하나님이 야곱을 사랑하시기에 여러 가지 고난을 허락하신 것입니다. 이스라엘을 사랑하시므로 애굽에서 종살이하게 하시고, 애굽에 열 가지 재앙을 내리시고, 홍해가 가로막는 고비를 겪게 하시고, 요단을 건너게도 하셨습니다. 이렇게 고난을 겪으면서 이스라엘이 성숙해지는 것입니다. 고난을 통해서 모든 사람을 돕는 제사장 나라로 우뚝 서게 되는 것입니다.

하나님이 나를 택하셨기에 나를 향한 하나님의 계획은 누구도 막을 수 없습니다. 누구라도 하나님의 택한 백성인 나를 거스르고, 하나님의 계획을 방해하는 자는 멸망을 자초할 뿐입니다. 애굽의 바로가 그랬습니다. 애굽에 열 가지 재앙이 내려졌을 때 하나님의 택함을 받은 이스라엘은 은혜를 경험했지만 바로는 고난이 올수록 강퍅해져서 끝내 멸망했습니다. 망하는 것은 세상입니다.

하나님의 사람은 고난이 올수록 겸손해지며, 믿음에 덕을, 덕에 지식을, 지식에 절제를, 절제에 인내를, 인내에 경건을, 경건에 형제 우애를, 형제 우애에 사랑을 더해 갑니다(벧후 1:5~7). 고난 앞에 내가 점점 강퍅해진다면 나의 신앙을 다시 점검해 보기 바랍니다.

미국의 존 필립스라는 사람이 지난 200년간 하나님을 잘 섬기고 십일조 생활을 성실히 한 가정과 그러지 못한 가정들을 골라서 통계를 냈습니다. 그중에서 대표적인 사례를 발표했는데, 교회를 비방하고 주의 종을 쫓아내고 자신도 교회에서 떠난 일본계 미국인 마쓰시코의 가문에서는 지난 200년 동안 거지가 306명, 강도가 63명, 살인자가 7명, 매음자가 26명, 하급 관리가 73명이 나왔답니다. 반면에 신앙을 잘 지킨 가문으로 조나단 에드워드(Jonathan Edwards) 목사의 가계를 조사해 보니 대학교 총장이 13명, 대학교수가 108명, 목사가 203명, 부통령이 1명, 전권대사가 1명, 국회의원이 21명, 기자가 81명이 나왔다고 합니다. 정말 비교할 수 없는 차이입니다. 내가 하나님의 참백성이라면 어떤 고난이 와도 사탄이 나를 이길 수 없습니다.

- 나를 통해 믿음의 씨를 번성하게 하신 사건은 무엇입니까? 고난을 주셔서라도 믿음의 씨를 번성하게 하시는 하나님의 목적에 관심과 소망이 있습니까? 에서처럼 세일산(육적인 복)에만 관심이 있어서 믿음을 쉽게 포기하지는 않습니까?

> 내가 모세와 아론을 보내었고 또 애굽에 재앙을 내렸나니 곧 내가 그들 가운데 행한 것과 같고 그 후에 너희를 인도하여 내었노라
> _수 24:5

하나님은 우리 훈련의 때에 맞게 모세, 아론과 같은 지도자를 보내셔서 우리를 양육하고 구원하십니다. 믿음의 지도자를 세우시고 그들 가운데 행하십니다. 이 지도자 한 사람이 참 중요합니다.

헬렌 켈러(Helen Keller)는 20세기를 대표하는 위대한 여성입니다. 1880년 미국에서 출생한 그녀는 태어난 지 19개월 되었을 때 심한 열병을 앓고 청각과 시각을 모두 잃었습니다. 장애로 인해 정상적인 교육을 받지 못하자 그녀는 갈수록 난폭해져서 정신 병원에까지 가게 되었습니다. 그러다 앤 설리번(Anne Sullivan) 선생님을 만난 후부터 헬렌의 인생에 빛이 들기 시작했습니다. 설리번 선생님의 끝없는 사랑과 인내를 통해서 어둠 속을 헤매던 그녀가 말과 글을 배우고 인생의 참의미를 깨닫게 된 것입니다. 그 결과 헬렌 켈러는 16세 나이에 비장애인도 진학하기 힘들다는 래드클리프 대학교를 입학하고, 졸업할 무렵에는 무려 5개 국어를 습득했다고 합니다. 헬렌 켈러가 위대한 여성으로 꼽히기까지 배후에는 설리번 선생님의 사랑과 수고가 있었습니다.

저는 헬렌 켈러의 생애를 보면서 우리들교회의 비전을 찾았습니다. 저는 숨 쉬는 동안 환난당하고 빚지고 원통한 자들에게 복음을 전하기 원합니다. 감사하게도 그런 저의 바람이 이루어져 우리들교회를 통해 수많은 아픈 영혼이 치유되고 있습니다. 특히 신체장애와 지적장애 자녀를 둔 많은 부모들이 우리들교회를 찾아왔습니다. 그분들이 얼마나 큰 시련을 겪고 있는지 주님은 저에게 그 아픔을 보게 하셨습니다. 장애 자녀를 둔 가정은 온 가족이 평생 고난을 겪습니다. 우리들교회 청년부의 한 자매는 시집갈 나이가 됐는데도 장애가 있는 오빠를 돌보느라 꼼짝도 못 합니다. 은사도 많은 자매인데 오빠 때문에 하지 못하는 것이 참 많습니다.

그런 지체들을 보면서 '24시간 장애아를 돌보아 줄 수 있는 곳이 없을까, 그런 일을 우리들교회가 하면 어떨까' 생각했습니다. '여유가 있는 부모는 자녀를 시설에 맡길 수 있을 테지만, 그렇지 못한 부모들은 어떻게 할까? 이 기막힌 일을 우리들교회가 해야 하지 않을까? 하나님이 우리에게 믿음을 주시고 서로 하나가 되어 고난당한 사람들을 도우라고 하시는데, 그렇다면 우리가 가장 힘든 일에 헌신해야 하지 않을까?'라는 소망을 품게 되었습니다. 교회와 더불어 가는 장애인 센터를 세우고 싶다는 비전을 꿈꾸어 봅니다.

하나님이 언제 이루어 주실지 모르겠지만 저의 이런 비전에 많은 분이 공감해 주셨으면 좋겠습니다. 우리에게는 더불어 살아가야 할 의무가 있습니다. 장애로 힘들어하는 한 사람, 한 가정을 위해 믿는 우리가 이 일을 해야 한다고 생각합니다.

- 하나님이 나에게 허락하신 모세와 아론은 누구입니까? 믿음의 지도자의 비전에 공감하며 동참합니까?

6 내가 너희의 조상들을 애굽에서 인도하여 내어 바다에 이르게 한
즉 애굽 사람들이 병거와 마병을 거느리고 너희의 조상들을 홍해까
지 쫓아오므로 7 너희의 조상들이 나 여호와께 부르짖기로 내가 너
희와 애굽 사람들 사이에 흑암을 두고 바다를 이끌어 그들을 덮었
나니 내가 애굽에서 행한 일을 너희의 눈이 보았으며 또 너희가 많
은 날을 광야에서 거주하였느니라_수 24:6~7

내가 좋은 비전을 가지고 선한 일을 하고자 하면 사탄이 병거와 마병을 거느리고 좇아와서 방해합니다. 그러나 나의 비전이 하나님이 기뻐하시는 것이라면, 하나님이 나의 부르짖음을 들으시고 바다를 이끌어서라도 사탄의 훼방을 덮으십니다. 우리로 하나님께 부르짖게 하시고자 하나님은 날마다 사건을 허락하시고 주님이 행하시는 일을 보게 하십니다.

또 홍해를 건너 구원 받았어도 이제부터가 양육의 시작입니다. 이스라엘도 40년 광야 생활을 지나지 않았습니까? 신앙의 연단을 위해 얼마나 여러 날이 필요한지 우리가 여호수아서를 통해 보았습니다. 하나님은 택한 백성에게 끊임없이 사건을 허락하십니다. 우리가 미워서 그러시는 것이 아닙니다. "너희가 내게 대하여 제사장 나라가 되며 거룩한 백성이 되리라"는 말씀을 이루시기 위해, 우리를 왕 같은 제사장으로 세우시기 위해서입니다(출 19:6; 벧전 2:9).

> 내가 또 너희를 인도하여 요단 저쪽에 거주하는 아모리 족속의 땅으로 들어가게 하매 그들이 너희와 싸우기로 내가 그들을 너희 손에 넘겨주매 너희가 그 땅을 점령하였고 나는 그들을 너희 앞에서 멸절시켰으며_수 24:8

양육의 때가 차면 하나님이 인도하셔서 우리로 요단 저쪽 무서운 아모리 사람들과 전쟁하게 하십니다. 하지만 걱정할 것 없습니다. 하나님이 "너희 앞에서 멸절시켰다"고 말씀하십니다. 하나님이 싸워 주십니다. '내가' 싸우겠다고 하면 패배할 수밖에 없습니다.

워털루 전투에 관해 쓴 빅토르 위고의 글에서 본 내용입니다.

나폴레옹은 전투를 앞두고 자신의 휘하에 있는 레이 장군에게 작전을 지시했습니다.

"이곳에는 보병을 배치하고 저곳에는 기병을 배치하고 다른 곳에는 포병을 배치하게. 그러면 날이 저물 때쯤이면 영국은 프랑스에 굴복할 것이네. 웰링턴 장군은 나의 포로가 될 걸세."

그러자 레이 장군이 이야기했습니다.

"각하, 계획은 사람이 세우지만 성패는 하늘에 달려 있다는 것을 잊어서는 안 됩니다."

그러나 나폴레옹은 더욱 자신감에 차서 이야기했습니다.

"장군은 나, 나폴레옹이 계획을 세웠다는 것과 나, 나폴레옹이 성패를 좌우한다는 것을 명심하기 바라오."

빅토르 위고는 이 장면을 기술하며 "그 순간부터 워털루 전투는 이미 패배했다고 생각한다"라고 기록했습니다. 모든 전열을 완전무결하게 갖추었지만, 격전 당일 비와 우박이 내리는 바람에 나폴레옹의 군대는 계획한 작전을 하나도 실행할 수 없었습니다. 도리어 프랑스군이 웰링턴 장군의 포로가 되어 영국에게 굴복하고 말았습니다.

전쟁에서 빈틈없이 작전을 세웠어도 하나님이 비 한번 내리시면 모든 계획이 무용지물이 됩니다. 밤새워 공부하고 고액 과외를 받는다고 해도 시험 당일에 아프면 말짱 도루묵입니다. 내가 하는 것이 아닙니다. 하나님을 섬겨야 합니다. 하나님이 싸워 주셔야 합니다.

- 어떤 싸움을 싸우고 있습니까? 하나님은 물러나게 하고 내 모략과 내 방법으로 싸우며 지쳐 가고 있습니까? '내가' 인도하고, '내가' 멸절시키신다는 하나님의 애타는 음성을 듣습니까?

저주도 축복으로 바꾸시는 하나님

9 또한 모압 왕 십볼의 아들 발락이 일어나 이스라엘과 싸우더니 사
람을 보내어 브올의 아들 발람을 불러다가 너희를 저주하게 하려
하였으나 10 내가 발람을 위해 듣기를 원하지 아니하였으므로 그
가 오히려 너희를 축복하였고 나는 너희를 그의 손에서 건져내었으
며_수 24:9~10

무서운 아모리 족속을 물리쳤다고 끝이 아닙니다. 또 모압 왕 발락이 나를 대적하고, 세상의 지도자들이 나를 저주하려고 기다리고 있습니다. 그러나 그들이 나를 아무리 해코지하려고 해도 하나님께서 지켜 주십니다. 하나님이 발람의 저주 듣기를 원하지 않으시므로 오히려 발람이 이스라엘을 축복했듯, 주님은 저주도 돌이켜 축복이 되게 하십니다.

그러므로 상대방이 나를 저주한다고 해서 내가 저주를 받는 것은 아닙니다. 시부모가, 장인 장모가, 형제가, 상사나 동료가 나를 저주한다고 해도 그 저주는 나에게 올 수 없습니다. 발람의 입을 통해서

도 나를 축복하시는 하나님입니다. 상대가 아무리 나를 저주하려고 해도 그 저주를 바꾸어 축복이 되게 하십니다.

그런데도 우리는 남의 말 한마디 때문에 '죽네, 사네' 합니다. "너 지금 뭐라고 했어!" 하면서 분노합니다. 남이 뭐라고 하면 어떻습니까? 더 하라고 하십시오. 그 저주가 쌓여서 오히려 그를 부끄럽게 할 것입니다.

- 나를 저주하는 사람과 말 때문에 두렵습니까? 어떤 저주도 축복으로 바꾸시는 하나님을 믿음으로 혈기로 대응하지 않고 잘 감당합니까?

> 너희가 요단을 건너 여리고에 이른즉 여리고 주민들 곧 아모리 족속과 브리스 족속과 가나안 족속과 헷 족속과 기르가스 족속과 히위 족속과 여부스 족속이 너희와 싸우기로 내가 그들을 너희의 손에 넘겨주었으며 _수 24:11

믿음의 순례 길을 끊임없이 행진하여 "요단을 건너 여리고에 이른즉" 여러 강한 나라가 버티고 있습니다. 고생고생해서 약속의 가나안에 이르렀으니 이제 젖과 꿀이 흐르는 땅에서 두 발 뻗고 쉬어야 하지 않습니까? 그런데 도착하자마자 아모리 사람, 브리스 사람, 가나안 사람, 헷 사람 등등 강력한 일곱 나라가 딱 버티고서 나와 싸우고자 기다립니다. 정말 성도의 인생에는 전쟁이 끝이 없습니다.

제 딸은 어려서부터 하나님께 헌신하며 큐티도 열심히 하고 중국 선교도 몇 번이나 다녀왔습니다. 또 사위와 신 결혼도 했습니다. 그러면 젖과 꿀이 기다리고 있어야 하잖아요? 행복과 안락함이 기다려야 하는데, 결혼한 지 3개월 즈음 사위가 몸이 아파서 검사를 받아 보니 중증 디스크라고 합니다. 허리가 아프고 목이 잘 안 돌아간다기에 처음에는 '무리해서 그러겠거니' 대수롭지 않게 여겼는데, 검사 결과 선천적으로 척추가 일자여서 오래 앉아 있으면 절대로 안 된다는 겁니다. 퇴행성 병변이라서 완치될 수 없고 평생 조심해야 한답니다.

그렇게 기도하고 한 결혼인데, 믿음으로 한 결혼인데 어떻게 이럴 수 있습니까? 저와 아들딸 모두 기계치에다 못 하나 못 박는 곰손이라 곰살맞은 사위가 들어와서 이제 신수가 피겠거니 했는데, 의사가 사위더러 평생 무리하면 안 된다더군요. 그것뿐만이 아니라 이런저런 잔병도 많습니다. 그래서 식이 조절을 해야 하고 운동도 함부로 해서는 안 되고, 온 집안 식구가 사위를 보살펴야 합니다. 참, 저는 복이 많습니다.

그래도 저는 '하나님이 우리 사위를 정말로 사랑하시는구나!' 생각했습니다. 고난이 있어야 하나님을 의지할 텐데, "내 육체에 가시 곧 사탄의 사자를 주셨으니 이는 나를 쳐서 너무 자만하지 않게 하려 하심이라"는 바울의 고백처럼 육체의 아픔이 사위에게 하나님께로 나아가는 통로가 되지 않겠습니까(고후 12:7). 사위는 고등학생 때부터 아픈 게 일상이라 표현도 잘 안 했다고 합니다. 하루는 너무 아파서 바울처럼 하나님께 자신을 데려가 달라고 기도한 적도 있다고 합니다.

성도에게 우연한 일이 어디 있겠습니까. 하나님이 우리 사위를 너무 사랑하셔서 주신 아픔입니다. 얼굴도 잘생긴 데다 흠잡을 것이 없으니까 육체에 가시를 주셨습니다. '평생 하나님만 바라보게 하시려고 이 병을 주셨구나' 깨닫고 나니까 그야말로 기도 응답으로 주신 사위입니다. 정말 감사한 일입니다. 제가 교만할까 봐 육신의 정욕을 절제하라고 하나님이 하신 일입니다. 얼마나 감사합니까! 말씀에 이렇게 나와 있잖아요.

산 넘어 산입니다. 이 땅에 파라다이스는 없습니다. 그런데도 우리가 욕심을 버리지 못하니까 하나님이 사건을 주셔서 단계적으로 조금씩, 조금씩 버리게 하십니다. 이것이 성도의 행전입니다. 주님 때문에 때로는 가족을 버리고, 때로는 직업을, 학벌을, 명예를, 재물을, 더 나아가 생명까지도 버리는 것이 성도의 인생길입니다. 천국에 가는 그날까지 우리는 버리기 위해서 전쟁을 치러야 합니다. 그런데 내가 버리지 못하니까 하나님이 사건을 통해서 절제하고 인내하는 법을 가르치시는 것입니다.

- 예수님을 영접한 후 거쳐 온 여리고, 아모리, 브리스, 가나안, 헷 족속 등등 나의 믿음의 행전을 상기해 봅시다. 하나님이 어떤 종류의 싸움에서 어떻게 승리하게 하셨습니까? 많은 싸움을 통해 버리게 하신 것은 무엇입니까? 그 과정이 있어서 지금의 내가 있는 것에 감사합니까?

12 내가 왕벌을 너희 앞에 보내어 그 아모리 족속의 두 왕을 너희 앞에서 쫓아내게 하였나니 너희의 칼이나 너희의 활로써 이같이 한

것이 아니며 13 내가 또 너희가 수고하지 아니한 땅과 너희가 건설
하지 아니한 성읍들을 너희에게 주었더니 너희가 그 가운데에 거주
하며 너희는 또 너희가 심지 아니한 포도원과 감람원의 열매를 먹
는다 하셨느니라_수 24:12~13

나는 이길 수 없습니다. 하나님이 대적에게 왕벌을 보내서, 공포심을 심어서 쫓아내 주셨습니다. 내 지식과 지혜로 어찌 세상을 이길 수 있겠습니까. 내가 주님의 훈련에 순종할 때 주님이 수고하지 아니한 땅, 건설하지 아니한 성읍을 주십니다. 심지 아니한 포도원과 감람원의 열매를 내게 먹이십니다. 하나님이 우리를 번성하게 하고자 작정하시면, 우리는 결코 굶지도 헐벗지도 않을 것입니다. 내가 수고하지 않아도 나의 영육을 아름다운 땅, 아름다운 성읍 되게 하십니다. 내가 열심히 수고한다고 아름다운 땅을 얻는 것이 아닙니다.

그러나 최소한의 수고, 최소한의 순종은 해야 합니다. 하나님의 말씀을 따라 홍해 앞에서 지팡이를 드는 순종, 요단강에 발을 내딛는 수고를 해야 합니다. 그것만 하면 됩니다. 이 최소한의 순종도 하나님을 전적으로 의지하지 않으면 절대 못 합니다.

어떤 자매가 불신 결혼을 한다기에 제가 안타까운 마음으로 처방했습니다.

"정말 그 형제를 사랑한다면 네 욕심을 내려놓거라. 그러면 하나님이 인도해 주실 거야. 아름다운 가정을 이루기 위해서는 하나님이 원하시는 일을 해야 한단다."

그러나 자매는 제 말을 믿지 못했습니다. 당장 결혼하지 않으면 형제가 떠날 것만 같아서 내려놓지 못했습니다. 홍해 앞에서 지팡이를 들어야 하는데, 요단강에 발을 내딛어야 하는데 이 최소한의 순종을 못 합니다. 지팡이를 들어야 홍해가 갈라지지 않겠습니까! 발을 내딛어야 요단강이 마르잖아요!

> 14 그러므로 이제는 여호와를 경외하며 온전함과 진실함으로 그를
> 섬기라 너희의 조상들이 강 저쪽과 애굽에서 섬기던 신들을 치워
> 버리고 여호와만 섬기라 15 만일 여호와를 섬기는 것이 너희에게
> 좋지 않게 보이거든 너희 조상들이 강 저쪽에서 섬기던 신들이든지
> 또는 너희가 거주하는 땅에 있는 아모리 족속의 신들이든지 너희가
> 섬길 자를 오늘 택하라 오직 나와 내 집은 여호와를 섬기겠노라 하
> 니_수 24:14~15

여호수아의 긴 설교를 통해서 이스라엘의 역사를 들었습니다. 하나님이 어떻게 이스라엘을 택하고 인도하고 축복하셨는지 백성이 듣고 보고 체험했습니다. 그러므로 여호수아는 "이제 여호와만 섬기라"고 합니다. 너희가 애굽에서 섬기던 신들을 다 제하여 버리라고 합니다.

"여호와를 섬기는 것이 좋지 않게 보이거든 너희는 세상 신을 섬겨라. 그러나 나와 내 집은 여호와를 택하겠다. 여호와를 섬기겠다!"

마지막으로 여호수아가 피눈물 흘리며 신앙고백을 하는 것입니

다. '하나님을 택하겠다'는 것은 구별되게 살며 좁은 길을 택하겠다는 의미입니다. 그러면 구체적으로 어떻게 하나님을 섬길 수 있습니까?

미국 하와이주 정부청사 앞에는 얼굴이 흉측하게 일그러진 한 동상이 서 있습니다. 그 아래에는 '성(聖) 데미안(Father Damien)'이라는 이름과 함께 이런 글귀가 적혀 있습니다.

"이 사람은 우리를 위해서 자기의 목숨을 버린 우리의 좋은 친구였다. 우리에게 이보다 더 귀한 친구가 있을까."

한센병 환자의 아버지라 불리는 데미안은 벨기에 출생입니다. 그의 부모님은 대단한 갑부로서 데미안은 일평생 호의호식하며 살 수도 있었지만, 모든 재산을 가난한 사람들에게 나누어 주고 하와이 몰로카이 섬으로 떠났습니다. 당시 그곳은 한센병 환자들이 모여 살던 절망의 땅, 죽음의 섬이었습니다.

데미안은 다른 환자들처럼 움막에 살면서 '어떻게 하면 한센병 환자들에게 복음을 전할 수 있을까' 고민하고 또 고민했습니다. 그러다 어느 날 어두운 밤길을 걸어서 움막으로 돌아오는 길에 환자들이 자신에 대해 나누는 대화를 엿듣게 됐습니다.

"흥, 자기야 몸이 성하니까 배부른 소리를 하지. 우리처럼 지독한 병에 걸려서 몸이 썩어 가 봐. 그러면 어디에서 소망을 찾고 하나님을 찾겠어……."

데미안은 몹시 충격을 받고 움막에 돌아와서 무릎을 꿇고 기도를 했습니다.

"하나님, 저들의 말이 맞습니다. 제가 진정으로 저들을 사랑하기 위해서는 저들과 똑같은 모습이 되어야겠습니다. 그러니 저에게도 한센병을 허락해 주소서. 예수님도 저를 위해 귀하신 몸을 버리지 않으셨습니까. 하물며 이 미천한 종이오리까. 그러니 제게도 한센병을 허락해 주시길 원합니다."

간절히 기도하며 그는 결심을 굳혔습니다. 그리고 한센병 환자의 고름 섞인 피를 자신의 몸에 수혈했습니다. 얼마 지나지 않아서 몸의 감각이 무뎌지고 눈썹이 빠지기 시작했습니다. 손가락이 오그라들고, 마디가 떨어져 나갔습니다. 그에게도 죽음의 병이 찾아온 것입니다. 그러나 데미안은 병든 자신의 모습을 보면서 되레 하나님께 감사 기도를 드렸습니다.

"하나님, 감사합니다. 이제야 비로소 제가 저들 앞에서 '우리'라는 말을 떳떳이 사용할 수 있게 되었습니다. 저의 기도를 들으시고 제게 한센병을 허락해 주셔서 진실로 감사합니다!"

그러고는 나가서 만나는 사람마다 붙잡고 외쳤습니다.

"하나님은 한센병에 걸린 우리도 지극히 사랑하십니다!"

그의 모습에 모두가 감동했습니다. 한센병 환자들의 마음 문이 활짝 열리며 데미안이 전하는 복음을 받아들이기 시작했습니다. 그로 인해 절망과 죽음의 섬이던 몰로카이가 소망과 생명의 섬으로 변화된 것입니다.

아무리 상대방의 입장에서 헤아려 보려 해도 내가 직접 당해 보지 않으면 상대의 고통을 알 수 없습니다. '어떻게 하면 데미안과 같은 믿음을 가질 수 있을까' 저를 돌아보게 됩니다. 제가 힘든 자리로 내려가지 못하고 입으로만 설교하니까 사위가 수고합니다. 주님은 하나씩 하나씩 욕심을 버려 가라고 저에게도 때마다 사건을 허락하십니다. 제 생각에는 저만 고난을 받으면 좋겠는데 주님은 온 집안 식구가 수고하게 하십니다. 이를 통해 더 많은 영혼을 구원해 내시는 하나님입니다.

"나와 우리 집은 하나님을 택하겠다, 하나님만 섬기겠다!" 하는 여호수아의 유언이 나의 유언이 되기를 소망합니까? 배부르고 등 따듯하게 살다가 에서처럼 지옥 자식이 되겠습니까? 여호와만 섬기기 위해 조상 때부터 우리를 인도하신 하나님을 기억하기 원합니다.

나를 택하사 선한 목적을 이루시고자 온갖 방법으로 인도하시는 하나님입니다. 저주를 바꾸어 축복이 되게 하시는 하나님입니다. 그 하나님을 섬기기로 오늘 결단하십시오. 하나님만 의지하면 어떤 때에도 그의 씨를 번성하게 하셔서 나로 약속의 자녀 되게 하십니다.

- 하나님 때문에 수고하지 않고도 얻게 된 것은 무엇입니까? 하나님의 복을 누리기 위해 당장 실천해야 할 최소한의 순종은 무엇입니까? 어떤 때에도 하나님만 택하고 섬기기로 결단합니까?

우리들 묵상과 적용

4대째 기독교 집안에서 태어난 저는 어린 시절부터 교회 가는 것을 당연하게 여겼고, 모태신앙인 남편과 결혼했습니다. 하지만 교회에서 만나 믿음의 결혼을 하신 부모님이 이혼하신 것처럼 저도 가망 없는 결혼생활에 이혼 직전까지 가는 위기의 시간을 보냈습니다. 성경을 '내게 주시는 말씀'으로 듣지 못하고 이 땅에서 받을 복만을 최고라 여기며 다른 신들의 가치관을 따랐기 때문입니다(24:2).

시댁과의 갈등으로 남편과의 이혼을 앞두고 2개월간 별거를 하며 몸무게가 10*kg*이나 빠지는 힘든 시간을 보냈습니다. 저는 너무나 억울했고 하나님도 당연히 제 편에 서서 저의 억울함을 안타깝게 여기시리라 생각했습니다. 그런데 목장예배를 통해 들은 이야기는 뜻밖에도 "가정의 질서에 순종하라"였습니다. 제가 겪는 어떤 어려운 환경도 저의 구원을 위해 마땅히 있어야 할 일이라는 것이었습니다. 그 말을 곰곰이 생각하는데 평생 제 뜻대로 고집부리며 불순종했던 지난날들이 떠올랐습니다. 제가 제 뜻대로 사는 동안에도 하나님의 관심은 늘 저의 구원을 향해 있었습니다. '그동안 하나님이 참 많이도 참아 주셨구나' 인정되었고, 이혼 위기라는 재앙으로 저를 훈련하신 하나님의 사랑에 감사했습니다(24:5). 그 후 '시부모님 덕분에 하나님을 진정으로 만나게 되었다'고 생각되니 남편을 미워했던 마음이 사라지고 화해할 수 있었습니다.

이제는 믿음의 공동체에서 '이혼하지 않은 지금이 기적'이라는 것을 매번 감사함으로 고백하고 있습니다. 예배와 공동체에 속하여 여호와를 섬기니, 남편과 세 아이를 데리고 결혼생활을 잘 유지하고 있습니다(24:14). 그 덕분에 9년여간 파킨슨병으로 투병하시는 친정어머니께 남편과 이혼하지 않고 살아 내는 모습을 보여 드릴 수 있었습니다. '하나님이 짝지어 주신 것을 사람이 나누지 못한다'고 하셨는데, 친정어머니는 한 몸인 남편과 이혼하여 하나님 앞에 죄를 범했습니다(마 19:6). 이혼 후 어머니 뜻대로만 살다가 구원 받지 못할 뻔한 인생이었는데, 하나님의 강권적인 사랑으로 어머니는 회개의 기회를 얻고 소천하셨습니다. 무엇보다 제가 이혼 위기에 있었을 때 믿음의 공동체를 소개해 주신 분이 친정어머니셨습니다. 그것만으로도 제게 '훌륭한 어머니'라고 감사를 전했습니다.

저희 가정은 이제 자녀들까지 5대째 예수 복음이 이어지고 있습니다. 날마다 말씀 묵상을 통해 저의 치우친 부분을 회개하며 균형 잡힌 신앙생활을 위해 늘 깨어 있겠습니다. 이 땅의 것을 숭배하던 저를 세상의 가치관에서 출애굽 하게 하시고(24:5~6), 가정을 회복하도록 세겜에서 만나 주신 하나님을 사랑합니다(24:1).

영혼의 기도

아버지 하나님, 여호수아가 죽기 전에 피를 토하는 심정으로 남기는 유언을 들었습니다. 주님, 우리는 여전히 포기하지 못하고, 내려놓지 못하는 것이 많아서 주님을 섬기기에는 부족합니다. 데미안의 이야기를 들으면서 얼마나 내가 멀었는가 생각했습니다. 이런 나 때문에 얼마나 많은 사람이 수고하고 있는가 생각했습니다. 주님, 불쌍히 여겨 주옵소서. 그럼에도 '나와 내 집은 여호와를 섬기기로 결단했다'는 여호수아의 고백이 우리의 고백이 되기를 원합니다.

하나님이 만세 전부터 나를 아시고 인도하셨음을 믿습니다. 그러니 제가 하나님의 이름을 부르는 것 외에 무엇을 더 바라겠습니까. 에서에게는 세일산을 소유로 주고 끝내셨지만, 야곱에게는 수많은 사건을 허락하셨습니다. 또 홍해와 요단을 건너게 하셔서 이스라엘의 씨를 번성하게 하시며 아버지 하나님이 하시는 일을 백성이 눈앞에서 보게 하셨습니다. 수많은 사건을 주시는 것이 얼마나 주님의 큰 사랑인지 깨달았습니다.

오고 가는 많은 사건을 통해서 강퍅함을 버리고 하나님만 믿고 의지하게 된다면, 마침내 하나님이 승리하시고 우리도 승리하게 되리라고 믿습니다. 나를 향한, 우리 집을 향한 하나님의 계획은 반드시 성취되며 사탄은 멸절될 것을 믿습니다. 낙심과 패배감이 멸절될 것을 믿습니다. "무슨 일을 만나든지 만사형통하리라" 하는 믿음으로 어떠한 저주도 축복으로 바꾸시는 주님인 것을 믿게 하옵소서.

마지막까지, 어떤 환경에서도 주님만 섬기기로 결단합니다. 주님만 택하는 우리가 되게 도와주시옵소서. 이방 족속에게 들어가지도 말고 이방 신에게 절하지도 말고, 그들을 부르지도 섬기지도 말라고 하신 말씀을 기억하며, 하나님만 섬기기로 결단하는 우리의 마음을 축복하여 주시옵소서. 예수님 이름으로 기도하옵나이다. 아멘.

Chapter 33

백발백중 집중: 하나님께 집중하라

여호수아 24:16~33

하나님 아버지, 여호수아의 유언을 듣습니다. 여호수아의 안타깝고 간절한 이 고별 설교가 우리 영혼을 울려서 우리가 진정으로 여호와를 섬기게 하옵소서. 말씀해 주시옵소서. 듣겠습니다.

2004년 미국의 노스캐롤라이나대학교 사회학 연구팀이 약 9천 명의 청소년과 8천 명의 부모를 대상으로 '가정의 종교 참여와 가족 관계 친밀도'에 관한 조사를 실시했습니다. 그 결과 비신앙인 가정보다 신앙심이 깊은 가정에서 자란 자녀들이 부모와의 친밀도가 월등히 높은 것으로 나타났습니다.

일례로 "커서 엄마처럼 살고 싶은가?"라는 질문에 "그렇다"라고 대답한 신앙인 자녀들의 비율이 훨씬 높았습니다. 이외에도 "자녀의 친구 관계를 알고 있는가", "매일 온 가족이 함께 저녁 식사를 하는가", "스포츠 게임과 여행 등 가족 놀이에 기꺼이 동참하는가"라는 질문에서 믿는 가정의 부모와 자녀 다수가 긍정적인 답을 보였습니다.

제가 날마다 '한 영혼의 구원'을 부르짖는 것은 개인 구원이 가정 구원, 사회 구원으로 이어지기 때문입니다. 한 사람이 구원을 얻으면

한 가정이 구원을 받고, 그런 한 가정, 한 가정이 모여서 사회가 구원되고 더 나아가 세계가 구원됩니다.

언더우드(Horace Grant Underwood) 선교사 한 사람이 헌신하여 그의 가정이 변하고, 우리나라가 변했습니다. 황무지였던 이 땅이 한 사람의 헌신으로 이만큼 성장했습니다. 저 역시 남편 한 사람의 구원을 놓고 애통했는데, 이 한 영혼을 향한 구원의 열망이 흐르고 흘러서 오늘날 수많은 영혼이 살아나는 역사가 일어났습니다. 한 사람의 구원에 애통하지 않는 사람은 자신은 물론 집안 식구도 변화시킬 수 없습니다.

하나님은 에서에게는 단지 세일산을 소유로 주실 뿐 더는 그를 양육하지 않으셨지만, 택자 아브라함, 이삭, 야곱에게는 많은 사건을 허락하셔서 그들을 훈련하셨습니다. 또한 홍해를 가르시고, 광야에서 먹이고 입히시고, 요단강을 마른땅으로 건너게 하시고, 아모리 대적에게 왕벌을 보내시며 때마다 시마다 이스라엘을 도우셨습니다. 여호수아는 이런 하나님의 구원 역사를 상기하며 "너희가 섬길 자를 오늘 택하라. 오직 나와 내 집은 여호와를 섬기겠노라!"고 선포합니다. 그리고 마지막까지 우리가 여호와를 섬겨야 하는 이유를 강조합니다. 우리는 왜 여호와를 섬겨야 할까요?

종의 자리에서 나오게 하신 하나님

16 백성이 대답하여 이르되 우리가 결단코 여호와를 버리고 다른
신들을 섬기기를 하지 아니하오리니 17 이는 우리 하나님 여호와께
서 친히 우리와 우리 조상들을 인도하여 애굽 땅 종 되었던 집에서
올라오게 하시고 우리 목전에서 그 큰 이적들을 행하시고 우리가
행한 모든 길과 우리가 지나온 모든 백성들 중에서 우리를 보호하
셨음이며 _수 24:16~17

애굽 땅 종 되었던 집에서 우리를 인도해 내신 하나님입니다. 그러므로 우리는 여호와를 섬겨야 합니다. 히브리서 2장 15절에도 "또 죽기를 무서워하므로 한평생 매여 종노릇하는 모든 자들을 놓아주려 하심이니"라고 했습니다. 종노릇하는 모든 자를 놓아주시고자 예수님이 이 땅에 오셨습니다. 예수가 없는 자는 세상의 종노릇할 수밖에 없습니다. 부모, 배우자, 자식에게 종노릇하고 돈, 명예, 학벌, 교양에 종노릇하면서 내가 종인지도 모릅니다. 종이 어떤 사람입니까? 자기 의지가 없습니다. 주인이 시키는 대로 합니다. 그러나 만족도 행복도 없습니다.

드라마에 등장하는 많은 부모의 주제가가 "내가 너를 어떻게 키웠는데……"입니다. 자식에게 사로잡혀서 집착하다가 훗날 배반당하고서 '허무하다!' 외치는 것이죠. 그러면서 우리는 이 모든 것을 사랑이라고 착각합니다.

아담과 하와가 하나님이 금하신 선악과를 따 먹은 죄의 결과로 모든 인간에게 형벌이 주어졌습니다. 여자에게는 해산을 위해 수고하고 남편을 원하며 남편 아래서 다스림을 받는 벌이, 남자에게는 평생 수고하며 땀 흘려 일하는 벌이 주어졌죠(창 3:16~17). 아내가 남편을 원하며 따르고 남편은 가족을 위해 열심히 일하는 것이 당연한 가족애 같아도, 예수가 없으면 이 모든 것은 형벌입니다.

여자가 해산의 수고를 감내하며 자녀를 낳고 기르는 것을 세상은 아름다운 모성애라고 부르지만, 모성애를 가졌다는 것은 한편으로 자식에게 매여 있다는 뜻이기도 합니다. 자신도 모르게 일생 자녀에게 사로잡혀서 내가 좋아서 종노릇을 합니다. 그런데 내가 자녀를 위해 열심히 수고한다고 자녀들이 커서 그대로 보답합니까? 부모를 소 닭 보듯 하는 자식들이 얼마나 많습니까? 말로는 부모를 사랑한다고 해도 예수 그리스도가 임하지 않으면 우리는 부모도, 그 누구도 사랑할 수 없습니다.

물론 모성애는 우리 안에 두신 하나님의 형상 중 하나입니다. 예수를 믿지 않는 자가 많아도 인류가 이만큼 지탱해 온 데는 모성애의 힘이 가장 큽니다. 그러나 하나님 안에서 참사랑을 깨닫지 못한 사람은 아무리 그 속에 하나님의 형상이 남아 있다고 해도 영원한 사망을 향해 가는 인생입니다.

미국의 유명한 심리학자 에릭 에릭슨(Erik Homburger Erikson)은 〈히틀러의 어린 시절의 전설〉이라는 글에서 히틀러의 어린 시절을 토대로 그에 관한 정신학적 분석을 내놓았습니다. 히틀러는 폭력적인 아버지와 도성애가 지극한 어머니 밑에서 자랐습니다. 어머니는 남편의 심한 매질 속에서도 아들인 히틀러를 극진히 보살피며 사랑해 주었습니다. 히틀러는 이런 양극단의 부모 아래서 혼란한 성장기를 보냈습니다. 아버지의 난폭함은 히틀러에게 증오심과 살인 충동을, 어머니의 지극한 인내와 보살핌은 강인한 극기심과 사랑을 심어 주었습니다. 그런데 그런 증오와 사랑이 조화를 이루지 못한 가운데서 지위를 얻자, 히틀러는 재물과 세계 제패에 집착하는 괴물이 되어 갔습니다. 끝내 온 유럽을 피바다로 물들인 전쟁을 일으키고 말았죠. 에릭슨은 '오직 독일'만을 외치던 그의 집착이 어머니로부터 받은 무조건적인 사랑에서 비롯됐다고 말합니다.

정말 그렇습니다. 아무리 어머니의 사랑이 위대하고 아름다워도, 하나님이 없는 모성애는 죄에 뿌리를 둔 감정일 뿐입니다. 사랑의 모양을 한 또 다른 폭력입니다. 죄에서 출발하는 가정은 건강할 수가 없습니다.

인류에 최초로 죄가 들어왔을 때를 생각해 봅시다. 뱀이 여자를 꼬이고, 여자가 남자를 꼬여서 하나님 앞에 범죄했습니다. 그런데 창세기 3장 15절에, 하나님이 뱀을 향해 심판을 선포하시면서 "여자의 후손은 네 머리를 상하게 할 것이요 너는 그의 발꿈치를 상하게 할 것이니라"고 말씀하십니다. 여자의 후손, 곧 예수 그리스도는 사탄의 머리를 밟아서 완전히 멸절시키십니다. 그러나 사탄은 우리의 발꿈치만 상하게 할 뿐입니다. 발꿈치가 상하는 것은 작은 생채기에 불과하지만 머리가 상하는 것은 치명적인 상해입니다.

사탄은 우리의 발꿈치를 끊임없이 노립니다. 부부간에, 가족 간에 인간관계 안에서 발생하는 모든 문제는 사탄이 내 발꿈치를 상하게 하려는 사건입니다. 하지만 그것이 나를 완전히 넘어뜨릴 수는 없습니다. 결정적 한 방은 아닙니다. 예수님이 오셔서 뱀의 머리를 딱 밟으시면, 예수 그리스도께서 임하시면 문제 많은 우리 가정도 소망이 넘치는 가정이 됩니다. 그러나 예수 그리스도가 없는 가정은 99%도 아니요, 100% 뱀의 사주를 받는 가정입니다. 날마다 뱀의 꾐에 넘어가기에 멸망할 수밖에 없습니다.

예수 그리스도가 없으면 참사랑도 할 수 없습니다. 인간의 사랑은 호르몬과 깊이 연관됩니다. 사랑에 빠지면 도파민이라는 호르몬이 작용해 우리로 활력과 기쁨이 넘치게 하고 행복감에 도취되게 합니다. 하나님 나라의 근간은 가정이기에, 결혼을 통해 가정을 이루라고 하나님이 우리에게 사랑의 호르몬을 주셨습니다. 그런데 이 도파민의 활동이 영원히 지속되는 것은 아닙니다. 연구에 따르면 사랑에 빠져 도파민이 분수처럼 솟아오르는 기간은 길어야 30개월이랍니다. 그러니까 사랑에도 유효기간이 있다는 겁니다.

그런데 우리는 감정이라는 올무와 덫에 사로잡혀서 스스로에게 얼마나 해를 끼치는지 모릅니다. 이방인과의 혼인이 채찍과 가시가 되어 아름다운 땅에서 끊어지리라고 해도, 도파민에 도취돼 환상을 좇아 불신 교제를 하고 불신 결혼을 합니다(23:12~13).

예수가 없으면 망할 일밖에 없습니다. 99%도 아니요 100% 망합니다. 성경이 그것을 증거합니다. 사람은 사랑을 할 수도, 만들 수도,

지을 수도 없습니다. 그저 상대의 돈과 외모에 넘어가서 사랑한다고 착각할 뿐입니다. 상대가 돈 떨어지고, 병에 걸려 보십시오. 내 사랑의 현주소가 딱 드러납니다.

400년간 애굽에서 종노릇한 이스라엘 백성이 하나님께 부르짖자 하나님이 그들의 고통 소리를 들으시고 그들을 애굽 땅에서 구원하셨습니다. 반면에 애굽 사람들은 열 가지 재앙을 겪고도 끄떡도 안 했습니다. 모든 물이 피바다가 되고 심지어 자기 맏아들이 죽임당해도 한 사람도 애굽을 떠날 생각을 하지 않았습니다. 내 손에 쥔 재물과 나일강이 모든 것을 해결해 줄 것 같아서 절대 애굽에서 나오지 못했습니다.

저의 친정은 이북에서 14대를 살았습니다. 그러다 6·25 전쟁이 터졌는데 북에 가진 땅이 많은 탓에 친척 누구도 남으로 내려오지 않았습니다. 가장 별 볼 일 없는 저희 아버지만 내려오셨습니다. 전쟁 후 남북 상황이 이렇게 달라질지 꿈엔들 알았겠습니까? 땅을 포기하지 못해서 떠날 수가 없는 겁니다. 그래서 당시 형편이 어려운 사람만 남으로 오고, 잘사는 사람들은 대부분 북에 남았다고 합니다.

주님이 '망한다'고 경고하시면 빨리 내 죄부터 회개해야 하는데 배우자, 자식, 돈에 사로잡혀 기복적으로 예배하고 십일조 드리면서 도리어 죄만 더합니다. 고난이 찾아오면 다 믿을 것 같죠? 아무리 센 고난이 와도 끝까지 안 돌아오는 사람이 있습니다. 회개하지 않으면 모든 고난이 심판 같게 느껴져 그저 두려워 떱니다. 이것이 종의 전형적인 모습입니다.

하나님께서 종살이하던 우리를 해방시켜 주시고 홍해도 건너게 하시니 얼마나 감사합니까! 출애굽기 14장에서 이스라엘 백성이 홍해를 가르신 하나님의 역사를 경험하고, 15장에서 미리암이 그런 하나님을 찬양합니다. 그런데 16장에 이르자 광야에서 주린 백성이 "우리가 애굽 땅에서 고기 가마 곁에 앉아 있던 때와 떡을 배불리 먹던 때에 여호와의 손에 죽었더라면 좋았을 것을 너희가 이 광야로 우리를 인도해 내어 이 온 회중이 주려 죽게 하는도다!" 하며 하나님과 모세를 원망합니다(출 16:3). 하나님이 베푸시는 큰 은혜를 경험하고도 금세 불평하는 것이 우리 모습입니다.

제가 늘 "환난당하고 빚지고 원통한 자들은 오라"고 외치니 우리들교회를 부자 교회라고 생각하는 분들이 있습니다. 그래서 우리들교회에 찾아와 은혜도 받았습니다. 그런데 형편이 나아지지 않으니까 "은혜만 받으면 다냐. 교회에 오라고 했으면 나를 도와주어야 할 것 아니냐"며 불평합니다. 어려운 성도를 구제하는 것은 성령이 하시는 일입니다. 사람을 통해서 돕더라도 성령이 그 마음을 움직이셔야 합니다.

이스라엘을 가나안 땅으로 곧장 인도해서 잘 먹고 잘살게 하실 수도 있는데 왜 하나님은 그들을 40년간 광야에서 유리하게 하셨습니까? 하나님께 계획이 있기 때문입니다. 제가 실질적으로 돕지는 못해도, 카드빚 하나 못 갚아 주어도 저는 환난당하고 빚지고 원통한 자들을 끊임없이 초청합니다. 그런데 이상하게도 정말 그런 분들이 교회에 오시면 빚을 갚고 형편도 나아지는 것을 봅니다. 말씀을 적용해서 절제하고 인내하며 빚도 스스로 갚아 나가는 것입니다.

한 집사님은 남편이 외도에 빠져서 이혼을 요구하자 자녀들을 데리고 이민을 가리라고 마음을 먹었습니다. 남편이 생활비조차 주지 않으니 집사님은 오로지 돈을 벌 생각뿐이었습니다. 남편이 바람피운 지 서너 달이 되었다기에 제가 그랬습니다.

"집사님이 돈을 벌면 얼마나 번다고 그래요. 남편의 마음을 움직여서 생활비를 받아야죠."

그러자 집사님은 본인이 학원 강사인데 얼마를 번다고 하면서 일 때문에 수요예배도 못 드린다는 겁니다. 그런데 이분이 여차여차해서 수요예배에 참석하고는 그때부터 은혜를 받기 시작했습니다. 예배에 오기 위해 80만 원을 주는 학원을 그만두고 15만 원 버는 곳으로 직장도 옮겼습니다. 세상 사람들은 어리석다고 하겠지만 이분에게 어떤 일이 일어났을까요? 글쎄 이혼하겠다며 모르쇠로 일관하던 남편이 생활비를 보내온다고 합니다.

하나님이 마음을 움직이시면 꿈쩍 안 하던 남편도 백팔십도 바뀝니다. 그런데 왜 그리 걱정합니까? 내 신세를 한탄하면서 징징거리며 울고 불평합니까? 성령께서 도우시도록 잠잠히 기다리십시오. '아니, 쟤가 왜 저렇게 잠잠한 거야!' 하나님도 놀라셔서 얼른 응답하지 않으시겠습니까.

우리 인간이 얼마나 악한지 보여 주는 이야기가 있습니다.

한 남자가 가난한 동네에 가서 돈 만 원을 집집마다 몰래 두었습니다. 동네 주민들은 모르는 돈이 놓여 있으니 그것을 집어야 할지 말아야 할지 망설였습니다. 그러다 저녁이 되도록 아무도 돈을 가져가지 않자 슬쩍 집어넣었습니다.

다음 날, 남자는 또다시 집집이 돌아다니며 만 원을 두었습니다. 주민들은 돈을 가져도 될지 또다시 고민하다가 슬쩍 주머니에 넣었습니다. 그다음 날도 같은 일이 반복됐습니다. 넷째 날부터 주민들은 기쁜 마음으로 기다리기 시작했습니다. "야, 이런 게 공짜라는 거구나!" 하면서 말이죠. 한 주, 또 한 주 기쁘게 기다리다가 3주째가 되자 주민들은 당연한 듯 돈을 챙겼습니다.

한 달이 됐을 즈음 남자는 더 이상 돈을 두지 않았습니다. 그러자 어떤 일이 벌어졌을까요? 주민들이 "아니, 왜 돈을 안 줘!" 하면서 불평하고 악을 썼다는 겁니다.

복음도 똑같습니다. 처음엔 복음을 듣고 받아들일까 말까 고민합니다. 그러다 내게 복음이 들어오면 너무 좋아서 말씀이 꿀송이 같고 예배당에 앉아만 있어도 기쁩니다. 그러다 하루, 이틀, 일 년이 지나고 타성에 젖어 들면 "하나님, 왜 저한테는 인색하세요? 열심히 예수 믿는데 왜 돈도 안 주고, 병도 안 고쳐 주세요? 왜 나를 안 돕는 거예요!" 소리가 나오는 겁니다.

그러므로 내가 종 되었던 과거를 늘 기억해야 합니다. 주님이 종살이하던 애굽에서 우리를 건지시고 홍해를 건너게 하셨으니 이 얼마나 지극한 은혜입니까! 왜 우리 집만 안 주느냐고, 다른 집은 다 가졌는데 우리 집만 없다고 불평하는 것이 있습니까? 믿음에 '왜'란 없습니다. 오직 하나님을 신뢰하며 나아가십시오.

• 예수님을 만나기 전 돈, 학벌, 외모, 배우자, 자녀의 종으로 살았습니까? 사랑도 만족도 없이 종노릇만 하던 나를 주님이 이끌어 내신 간증이 있습니까? 그 간증을 기억하고 전하며 여호와를 섬길 것을 결단합니까?

질투하기까지 나를 사랑하시는 하나님

18 여호와께서 또 모든 백성들과 이 땅에 거주하던 아모리 족속을
우리 앞에서 쫓아내셨음이라 그러므로 우리도 여호와를 섬기리니
그는 우리 하나님이심이니이다 하니라 19 여호수아가 백성에게 이
르되 너희가 여호와를 능히 섬기지 못할 것은 그는 거룩하신 하나
님이시요 질투하시는 하나님이시니 너희의 잘못과 죄들을 사하지
아니하실 것임이라_수 24:18~19

여호수아가 "나와 내 집은 여호와를 섬기겠노라" 선포하니까 백성들도 "우리도요. 우리도 여호와를 섬기는데요" 하며 동조합니다. 그러자 여호수아가 "너희가 여호와를 섬기기는 뭘 섬기냐! 능히 섬기지 못하리라!"고 말합니다. 여기서 '능히 섬기지 못한다'라는 것은 '거룩하신 하나님을 너희가 어찌 섬기겠는가'라는 의미입니다.

내가 하나님을 섬기겠다고 하는데도 되레 하나님이 "너는 못 섬겨" 하시니 두렵게 들립니다. 그러나 이것이야말로 우리를 사랑하므로 주시는 말씀입니다. 주님은 "모두 주를 버릴지라도 나는 결코 버리

지 않겠나이다"라고 호언장담하는 베드로에게 "닭 울기 전에 네가 세 번 나를 부인하리라"고 미리 알려 주셨습니다. 이것이 참사랑입니다. 내 힘으로는 할 수 없다는 것, 내 능력으로는 안 된다는 것을 미리 가르쳐 주시는 것이 참사랑입니다. 내 힘으로는 할 수 없기에 평생 치사한 감정을 겪으면서 가야 합니다. 나는 할 수 없고 오직 하나님만이 능력이신 것을 깨달을 때 신앙도 성장합니다. 그런데 미성숙한 사람은 매사 확신을 잘합니다. '나는 뭐든지 할 수 있어!' 장담하지만 내 힘으로 할 수 있는 건 아무것도 없습니다. 그것을 모르기에 우리가 자꾸 잘못된 결정을 하는 것이죠.

죄의 어원이 "과녁에서 빗나가다"라고 합니다. 100% 죄인인 우리는 날마다 치우칠 수밖에 없습니다. 하나님의 은혜를 경험하고 하나님과 동행하겠다고 아무리 결심해도, 그러지 못하는 '나도 싫은 나'를 날마다 발견합니다. '나는 왜 끊지 못할까', '나는 왜 포기하지 못할까' 낙심하게 하는 일이 수없이 찾아옵니다.

예수 그리스도를 믿음으로 우리를 의롭다 칭해 주셨지만, 우리가 온전히 성화되기까지는 참 오랜 시간이 걸립니다. 예수를 믿어도 여전히 애굽 같은 삶을 누리고 싶고, 가치관과 감정이 춤을 추며 노예 생활에서 벗어나기가 어렵습니다. 여전히 돈이 있어야만, 학벌이 있어야만, 멋진 외모를 갖춰야만, 병이 나아야만 기쁩니다. 하나님 나라에 들어왔으면 입시에 떨어져도 병에 걸려도 하나님으로 인해서 기뻐야 하는데, 구별된 가치관을 가져야 하는데 여전히 애굽 가치관을 못 벗어나는 것입니다. 이것이 우리의 현주소입니다.

그러므로 질투하기까지 우리를 사랑하시는 하나님의 사랑 안에 거해야 합니다. 그 사랑이 아니면 우리는 거룩에 이를 수 없습니다. 사랑의 반대말이 무엇입니까. 증오일까요? 증오는 상대에게 그나마 관심이 있기에 생기는 감정입니다. 사랑의 반대말은 '무관심'입니다.

길을 가는데 중학생들이 삼삼오오 모여서 담배를 피우는 모습이 보입니다. '학생들이 담배를 피우면 안 되지. 내가 명색이 목사인데 가서 한마디 해야겠다' 하고 다가갔는데, 가까이서 보니까 아이들이 너무 험상궂게 생겼습니다. 그래서 아무 말도 못 하고 돌아섭니다. 제가 아무리 목사라도 말을 못 꺼냅니다. 아이들이 제게 덤벼들면 어떻게 합니까? 저를 기다리는 성도들을 두고 유명을 달리하면 안 되잖아요?

그런데 거기에 내 자녀나 손자가 있다면 그냥 지나칠 수 있습니까? 아무리 험상궂어도 그냥 지나칠 수가 없죠. 묻지도 따지지도 않고 "야! 너~!!" 하고 야단을 칠 것입니다. 그래서 하나님도 우리가 아무 힘도 없는 우상에게 가서 복을 받겠다며 섬기는 꼴을 못 보시는 겁니다. 우리를 너무 사랑하셔서 잔소리하시는 것이죠.

- 날마다 큐티하겠다, 순종하겠다, 하나님을 섬기겠다고 장담하지만 자꾸만 넘어집니까? 어쩔 수 없는 나의 죄성을 인정하며 '너는 할 수 없다' 하시는 하나님의 사랑에 감사합니까? 질투하기까지 사랑하시는 하나님의 사랑을 경험한 사건이 있습니까?

20 만일 너희가 여호와를 버리고 이방 신들을 섬기면 너희에게 복을

내리신 후에라도 돌이켜 너희에게 재앙을 내리시고 너희를 멸하시
리라 하니 21 백성이 여호수아에게 말하되 아니니이다 우리가 여호
와를 섬기겠나이다 하는지라 22 여호수아가 백성에게 이르되 너희
가 여호와를 택하고 그를 섬기리라 하였으니 스스로 증인이 되었느
니라 하니 그들이 이르되 우리가 증인이 되었나이다 하더라 23 여호
수아가 이르되 그러면 이제 너희 중에 있는 이방 신들을 치워 버리고
너희의 마음을 이스라엘의 하나님 여호와께로 향하라 하니 24 백성
이 여호수아에게 말하되 우리 하나님 여호와를 우리가 섬기고 그의
목소리를 우리가 청종하리이다 하는지라_수 24:20~24

우리는 이방 신을 섬길 수밖에 없습니다. 어떻게 우리가 거룩하신 하나님을 온전히 섬길 수 있겠습니까? 그러나 우리가 하나님의 목소리를 청종하면 어떻게 하나님을 섬길 수 있는지 가르쳐 주십니다. 그렇다면 '하나님을 섬기고 그의 목소리를 청종하는' 것이란 구체적으로 무엇을 말할까요?

직분자도 아니고 이제 막 예수님을 믿기 시작한 한 초신자의 이야기입니다. 이분은 지난 몇 년 동안 직업을 구하지 못했습니다. 그런데 과거에 화물운송 일을 할 때 이분의 돈 3천만 원을 떼먹고 도망간 동료한테서 연락이 왔습니다. 동료가 "내가 24톤 화물트럭을 빌려줄 테니 기름값만 제하고 하루 20~30만 원을 벌어서 쓰라"는 제의를 하더랍니다.

이분이 떼인 돈도 있고 트럭 운전이 가장 잘하는 일이기에 당장

뛰어들 수도 있었습니다. 그런데 수요예배와 목장예배를 참석할 수 없는 작업 환경이 마음에 걸렸습니다. 대리운전에다 일용직도 마다하지 않고 닥치는 대로 일하고 있는 현실을 생각하면 당장에 수락하고 싶지만, 예배를 타협할 수 없어 갈등이 되었습니다. 그러다 시편 1편을 묵상하는데 부인이 1~2절을 외우라기에 말씀을 읽고 또 읽었습니다.

"복 있는 사람은 악인들의 꾀를 따르지 아니하며 죄인들의 길에 서지 아니하며 오만한 자들의 자리에 앉지 아니하고 오직 여호와의 율법을 즐거워하여 그의 율법을 주야로 묵상하는도다."

그런데 말씀을 읽으면서 "주님, 저는 악인이군요"라는 고백이 절로 나왔습니다. 비록 생활은 힘들어도 주님이 좋아서 지금까지 가느다란 줄을 잡고 왔는데, 여호와의 율법을 묵상하지 않는 사람만 주위에 꼬이는 것을 보면서 '내가 악인이어서 그렇구나!' 깨달아졌다는 겁니다. 그래서 이분이 동료의 제안을 딱 거절했습니다. 동료에게는 "둘 다 힘든 상황이니까 3천만 원은 힘 되는 대로 조금씩 갚으라"고 했답니다. 애초에 돈을 갚고자 연락한 것도 아니고 멱살잡이해 봐야 나올 돈도 없다는 걸 알았기 때문입니다. 이 모든 것을 깨달았다니 얼마나 축복입니까. 그래서 말씀이 능력입니다.

어려울 때 누군가가 내밀어 주는 손이 얼마나 절실합니까. 그 손을 잡으면 일확천금을 벌 것 같아서 요동하기 쉽습니다. 그런데 이분이 정확히 분별했습니다. 누군가는 "저 사람 숨겨 놓은 돈이라도 있는 것 아니야" 할지 모르지만, 이분이 교회 홈페이지에 이런 글을 남기셨습니다.

주님, 다 보고 계시죠. 되돌아갈 수도, 멈출 수도, 주저앉을 수도 없는 저의 현실을……. 저를 구하고 건져 주셔야 할 이유가 있습니다. 이제 신앙생활을 시작했는데, 아들딸도 전도했는데 제가 지금 주저앉으면 우리 아들은 어떡합니까. 제가 멈추면 우리 딸은 어떡합니까. 제가 되돌아가면 우리 마누라는 어떡합니까. 주님, 우리 가족을 건지시고 구해 주실 줄 믿습니다. 불쌍히 여겨 주옵소서. 아무리 힘들어도 제가 붙들며 가는 가느다란 줄이 튼튼한 밧줄로 변하게 될 줄 믿습니다. 너무 힘들지만 말씀이 있는 공동체에 잘 붙어 있겠습니다. 불쌍히 여겨 주옵소서.

이분처럼 또 다른 성도분도 직장을 구하지 못해서 근심했습니다. 그러다 호텔 요리사직에 응시하여 합격했는데 주일에도 출근해야 하기에 갈등이 되었습니다. 고민 끝에 이분도 주일을 지키고자 일을 거절했습니다. 모두 교회에 나온 지 얼마 안 된 초신자들인데 하나님과 우리 주 예수를 앎으로(벧후 1:2), 하나님의 말씀을 청종함으로 말씀을 칼같이 적용했습니다.

누가 이런 순종을 할 수 있겠습니까. 그러나 이런 한 사람으로 인해 가정이 바뀌고, 교회가 변화됩니다. 저는 어떠한 경로를 통해서든지 하나님이 이분들의 가정을 축복하시리라고 믿습니다.

영국 성공회 신자인 다이애나 전 왕세자빈은 찰스 왕세자와 결혼하여 두 아들을 낳았지만 불행한 결혼생활을 견디지 못하고 끝내 이혼했습니다. 이후 그녀는 자신이 왕세자빈으로서 받은 혜택을 나누고자 자선사업에 적극적으로 참여하며 어려운 사람들을 도왔습니다. 그러다 1997년 아랍의 한 부자와 결혼을 앞두고 교통사고로 세상을 떠났습니다. 비록 비극적인 죽음을 맞았지만, 저는 하나님께서 질투하기까지 그녀를 사랑하셔서 무슬림과의 결혼을 막으신 사건이라고 생각합니다.

다이애나의 생애를 보면서, 앞서 말씀대로 적용한 성도분들을 하나님께서 반드시 축복하시리라고 더욱 확신할 수 있었습니다. 말씀을 적용하는 것은 얼마나 두렵고 떨리는 일인지 모릅니다. 내가 받은 혜택을 나누어 주는 삶, 정말 훌륭하지요. 그러나 하나님을 섬기는 삶은 질투하기까지 우리를 사랑하시는 하나님의 사랑에 민감하게 반응하는 것입니다. '이방 신들의 이름을 부르지 말고 섬기지도 말며 그들에게 절하지도 말라', '이방 민족들과 더불어 혼인하지 말라' 하시는 하나님의 말씀을 두렵고 떨리는 마음으로 철저히 지키는 것입니다.

- 내게 찾아온 사건 속에서 하나님을 섬기며 주님의 목소리를 청종하고 있습니까? 날마다 큐티하며 나에게 주시는 하나님의 음성을 듣고 있습니까? 오늘 주신 말씀을 오늘 실천하고 적용하는 것이 하나님을 섬기고 청종하는 것임을 압니까?

나를 위하여 율례와 법도를 베푸시는 하나님

그날에 여호수아가 세겜에서 백성과 더불어 언약을 맺고 그들을 위하여 율례와 법도를 제정하였더라_수 24:25

'율례와 법도를 제정한다'라는 말씀을 어떻게 적용할 수 있겠습니까? 말씀을 철저하게 준비해서 매끈하게 전하면 될까요? 목회자가 아무리 설교 준비를 잘 해도 그 마음에 사랑이 없으면 성도들에게 말씀이 녹아들지 않습니다. 율례와 법도를 제정한다는 것은 은혜로 마음이 녹는 것입니다. 내가 부모로서 자식들의 마음을 녹여야 합니다. 목자로서 목원들의 마음을 녹여야 합니다. 목사로서 설교하지만 사랑이 없다면, 영혼 구원에, 한 사람에게 관심이 없다면 누구도 변화시킬 수 없습니다. 단지 앵무새처럼 외워서 떠들 뿐입니다.

미국 침례교의 평신도 설교자인 D.L. 무디(Dwight Lyman Moody)는 초등학교 교육밖에 받지 못했지만 복음적인 설교로 영혼을 울리는 사람이었습니다. 당시 사방에서 무디를 강사로 초빙하려고 애쓰고, 점점 모시기가 힘들어지자 무디 초빙을 위한 준비위원회가 세워질 정도였다고 합니다.

한 교회도 무디를 강사로 데려오고자 회의를 열었습니다. 그런데 젊은 목회자 한 사람이 일어나 이의를 제기했습니다.

"무디밖에 강사가 없습니까? 성령이 그에게만 임하는 것은 아니지 않습니까!"

그러자 존경 받는 원로 목회자가 조용히 웃으면서 말했습니다.

“무디에게만 성령이 임하는 것은 아니지만 이 시대는 성령께서 무디를 독점하고 계신 것만은 사실입니다.”

그의 말에 박수갈채가 쏟아졌습니다. 우리도 성령님이 쓰시는 사람이 되기를 소원합니다. 성령이 나를 쓰셔야 합니다. 내가 아무리 피를 토하며 복음을 전해도 성령이 운행하지 않으시면 나의 모든 말은 울리는 꽹과리일 뿐입니다. ‘나는 왜 전도를 못하는가’ 생각하기 이전에 나 자신부터 살펴보십시오.

내가 먼저 말씀에 젖어 있는 부모가 되어야 합니다. 24장 19절, 22절, 23절, 27절을 보면 ‘여호수아가 백성에게 이르되’라고 반복해서 기록했습니다. 그동안은 ‘여호와께서 여호수아에게 말씀하여 이르시되’라는 구절이 주로 나왔는데, 여호수아 생애 마지막에 ‘여호수아가 이르되’라는 구절이 반복해서 등장합니다. 성경을 늘 묵상하는 사람은 어떤 이야기를 해도 그 속에 하나님의 말씀이 있습니다.

여호수아의 말은 대단한 신비의 말이 아닙니다. ‘언제 전쟁이 날 것이다’ 하는 대단한 예언도 아닙니다. 그저 이스라엘의 역사를 상기해서 이야기한 것뿐입니다. 종살이하던 애굽에서 구원되고, 홍해를 건너고, 요단을 건너고, 증거의 돌을 세우고…… 이렇게 지나온 일들을 기억하고 기념하며 이야기하는 것이 곧 하나님의 말씀을 전하는 것입니다. 하나님이 나에게 행하신 구원의 일을 날마다 반복해서 전하는 것이 우리의 구속사 행전이고, 우리의 간증입니다. 나의 출애굽 이야기는 죽을 때까지 해도 부족합니다. 툭 치면 나오는 출애굽 간증이 있어야 합니다. 그런 간증도 없이 성경을 공부하려고 읽으니까 불평하는 것입니다.

26 여호수아가 이 모든 말씀을 하나님의 율법책에 기록하고 큰 돌
을 가져다가 거기 여호와의 성소 곁에 있는 상수리나무 아래에 세
우고 27 모든 백성에게 이르되 보라 이 돌이 우리에게 증거가 되리
니 이는 여호와께서 우리에게 하신 모든 말씀을 이 돌이 들었음이
니라 그런즉 너희가 너희의 하나님을 부인하지 못하도록 이 돌이
증거가 되리라 하고 28 백성을 보내어 각기 기업으로 돌아가게 하
였더라_수 24:26~28

하나님께서 강물을 마르게 하심으로 요단을 건너고, 나의 수치가 물러간 것을 기념하며 길갈에 열두 돌을 세웠습니다. 이후 세례를 받고 새사람이 되기로 마음먹었습니다. 실로에 회막을 세워서 예배를 회복하고 말씀의 인도를 받기로 작정했습니다. 또 세겜에서 조상을 인도하신 하나님을 기뻐하며, 하나님만 섬기기로 결단했습니다. 이제 마지막으로 여호수아는 이 모든 것을 기억하고 기념할 증거의 돌을 세워서 온 백성을 언약의 증인 삼습니다.

인터넷을 통해서 우리들교회의 설교와 간증, 큐티 나눔이 전 세계로 전파되고 있습니다. 또 우리들교회 안에서는 목장예배를 통해서 서로 말씀과 삶을 나눕니다. 저는 이런 모든 것이 바로 증거의 돌이라고 생각합니다. 인터넷을 통해, 목장예배를 통해 말씀과 간증을

듣고 나누며 "힘든 사람이 말씀을 통해 살아났네", "기막힌 적용을 했네" 서로서로 증인이 돼 주지 않겠습니까? 이런 증인 공동체가 하나님을 배반하지 않도록 우리를 붙들어 줍니다.

또 부모가 말씀으로 살아 내며 증거의 돌을 세울 때 자녀들이 그 증인이 되어서 부모가 지나온 날들을 영원히 기억하고 하나님을 섬길 것입니다. 31절을 보십시오. "이스라엘이 여호수아가 사는 날 동안과 여호수아 뒤에 생존한 장로들 곧 여호와께서 이스라엘을 위하여 행하신 모든 일을 아는 자들이 사는 날 동안 여호와를 섬겼더라"고 하지 않습니까!

그런데 성경의 한 장을 뒤로 넘겨서 사사기 2장 10절, 11절을 보겠습니다. "그 세대의 사람도 다 그 조상들에게로 돌아갔고 그 후에 일어난 다른 세대는 여호와를 알지 못하며 여호와께서 이스라엘을 위하여 행하신 일도 알지 못하였더라 이스라엘 자손이 여호와의 목전에 악을 행하여 바알들을 섬기며"라고 합니다. 너무 기가 막히지 않습니까? 하나님이 이스라엘에 행하신 역사를 그토록 반복하고 강조해서 전해도, 증거의 돌까지 세우며 언약했어도 금세 '이스라엘 자손이 알지 못하였더라'고 합니다.

3, 4대 믿음의 집안이라고 해도 별다르지 않습니다. 시간이 흘러 세대가 바뀌면 은혜를 잊어버리게 마련입니다. 그러나 예수 믿는 자에게 수천 대의 축복이 주어지는 것 또한 진리입니다. 그러므로 우리는 부지런히, 또 두렵고 떨리는 마음으로 "여호와를 섬기라!" 외쳐야 합니다. 그저 "섬겨, 섬겨!" 말로만 강요하는 것이 아니라 내가 먼저

섬김의 본을 보여야 합니다.

집안에 힘든 사람이 있다면 믿는 내가 맡아야 합니다. 사회에서도 힘든 사람은 교회가 맡아 양육해야 합니다. 사회적 약자들을 교회가 책임져야 합니다. 교회가 맡지 않는다면 누가 맡겠습니까. 힘든 사람들을 살리는 길은 예수 그리스도의 사랑밖에 없습니다. 믿는 우리가 자녀에게, 후대에 먼저 본을 보여야 그들이 여호와를 섬깁니다.

알 로커(Al Roker)라는 미국 NBC의 기상캐스터가 '친자녀와 입양 자녀는 다르지 않다'라는 내용의 글을 〈가이드포스트(Guideposts)〉지에 기고했습니다. 그에게 이것을 몸소 가르쳐 준 사람은 바로 그의 부모님입니다. 알 로커의 가족은 그를 포함한 여섯 형제 중 세 명만 친형제이고, 다른 세 명은 입양된 형제라고 합니다. 그런 데다 아버지가 수양아들 삼은 형제까지 있습니다. 그러니 누군가는 '굉장한 부자인가' 생각할 수 있겠지만, 그의 아버지는 뉴욕시의 버스 운전기사였습니다. 그는 자녀들을 먹여 살리기 위해 어떤 일이든 했습니다. 임시직, 일용직도 가리지 않았습니다. 그러면서 알 로커에게 늘 이렇게 이야기했답니다.

"사람을 사랑하는 데는 한계란 없단다."

자녀가 많아질수록 가정을 향한 아버지의 사랑도 커졌습니다. 한 아이를 입양할 때마다 아버지는 더 많은 사랑을 베풀었습니다.

이런 부모, 이런 지도자가 하나님의 율례와 법도를 제정하는 자 아니겠습니까. 제가 이렇게 목회를 할 수 있는 것도 저의 어머니가 섬김의 본을 몸소 보여 주셨기 때문입니다. 우리가 이웃을 위해 살 때 우리 자녀들이 여호와를 섬기게 될 줄 믿습니다.

> 29 이 일 후에 여호와의 종 눈의 아들 여호수아가 백십 세에 죽으매
> 30 그들이 그를 그의 기업의 경내 딤낫 세라에 장사하였으니 딤낫
> 세라는 에브라임 산지 가아스 산 북쪽이었더라 31 이스라엘이 여호
> 수아가 사는 날 동안과 여호수아 뒤에 생존한 장로들 곧 여호와께
> 서 이스라엘을 위하여 행하신 모든 일을 아는 자들이 사는 날 동안
> 여호와를 섬겼더라_수 24:29~31

'모세의 수종자'(1:1)로 불리던 여호수아가 백십 세에, 마지막에는 '여호와의 종'이라고 불립니다. 하나님 때문에 사람의 수종자로 살면 마지막에 여호와의 종이라고 불러 주십니다.

압살롬은 하나님이 기름 부어 주신 아버지 다윗의 권위를 제멋대로 끌어내렸습니다. "아버지는 이래서 틀렸어요. 저래서 틀렸어요. 밧세바와 간음한 주제에 무슨 왕이 될 수 있어요." 판단하면서 다윗에게 불복한 압살롬이 여호와의 종이라고 할 수 있습니까? 하나님의 때가 이르기까지 기다려야 한다는 것을 모르는 사람은 사탄의 종일 뿐입니다.

- 툭 치면 하나님의 말씀으로 해답이 나오도록 말씀에 젖은 삶을 살고 있습니까? 말로만 하는 것이 아니라 나의 삶으로 율례와 법도를 제정하고 있

습니까? 인생의 마지막에 '여호와의 종'으로 불리기 위해서 오늘 어떤 사람, 어떤 공동체에서 섬김과 인내의 본을 보여야 할까요?

> 또 이스라엘 자손이 애굽에서 가져 온 요셉의 뼈를 세겜에 장사하였으니 이곳은 야곱이 백 크시타를 주고 세겜의 아버지 하몰의 자손들에게서 산 밭이라 그것이 요셉 자손의 기업이 되었더라_수 24:32

창세기 33장에 보면 야곱이 백 크시타, 금 일백 개를 주고 세겜 땅을 삽니다(창 33:19). 이는 훗날을 기약하며 값을 치른 것으로, 후손들이 돈을 좇아, 화려한 환경을 좇아 이방 땅에 가더라도 약속의 땅을 기억하고 돌아오라는 의미였습니다. 내가 힘든 사람들, 사회의 약자들을 돕는 금 일백 개의 헌신을 하면 400년이 지난 후에라도 내 자녀들이 약속의 땅으로 돌아올 것입니다. 내가 주님 때문에 헌신하는 만큼 나의 자녀들도 축복을 받을 줄 믿습니다.

야곱이 애굽으로 떠날 때 그의 집안 식구가 모두 칠십 명이었는데, 지금은 그 수가 200만 명이 되어서 약속의 땅으로 돌아왔습니다. 이름도 없이, 빛도 없이 섬기다 가신 어머니 한 사람으로 인해 제가 지금 이렇게 많은 사람을 구원으로 인도하는 통로가 되었습니다. 주를 위한 일에 헛된 것은 없습니다. 주님 때문에 쓴 것은 반드시 열매 맺게 하십니다.

아론의 아들 엘르아살도 죽으매 그들이 그를 그의 아들 비느하스가 에브라임 산지에서 받은 산에 장사하였더라_수 24:33

여호수아가 모세의 수종자라면 엘르아살은 여호수아의 수종자라고 할 수 있습니다. 엘르아살은 대제사장으로서 지금으로 치자면 상당히 직위가 높은 지도자인데, 여호수아를 따라 에브라임 산지에 장사됩니다. 여호와를 신실히 섬긴 자로서 마지막까지 자신이 수종든 여호수아를 따라간 것입니다. 이처럼 하나님은 율례와 법도를 제정하는 삶을 산 여호수아에게 가시적인 열매도 주셨습니다.

이제 여호수아서 묵상을 끝맺습니다. 여호수아의 고별 설교를 들으며 남은 전쟁을 치러야 할 우리도 믿음의 결단을 하면 좋겠습니다. 여호와만을 섬기기로 결단하십시오. 불신 결혼은 하지도, 시키지도 않겠다고 결단하십시오. 종 되었던 애굽에서 나를 구원해 주신 하나님께 감사하십시오. 질투하기까지 나를 사랑하시는 하나님만을 섬기기로 결단하십시오. 하나님의 율례와 법도를 제정하는 삶을 살기로 결단하십시오. 그리하여 인생길에 끊임없이 찾아오는 영적 전쟁에서 승리하는 여러분 되기를 소원합니다.

- 내가 죽은 뒤에라도 내 자녀들이 예수님을 믿고 돌아오도록 오늘 내가 치러야 할 백 크시다의 헌신은 무엇일까요? 내 식구의 구원만 중요해서 봉사도, 전도도 할 여유가 없습니까? 나의 마지막을 함께할 영적 자녀 엘르아살이 있습니까?

하나님이 나에게 행하신 구원의 일을
날마다 반복해서 전하는 것이
우리의 구속사 행전이고,
우리의 간증입니다.

우리들 묵상과 적용

작년 명절 직전 주일, 예배를 드리고 집에 가는 길이었습니다. 옆 차선에서 갑자기 차가 끼어들어 교통사고가 발생했습니다. 상대방은 잘 안 보였다며 잘못을 인정했고, 병원 치료를 받게 되면 연락을 달라고 했습니다. 연휴 기간이기도 하고 상대방의 태도도 겸허했기에 각자 보험회사에 연락해 현장 확인만 마친 후, 렌터카를 인수하여 집에 돌아갔습니다. 하지만 연휴에 모인 식구들의 말은 저를 매우 혼란스럽게 했습니다. "우선 아이들부터 병원에 입원시키고 진단 받아라! 돈이 얼마냐! 아이들은 나중에 어떤 후유증이 생길지 모른다" 등 만나는 이마다 제가 바보라며 최소 몇백만 원은 받아야 한다고 했습니다. 그뿐 아니라 명절이 끝나고 보험사로부터 "상대방의 진술이 서로 다르다며 현황 조사를 해 보고 연락을 주겠다"는 회신을 받았습니다. 그때부터 저의 마음은 요동치기 시작했고, 상대방에 대한 분노가 치밀었습니다. '나는 당신을 믿었는데 나를 배신했다'며 '어떻게 해야 상대방을 꺾어버릴 수 있을까?' 생각했습니다.

믿음의 2세대인 저는 부모님 세대처럼 치열한 영적 전투 없이 살아왔기에 교양과 인본주의에 사로잡혀 상대방도 제 마음과 같다고 생각했습니다. '사람들은 내가 바보 같다고 하지만 굳이 상대방과 감정싸움을 하지 않아도 유리한 방향으로 결론이 날 수 있다'고 여기는 악한 마음이 있었습니다. 그리고 막상 전투가 찾아오자 제 안의 이방 신들인 돈과 자존심이 다시 살아났습니다(24:23). 여러 사람의 말대로 아이들을 볼모로 집중 치료를 받아서 상대방에게 의료비 폭탄으로 복수하고 싶었습니다. '좋은 게 좋은 거지'라는 가치관으로 상대방에게 "치료는 안 받아도 될 것 같다"고 말했던 것이 분했습니다.

그러나 말씀을 묵상하며 저는 싸울 때는 치열하게 싸우고 사건 가운데 계신 하나님을 기억해야 했다는 것을 깨달았습니다. 그래서 저는 상대에게 해야 할 말은 하되 감정적으로 대응하지 않기로 결심했습니다. 아이들과 병원에 가서 진료를 받은 후 필요한 진단서를 발급 받았습니다. 다행히 아이들은 큰 이상 없이 잘 지내고 있습니다. 이제야 상대방으로부터 이기고 지는 것이 문제가 아니란 것을 알게 되었습니다. 매일 제게 주시는 말씀으로 싸우라면 싸우고, 양보하라면 양보하는 치열한 영적 전투를 한 후, 자신을 돌아보며 상황을 분별하는 것이 중요한 것이었습니다. 그것이 자녀들에게 물려줄 수 있는 믿음의 본이며 후손을 위해 감정과 물질을 드려 세겜을 사는 적용임을 알려 주시니 감사합니다(24:32). 야곱이 산 밭에 이스라엘 자손이 요셉의 뼈를 장사한 것처럼, 저도 자녀들에게 어떠한 결과에도 승복하되 과정을 잘 싸워서 기업을 물려주는 믿음의 2세대가 되겠습니다(24:32~33).

영혼의 기도

아버지 하나님, 제가 무엇이기에 질투하기까지 저를 사랑하시는지요. 애굽에서 종살이하며 죽을 수밖에 없던 저를 인도해 주시니 감사합니다. 나의 주제를 알고 세상으로 돌아가지 않도록 붙들어 주시옵소서. 내 힘으로는 말씀을 칼같이 적용할 수가 없습니다. 오직 하나님의 말씀을 청종할 때에만 가능할 줄 믿습니다. 하나님의 목소리를 청종함으로 조금씩 예수를 알아 갈 때 주께서 우리에게 신기한 능력을 부어 주실 줄 믿습니다. 저는 이름도 없고 빛도 없지만, 다이애나 왕세자빈같이 화려한 배경도 없지만, 제가 말씀을 하나하나 적용한 것을 주님이 기억해 주시고 축복해 주시기를 간절히 원합니다.

부모로서 말씀으로 자녀들의 마음을 녹이는 것이 율례와 법도를 제정하는 것이라고 하시지만, 그러기가 참으로 어렵습니다. 그런 저를 잘 아시고 "너희가 여호와를 능히 섬기지 못하리니"라고 말씀해 주시니 감사합니다.

주님, 그러나 주님을 정말 사랑합니다. 주님을 사랑하는 자로서 자녀들에게 먼저 섬김의 본을 보여 주는 부모가 되기를 원합니다. 주님, "여호와를 믿으라, 섬기라" 말로만 부르짖고, 희생과 섬김의 본을 전혀 보이지 못한 우리를 불쌍히 여겨 주시옵소서. 용서해 주시옵소서.

이제 말씀으로 상대의 마음을 녹일 수 있도록, 그리하여 하나님